高欣蕾 著

阅读无界

『阅读生态』的创新探索与实践

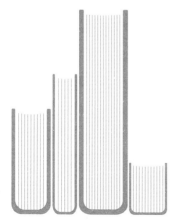

上海教育出版社
SHANGHAI EDUCATIONAL
PUBLISHING HOUSE

图书在版编目（CIP）数据

　　阅读无界："全阅读生态"的创新探索与实践 / 高欣蕾著. — 上海：上海教育出版社，2024.9. — ISBN 978-7-5720-2917-2

　　Ⅰ. G623.232

　　中国国家版本馆CIP数据核字第20245ME513号

策划编辑　刘美文
责任编辑　周　伟　庄雨蒙
封面设计　王鸣豪

阅读无界——"全阅读生态"的创新探索与实践
高欣蕾　著

出版发行　上海教育出版社有限公司
官　　网　www.seph.com.cn
地　　址　上海市闵行区号景路159弄C座
邮　　编　201101
印　　刷　上海颛辉印刷厂有限公司
开　　本　700×1000　1/16　印张 19
字　　数　318 千字
版　　次　2024年9月第1版
印　　次　2024年9月第1次印刷
书　　号　ISBN 978-7-5720-2917-2/G·2579
定　　价　65.00 元

如发现质量问题，读者可向本社调换　电话：021-64373213

目　录

序　言

　　阅读是人类开拓视野、获取知识、启迪思维、传承文明的重要途径，一直以来都被赋予了极高的价值。自 2014 年以来，全民阅读已连续 10 年写入我国政府工作报告。2021 年，《中华人民共和国国民经济和社会发展第十四个五年规划和 2035 年远景目标纲要》明确提出"深入推进全民阅读，建设'书香中国'"。中央宣传部也印发了《关于促进全民阅读工作的意见》，进一步推动和指导全民阅读工作向纵深发展。

　　儿童是祖国的希望，儿童的阅读素养不仅关系到个体的成长和发展，更关乎整个国家和民族的未来。近年来，随着教育改革的逐步深入，不仅阅读在语文学科占据着举足轻重的地位，全学科阅读的重要性也逐渐凸显。2023 年，教育部等八部门发布《全国青少年学生读书行动实施方案》，进一步推动青少年学生阅读深入开展，全面提升育人水平。在这样的背景下，学校作为培养未来人才的主阵地，开展阅读教育显得尤为关键。

　　北京市昌平区回龙观中心小学自 2007 年起开始实施"友善教育"，确立了"实施友善教育，奠基幸福人生"的办学思想。在"友善文化"的引领下，学校把"喜欢读书"作为学生的发展目标之一，积极推进读书工程，不断深化教育改革，以阅读促进学校整体工作的全面提升。2015 年，昌平区教委以"全学科"阅读项目研究推动区中小学阅读工作，"葵园阅读"与区级项目研究并轨，在总结实践

经验的基础上，学校聚焦"全学科"阅读素养培育，倡导所有学科都将阅读作为重要的学习内容和学习手段。

经过多年探索，学校在打破阅读边界的"全学科"阅读教育方面取得了一些显著的成效，以"三全"为核心策略，即通过"全学科"阅读课程、建设"全空间"阅读场域、推动"全主体"阅读参与构建阅读生态系统，逐步形成了具有鲜明特色的"全阅读生态"教育模式。

本书正是北京市昌平区回龙观中心小学在打破阅读边界，开展"全阅读生态"教育改革方面的实践集，也是对近年来学校的改革实践的全面总结。在编撰此书的过程中，学校自我审视、深入梳理、提炼总结，全面呈现学校近年来在阅读教育推进过程中的所思所想、所行所践，希望书的出版能够带给广大教育同仁些许启发与触动，为广大教育同仁的"全阅读生态"探索提供路径参考。纵观全书，共分为五章：

第一章带领读者了解"全阅读生态"的价值、理念、目标等，了解学校在阅读教育中的所思与所想，明晰学校以阅读为支点，撬动育人方式变革的核心思想和整体思路。

第二章介绍"全学科"阅读课程"三步走"的发展历程，带领读者了解学校阅读教育从"学会阅读，开展多元阅读策略支持下的整本书阅读"到"跨越学科，多学科融合的整本书阅读"，再到"回归教材，以整本书阅读推动国家课程校本化"的探索与实践。

第三章介绍学校"全空间"阅读场域的建设，带领读者了解学校如何通过整合校园、家庭和社区资源，构建"家校社"协同的"全空间"阅读场域，全面构建"全阅读生态"，让阅读随时、随地、随心发生。

第四章介绍学校"全主体"的阅读参与方式，带领读者了解学校如何通过建立分级阅读书单、实施教师"阅读工程"、开展多元化阅读指导，构建学生、教师、家长多方参与的阅读共同体，连接家庭和学校，让阅读成为学生、教师和家长的生活方式。

第五章介绍学校阅读推广工作，带领读者了解学校如何积极开展丰富多样的阅读活动，在活动中营造阅读氛围；如何逐步完善评价机制，在评价中激发阅读动力。

　　十多年来，回龙观中心小学"全阅读生态"创新实践取得了丰硕的成果。学校多次承办全国级、昌平区级阅读课程现场会，学校被评为全国书香校园，校领导多次在全国级、北京市的会议上做典型发言，多名教师撰写的论文和执教的课例获奖。"全阅读生态"也让学生在阅读中收获实实在在的成长，他们爱读书、读好书，养成了良好的阅读习惯，展现了出色的阅读能力和综合素养。2018 年至今，学校连续 8 年被评为昌平区教育教学综合质量评价优秀学校。

　　在这样一个信息爆炸、知识迅速更新的时代，阅读不仅是获取知识的途径，更是一种生活态度和精神追求。我们相信，通过不懈的努力和持续的探索，阅读的力量将深深植入每一个孩子的心中，成为他们认识世界、理解生活、追求梦想的重要支点。未来，回龙观中心小学将继续沿着打破阅读边界和"三全"阅读的革新之路，不断完善和创新阅读教育模式，深入推进育人方式变革，让阅读成为学校教育的新引擎，推动学校教育不断向前发展。让我们共同期待"全阅读生态"在未来的发展中绽放更加耀眼的光芒，书写更加辉煌的教育篇章！

高欣蕾

2024 年 8 月

第一章

阅读思想：以阅读为支点，撬动育人方式变革

高欣蕾

自 2010 年以来，回龙观中心小学就把"喜欢读书"作为学生发展目标之一，积极推进读书工程，营造阅读氛围，打造书香校园。经过十多年的实践与探索，学校的阅读思想也几经变化，超越了大多数学校把阅读仅仅作为培养学生阅读素养的理念，跳出学科视域，不断审视和界定阅读的育人价值与教育意义。

学校的阅读思想经历了三次大的跨越。阅读教育推进初期，学校把阅读作为儿童哲学思维培养的有效途径，主张阅读的目的不是学会一堆知识，而是学会一种思维，在培养语言能力的同时发展思维能力，激发想象力和创造潜能，让学生初步掌握辩证性、批判性、实践性、超经验性的思维方法，成为一个阅读的思考者，体现"通过阅读发展思维"的理念。

经过几年的探索，学校逐步将阅读作为多样化学习的载体和途径，构建起阅读内容、阅读方式、阅读对象"三位一体、和谐共生"的阅读生态，以"全学科"阅读实现多学科、跨学科、超学科的综合学习，以"全空间"阅读实现随时、随地、线上线下结合的泛在学习，以"全主体"阅读实现学生、教师、家长这一阅读共同体的共同学习，体现"通过阅读来学习"的理念。

近年来，学校愈发认识到阅读对于学生成长的重要性，于是将阅读作为培养学生自主学习意识、习惯和能力的方式，通过构建"阅读式课堂"，为学生提供能够

开展自主学习的学习资料，把学生往前推一步，让教师往后退一步，真正做到以学生为主体，推动学习方式、教学方式的变革，全面落实高质量发展、"双减"政策、义务教育新课标等政策要求，体现"通过阅读实现自主学习"的理念。

一、"全阅读生态"价值的再思考

学校打造"全阅读生态"的初衷是以"阅读"为脚手架，以"思维"为价值链，以"空间"为赋能场，给哲学思维一方生长的沃土，让阅读真实发生，让一个个天生的"哲学家"快乐地生活在思考的世界里。学校之所以把"思维"视为阅读的价值链，作为阅读的核心目的，一是因为"学会思考"是学生的发展目标之一，让学生有哲学思维至关重要，这犹如给学生打开了智慧之窗，引导学生用哲学的思维方式去认识一切。二是在学校看来，教育是帮助人发现和实现自我的手段，是唤醒和点燃，是提高人的精神高度和拓展人的智慧深度的方式。教育使一个人在阐述观点时有哲理性，在表达见解时有说服力。小学作为学校教育的开端，对学生进行哲学启蒙和思维启发，恰恰是将他们哲学家的天性释放出来，让他们自然"生成"对世间万物的独特看法，逐步养成具有哲学特征的思维方式。哲学的思维方式不在于掌握多少具体知识，也不在于解决多少具体问题，而在于提供一种理性的思维模式，培养和锻炼人的思辨能力，这正是"思维"成为育人价值的关键所在。

随着"全阅读生态"的推进，作为一群有梦想的教育人，学校教师并不满足于阅读对于学生哲学思维培养的巨大价值，学校教师一直在思考：学校把所有国家学科、大量校园空间、全体教师以及家长和社会机构都纳入阅读这一重大工程中，把"全阅读生态"的打造放在学校最重要的位置上，无论是发展规划、课程建设、还是课堂教学、活动开展，抑或家校共育、环境创设，阅读永远都是所有光谱中最闪亮的一条。那么，"全阅读生态"背后的核心价值到底是什么？似乎哲学思维不足以充当这一角色。那么，站在学生的角度，"全阅读生态"能够给学生带来什么？站在教师的角度，"全阅读生态"能够改变教师什么？站在学校的角度，"全阅读生态"能够开创怎样的教育？

（一）"全阅读生态"是自主学习的有效途径

为什么要做阅读？理由很充分。无论是"全民阅读"的国家战略，还是国际性的 PISA（国际学生评估项目）和 PIRLS（国际阅读素养进展研究项目）阅读测评项目，都把儿童阅读作为一项重要的教育政策来实施。2024 年《政府工作报告》提出"深化全民阅读活动"，这是"全民阅读"作为国家文化战略连续 11 年被写入《政府工作报告》。国民的精神力量对于国家的软实力和最终的竞争力起着关键性的作用，而精神力量的获取和培养，离不开阅读。朱永新教授曾经以四句话精要概括"全民阅读"在当今时代的内在价值，他说："一个人的精神发育史就是他的阅读史，一个没有阅读的学校永远也不可能有真正的教育，一个书香充盈的城市才能成为真正的精神家园，一个民族的精神境界取决于这个民族的阅读水平。"国际阅读学会在总结阅读对人类最大益处的时候，曾在报告中指出，民众阅读能力的高低，直接影响到一个国家和民族的未来。因此，"全民阅读"是体现一个国家的文化风尚，提高民族文化素质，促进文化自信、自强、自立的重要方法。

那么做"全阅读生态"的缘由是什么？探讨这个起因需要换一个角度，不是站在宏观的层面上，不是去看理论家、教育家如何阐述阅读的重要性，不是去分析百年未有之大变局对阅读的迫切需求等这些来自外部的因素，而是要回归校园内，去思考学校举全校之力推进"全阅读生态"这一庞大的工程究竟能够给学校和师生带来什么。

首先，学校推进"全阅读生态"的站位和教科院不一样，教科院是以一个学科或者一个领域来推进阅读，关注的是阅读素养的培养，采取的是问题驱动、思维可视化等学科阅读策略，在评价上更关注阅读量、阅读速度、信息检索能力、阅读能力、理解能力等与阅读相关的指标。但学校是以一个整体来推进阅读，这个整体里不仅涵盖全部学科，还涉及空间和主体，因此就不能以学科目标、学科策略、学科评价指标等学科的逻辑来定义"全阅读生态"的价值和意义。众所周知，校园中阅读的发端来自语文学科，阅读是学习语文的一种策略。因此，"全阅读生态"的价值和意义不是就阅读说阅读，而是应该跳出学科层面和阅读本身，去寻找与学生成长密切相关的更深层次的要素。

其次，学生在校时间是非常有限的，在有限的时间里，学校既要落实德智体美劳全面发展，还要落实义务教育新课标，更要落实好"双减"政策和五项管理，目的是促进学生在身心健康基本前提下的全面而富有个性地成长，实现学校在立德树人、五育并举与融合下的高质量发展。而"双减"的核心变量就是时间，阅读在常人看来无疑会占用时间这一学习投入变量，进而给学生带来学业负担。那么"全学科、全空间、全主体"三位一体的"全阅读生态"对于学生而言，如果不是增加学业负担，那么究竟减少了什么？又增加了什么？

最后再看教师，党的十八大以来出台的多项教育政策，如义务教育新课标、课程教学改革、科学教育加法等，都对教师提出了更高的要求。人工智能时代已然到来，北京市已经拉开了基础教育干部教师人工智能赋能教育教学能力、提升全员专项实训的序幕，提出要让智能技术赋能教学设计、作业设计、考试命题、综合实践设计等教学育人环节，提高教师人工智能教育教学应用能力。"全阅读生态"打造的核心力量来自教师，教师不仅要建立本学科的阅读体系，还要设计和营造阅读场域，更要开拓自身的阅读视野。这一切举措如果是在回应政策，那么背后的主线和实施的落脚点究竟是什么？

一言以蔽之，要给"全阅读生态"一个充分的理由，以此回答这样的生态给学校教育、学生成长、教师发展带来的价值。在全体教师的反复碰撞中，这个理由日益清晰，那就是促进学生自主学习，让"全阅读生态"成为自主学习的途径。自主学习是一种主动的、自我驱动的学习方式，学生能够自我设定学习目标、选择学习资源、制订学习计划，并对学习过程进行自我评估和调整。自主学习强调学生的主动参与和独立思考，培养学生的批判性思维、创新能力和解决问题的能力。

学校认为，学校的任何一项发展举措，都要与培育时代新人这一导向做对接，去思考新时代究竟需要培养学生的哪些核心特质。面对快速变化的时代和充满不确定性的未来，学校认为，自主学习具有强烈的时代感和紧迫感，是满足学生自身发展和适应社会发展的核心要素。学生最基本的责任是主动学习，提升自主学习意识，培养自主学习习惯，发展自主学习能力，使自己成为积极的、独立的、具有主观能动性的学习者。而自主学习的途径就是阅读，当学生遇到困惑和问题时，他会积极想办法，或去教室和图书馆找书阅读，或去书店买书阅读，或上网找资料阅读，从阅读中寻找答案，自己去排除学习过程中的障碍，这就是自主学习，体现出学习主体具有的能动品质。自主学习对学生一生的影响是巨大的，走进大学校园，他会带着问题进入图书馆，通过阅读相关书籍深耕专业。走上工作岗位，他会主动适应职业转换和知识更新频率加快的要求，主动阅读与业务相关的图书和资料，让自己迅速进入工作状态。因此，自主学习是终身学习的关键，学生是否具有潜力和竞争力，是否具有在信息时代轻车熟路地驾驭知识的本领，从根本上讲，都取决于学生是否具有自主学习的能力。

这样就可以清晰地回答最初设定的三个问题：

第一，跳出学科层面和阅读本身，一个更大、更上位、更深层次且与学生成长密切相关的要素就是"自主学习"，这是打造"全阅读生态"的核心价值所在。自主学习可以成为统领"全学科"阅读的核心使命，可以成为"全空间"阅读的核心要素，可以成为"全主体"阅读的核心目标。

第二，"全学科、全空间、全主体"三位一体的"全阅读生态"对于学生而言是聚焦自主学习意识、习惯和能力的培养，强化学习品质的培养，增加可持续发展本领的历练，加快形成学生在学习上的新质生产力，这些远比知识更为重要，也是基础教育肩负的任务，比如，让学生做数学阅读要远比做一张数学试卷的意义更大，因为学生能学到试卷无法包含的丰富内容。如果是自主学习，学习就没有消极的负担，而变成一种积极的体验。同时，自主学习会减少低效的课堂、无用的作业、多余的考试，减少教师课上讲授知识点的时间，把更多的自主阅读、自主反思、自主建构的时间还给学生，真正落实"双减"政策，通过打造"全阅读生态"，找到以减量发展范式提升学校育人质量的最佳路径。

第三，教师作为打造"全阅读生态"的核心驱动力量，其开展"全学科"阅读的逻辑主线就是自主学习，其落脚点就是以自主学习为表征的"阅读式课堂"。义务教育新课标提出学习方式变革，其主导方向就是教师少讲，学生自学。教师少讲，少的是教师讲授式的规定动作，因为一种方式、一种难度的常规教学忽视学生的个性和兴趣。学生自学，这是一种个性化的学习、差异化的学习，这样的学习要有途径，这个途径就是自主学习，通过专题材料阅读、辅助资料阅读、工具书阅读、课外书阅读、多媒体阅读等开展。因此，在"全学科"阅读的实施中，教师会关注课堂教学中学生自主学习能力的培养，提供自主学习的资料和"脚手架"，把学生的主观能动性调动起来，培养学生自主学习的意识和能力，增强学生自主学习的信心。

（二）自主学习是具有积极体验的学习方式

自主学习是一种以阅读为手段的主动的学习方式，在阅读过程中，学生需要积极思考、主动探索，通过自己的努力去理解和掌握书中的知识和思想，而不仅仅是被动接受，这样才能真正从阅读中获得收益。自主学习的本质是"学会学习"，即学会"通过阅读去学习"，这种方式不仅仅关注所学知识，更重要的是培养学习能力，让学生能够在学习模式、时间管理和学习规划技巧方面掌握一定的学习方法。北京师范大学资深教授林崇德就强调对学生而言，最重要的学习是学会学习，最有效的知识是自我控制的知识，以便学生在各科的学习中寻求如何获得知识的策略，从而学会怎样学习、怎样自学，以提高自主学习能力。中国学生发展核心素养框架包括文化基础、自主发展和社会参与三大领域。自主性是人作为主体的根本属性。自主发展，重在强调能有效管理自己的学习和生活，认识和发现自我价值，发掘自身潜力，有效应对复杂多变的环境，发展成为有明确人生方向、有生活品质的人。在自主发展领域中，就有"学会学习"这个核心素养，"学会学习"主要是学生在学习意识形成、学习方式方法选择、学习进程评估调控等方面的综合表现。自主学习这一方式如何推进呢？以课堂 40 分钟为例：学生听讲 30 分钟，阅读 10 分钟，这是一种模式；学生听讲 10 分钟，阅读 30 分钟，这是另一种模式。两种课堂模式对于学生而言是不同的学习方式，后者更强调自主阅读，通过自主阅读学会学习，如此持续，学生的自主学习习惯就会慢慢形成。

自主学习是一种具有积极体验的学习方式。减负的真正意义在于防止压力转化成日益沉重的负担。所谓学业负担，其实质是学生面对学习任务与环境的消极体验，而学生的学习体验与负担感受，决定着他向前还是向后的方向选择，因此，学生的学习体验才是减负的关键词。自主学习是一种以自我为主导的学习方式，本身就体现个体的主观愿望，会给学习者带来一种积极的、愉快的学习体验，在这个过程中享受思考的乐趣，享受解决问题的成就感，他的学习兴趣变得浓厚，对知识的渴望也变得更强烈。可见，积极的学习体验能够让压力转为动力。但近些年 PISA 的测试结果却令人担忧，尽管中国学生 PISA 的测试成绩排名第一，却是凭借全世界最长的学习时间换来的，而且调查显示，中国学生的幸福感知力低，成绩最好的学生不想做科学家。这样的结果反映了学生的一种学习状态：盲目、被动、痛苦、无奈、机械、无趣等，之所以这样，究其原因是学生产生了消极的学习体验，而消极的体验会让压力化为负担，让学习变成一件痛苦的事。其实，教育的目的在于培养学生的自我教育能力，唤醒自主成长愿望，变盲目学习为意义学习，变被动学习为主动学习，变痛苦学习为快乐学习。所以，自主学习能力已成为 21 世纪人类生存的基本能力，成为课程改革的首要目标。因此，学校要积极推进以弘扬人的主体性、能动性、独立性为宗旨的自主学习，不要让学生成为没有情感的学习机器，更希望在未来的 PISA 测试中，"在最低幸福度之下，用最多的学习时间，获得全科最高的分数"的局面不再上演。

（三）自主学习的推进取决于丰富的学习资料

在 2020 年世界读书日来临之际，教育部基础教育课程教材发展中心首次发布《中小学生阅读指导目录（2020 年版）》，为提高广大中小学生阅读能力和综合素质提供指引。根据青少年儿童不同时期的心智发展水平、认知理解能力和阅读特点，该目录分为小学、初中、高中三个学段，推荐图书共 300 种。其中小学 110 种、初中 100 种、高中 90 种。在《义务教育语文课程标准（2022 年版）》的附录部分，一是列出了"优秀诗文背诵推荐篇目"，其中 1—6 年级 75 篇，7—9 年级 60 篇；二是对课内外读物做了建议，提出学生要主动涉猎童话、寓言、故事、诗歌、散文、长篇名著、科普科幻作品等读物。此外，一些重视阅读的学校也为学生开发了不同年级的书单。书单作为一种由来已久且极为重要的工具，既指引人们阅读、构建知识体系，也展现着书单开发者辽阔的精神世界。传统的书单既有教育部推荐的必读书目，又有学校为学生开具作为修读学业门槛的书目，书店、媒体、学者、名人等也会通过开书单来表达自身的文化定位与品位。

如果站在培养学生自主学习能力的角度看，开发书单的意义不大，因为书单还是站在学科角度，以一种长程思维设计相当长一个周期内要阅读的书目，出发点是开阔学科视野，丰富学科阅读量，提高学科阅读水平。而学生自主学习能力的培养是发生在每一天、每一节课上，那么教师就应该结合课标和教材，在学生学习新知识的时候为他们提供针对性的辅助材料，也就是学习资料。这些学习资料的呈现方式更有可能是几张纸，一张学习单，一条网络链接，当然也可能是每月推荐书单，总之，这些学习资料是学校开展国家课程校本化过程中的辅助材料。校本化工作中一项很重要的任务就是给教材"加料",让教材变厚,把教材中的内容细分后加入很多内容。这些基于教材的补充资料,可以是导引的内容,可以是对概念稍微丰富的解释,可以是生活中的鲜活例子,可以是真实的情境等。总之,教师多提供一些学习资料,多提供一些"脚手架",把教材的内容丰富起来,把背后的逻辑带出来,把1本教材变成4本教材,帮助学生自学。有了足够的学习资料,"翻转课堂"也就水到渠成,而这样就会带来学习方式的变革,真正做到以学生为中心,以学为核心,以培养自主学习为重心。

目前,国家学科教材是以满足课堂教学的需要为前提的,不太适合自主学习,并且这些教材采用的学习手段和活动方式比较单一,尤其缺乏对现代教育技术的应用。因此,贴近学生生活、连接现实社会、融入教育技术的学习资料是满足个性化学习的前提条件,也是达到自主学习的重要物质条件。学生的学习需求、学习方式、学习进度可能各不一样,满足不同的需求就要求教师给学生提供丰富多元的学习资料。

如何教学生"学会学习"与培养学生自主学习能力成为现代素质教育中最基本的内容,同时也是培养创新型人才的重要环节。伴随知识经济和信息社会的到来,以及数智技术的普及应用,国内一些学校相继构建自主学习中心平台,利用自主学习中心平台提高学生的自主学习能力,将自学中心作为培养学生自主学习的重要场所。国外很多国家在各个教育层次都提倡建立自学中心,在自学中心,学习者根据自己的学习需要选择材料、媒体和活动方式。另外,计算机辅助多媒体教学软件在自主学习中的应用越来越普遍,计算机辅助教学软件具有容量大、手段多样、人机交互等优点,为自主学习提供了一个有效的工具。

二、基于培养自主学习的"全阅读生态"理论支撑

自主学习是就学习的内在品质而言的,与之相对的是被动学习、机械学习、他主学习。自主学习实际上是元认知监控的学习,是学习者自我主导自己的学习,是在学习目标、过程及效果等诸方面进行自我设计、自我管理、自我调节、自我检测、自我评价和自我转化的主动建构、积极调整、不懈努力的过程。有西方学者提出:当学生在元认知、动机和行为三个方面都是一个积极参与者时,其学习就是自

主的。中国学者将自主学习定义为建立在学生自我意识发展基础上的"能学"，建立在学生具有内在学习动机基础上的"想学"，建立在学生掌握一定的学习策略基础上的"会学"，建立在意志努力基础上的"坚持学"。

对自主学习还有以下三种专业层面的解读。第一，自主学习是由学习者的态度、能力和学习策略等因素综合而成的一种主导学习的内在机制，是学习者指导和控制自己学习的能力，如制订学习目标的能力、针对不同学习任务选择不同学习方法和学习活动的能力、对学习过程进行监控的能力、对学习结果进行评估的能力等。第二，自主学习指学习者对自己的学习目标、学习内容、学习方法以及使用的学习材料的控制权。第三，自主学习是一种学习模式，是学习者在总体教学目标下，在教师的指导下，根据自身条件和需要，制定并完成具体学习目标的学习模式。

围绕"如何学"的研究，以学习者本体为中心的教育研究迅速发展起来。研究人员借助行为主义心理学、认知心理学以及社会心理学的研究成果和方法，研究学习心理，提出了很多学习理论。研究理论指出，虽然学习过程有共性而且总体学习目标可以是一致的，但是学习者个体因素差异较大，尤其是学习能力、学习风格和学习策略的差异，使得每个学习者的学习过程存在高度的异质化。另外，不同的学习者有不同的学习需要，同一个学习者在不同的学习阶段也有不同的需要。因此，一刀切的教学内容和教学方法不符合学习的客观规律，解决这一问题的途径之一就是自主学习。20 世纪 80 年代以来，自主学习越来越引起学科教育研究领域的重视，甚至有学者主张，培养自主学习者是教育的根本目标。

（一）人本主义自主学习理论

人本主义自主学习理论可以追溯到罗杰斯的"以学生为中心"的教育思想。一些人本主义心理学家认为，自主学习是个体自我发展系统的必然结果，这个系统的结构包括自我概念、自我价值、自我意向等成分。其中自我概念是影响自主学习最重要的因素，它指的是个体的信念，因此，实现和改善自我概念是学生自主学习的重要动机。人本主义自主学习理论强调以教会学习为目标，既把自主学习能力的习得作为学习的目标，又把自主学习作为学习的手段。以人本主义心理学为基础的教育哲学提出，远期目标是培养符合人本主义心理学标准的人才，近期目标是培养学习者自主学习的能力。该教育哲学提出"四点主张"：第一，学习者与教育者分享控制权；第二，以协商的形式进行学习；第三，共同承担；第四，学习内容要符合学习者自身的需要。同时，该教育哲学提出"三个强调"：一是教学大纲要采用以学习者为中心的教学方法；二是教学目标具有双重性，即情感发展目标和认知发展目标；三是学习者要为他们自己的学习负责，比如自我决策、自我选择并实施学习活动，表露自己的能力、需要和偏爱等。在这种学习模式中，教师的作用不再只是知识的传播者，而是学习者的指导者和顾问。

（二）教育主体自主性发展理论

教育主体自主性发展理论认为，教育是培养人的活动，是以培养自主性发展的个人为目的的教育。现代社会发展需要现代教育培养的人必须具有创新精神和创新能力。当前的教育实践存在一些弊端，其中之一是在培养人的过程中轻视乃至忽视教育主体的自主性发展，表现为实行整齐划一的模式化、同质化的教育，只重视知识的掌握，忽视创新精神、创新能力和个性发展的培养，造成学生被动地学习，动手与实践能力差，参与意识和参与能力不强等。自主学习教改实验以教育主体自主性发展作为教育改革的起点和依据，对现行教育中不合理的观念、思维方式和行为方式进行根本性改造，力图实现教育理论和教育观念的变革。

自主性发展理论的核心理念是开展主体教育。所谓主体教育就是指根据社会发展的需要和教育现代化的要求，教育者通过启发、引导受教育者内在的教育需求，创设和谐、宽松、民主的教育环境，有目的、有计划地规范、组织各种教育活动，从而把他们培养成为能够自主地、能动地、创造性地进行认识和实践活动的社会主体，凸显学生主体性、民主性、活动性、开放性。主体性教育的核心观点有三点：其一，学生是自身生活、学习和发展的主体。学生在学校中首先是在过一种生活，学习是其生活的一个有机组成部分；学习不再只是未来生活的准备，而是成为一种特殊的生活；评价学生学习活动的成效或价值，不能只看其对未来生活的作用，必须同时看其现在对主体的意义。其二，现代教育过程应该是教师与学生双主体协同活动的过程。只有承认教师与学生分别是教育过程中不同方面活动的主体，才能既明确教师的责任，又把教师和学生放在真正平等的地位上，使双方的积极性都得到发挥。其三，现代教育应把发挥好培养学生的主体性作为一项核心目标。其四，现代教育中应建立民主平等、相互尊重的新型师生关系。

（三）聚焦发现学习的学习论

学习理论简称"学习论"，是说明学习的性质、过程和影响学习的因素的各种学说，主要研究学习是如何发生的，有哪些规律，学习是以怎样的方式进行的。"学习论"主要分为联结学习理论和认知学习理论两大理论体系，其中布鲁纳的认知结构学习理论的认知度较高，他强调学校教学的主要任务就是要主动地把学习者旧的认知结构置换成新的，促成个体能够用新的认知方式来感知周围世界。他还提倡教师在帮助学生学习的过程中，不仅要提供必要的信息，而且要教会学生掌握并综合运用对客观事物归类的方法。

布鲁纳尤其主张发现学习。所谓发现是指学习者独自遵循他自己特有的认识程序，亲自获取知识的一切方式。布鲁纳反复强调教学是要促进学生智慧或认知的生长，他认为，"教育工作者的任务是要把知识转换成一种适应正在发展着的学生的形式，以表征系统发展的顺序，作为教学设计的模式"。由此，他提倡教师在教学中要使用发现学习的方法，即提出和明确学生感兴趣的问题；使学生体验到对问题的某种程度的不确定性；提供解决问题的多种可能的假设；协助学生收集可供下断语的资料；组织学生审查有关资料，得出应有的结论；引导学生用分析思维去证实结论。布鲁纳之所以强调在教学中要重视学生的发现学习，原因在于他通过比较研究发现学习和接受学习，了解发现学习有比较明显的优点。主要有四：第一，发现学习不仅强调对学习结果的存储，还重视学习者在学习中以有意义的方式组织知识，因而学习者对知识掌握的牢固程度要高；第二，发现学习强调学习者内部学习动机的激发，要求学习者在教师提供的教学信息面前，自己探索解决问题的模型，发现学习更加容易激发学习者的智慧潜能；第三，发现学习强调培养学生的直觉思维能力，注重在学习的过程中让学习者运用假设去推测关系，应用自己的能力去解决问题或发现新事物，因而发现学习在一定程度上可以有效提升学习者发现问题、解决问题的能力；第四，在发现学习的过程中，教师与学生处于合作状态，学生不再是静坐的听众或观众，他们主动合作，投入教与学的互动中，在不断的探究中获得新的信息，从而大大提高学生学习的主动性。"学习论"已成为现代教学观念的重要组成部分。自主学习要求真正确立学习者主体发展和自主发展的地位，使知识

经济时代的教学理论更加符合学习者学习知识、技能与发展人格的内在规律，教师的"教学"含义由过去的教学生知识与技能变为教会学生自主学习。

三、基于培养自主学习的"全阅读生态"理念

在为"全阅读生态"赋予"自主学习"的核心价值与教育意义后，对于学校而言，要做培养面向未来的自主学习者的教育，赋能学生可持续发展的终身学习能力，要做人之为人的教育，让每一个学生从被动学习走向主动学习，拥有应对未来各种挑战的核心素养。对于教师而言，不仅要尊重学生，更要解放学生，在放手、隐身中做好个性化学习资料的供给和学习过程的引导，教会学生自主学习。因此，学校"全阅读生态"的建构立足"自主学习样态"，以此表达理想学校的样子。

（一）始于有趣，沉于乐趣的自主学习

兴趣一定是学生开展自主学习最原始的动力，俗话说"兴趣是最好的老师"，兴趣可以点燃求知的欲望和热情，是学习的动力。什么是兴趣？兴趣指兴致，是由爱好、喜欢而产生的愉快情绪。教育心理学认为兴趣是从无到有、从不稳定到稳定的过程，并将兴趣的发展分为循序渐进的三个阶段，即有趣、乐趣、志趣。兴趣发展理论认为兴趣是人与学习环境相互作用的结果，情境兴趣为个体兴趣的出现提供基础，并支持个体兴趣的发展，个体兴趣是长期内化的结果。个体兴趣出现后，无论有没有外界支持，都能继续参与。个体兴趣稳定后，开始寻求反复参与的机会，具有积极情感，并增加特定的任务知识和任务价值。因此，在"有趣"这一阶段，兴趣具有情境性，是随环境产生的直接兴趣，兴趣维持时间短暂，也不稳定，需要在好奇心的驱使下，经由自己探索和他人适时引导，才能进入下一阶段。在"乐趣"这一阶段，兴趣维持时间长久，但乐趣主要依靠快乐情感作支撑，仍不够稳定，要由浅层次的、不自觉的好奇心向深层次的、自觉主动的求知欲转化，并把乐趣与个人志向相联系，才能进入下一阶段。

因此，"全阅读生态"下的自主学习倡导让学生开展始于有趣、沉于乐趣的自主学习。有趣的学习是自主学习的前提和基础，能极大调动学生投入阅读的积极性和参与度，提高学生的阅读水平，强化学生的学习效果。学生有了兴趣之后，会主

动地搜索信息，探究问题，寻找答案，大胆创意，积极表达，丰富自己的知识结构，促使自己在学习中不断进步，从而发现学习的乐趣。同时，自主学习又能够促进学生兴趣的进一步发展。通过自主学习，学生能够更加了解自己的个性特点和偏好，感受到自我实现的喜悦感和成就感，从而更加热爱阅读，热爱学习。因此，学习兴趣和自主学习是相互促进、相辅相成的，学习兴趣可以促使学生更加自觉主动地开展自主学习，而自主学习则可以满足学生的求知欲望，在知识建构和意义建构中发现学习的有趣之处，感受学习的无穷乐趣，让学习成为自我发展和实现的过程。

（二）发现问题，解决问题的自主学习

发现问题比解决问题更重要，问题发现不了，何谈解决？不能发现问题，就找不到前方的路，因此发现问题是很重要的能力。但在校期间，学生大多被动地接受问题，这些问题都是由教师或者教材提出来的，而且所谓优秀的学生，也是那些能够针对教师提出的问题做出正确解答的学生。实际上，学生走向社会后，面对的情况恰恰相反，他们需要自己去发现工作中的问题，自己去处理生活中的问题。学校应该让学生在走上社会之前先"活"一遍，让他们接触更多基于真实情景的问题，帮他们创造更多接触自然、他人、社会的非正式学习机会，为他们提供足够丰富的体验，尽早为他们走向未来做好各种准备。问题意识和解决问题能力的培养具有现实意义。

自主学习能够有效促使学生去发现问题的存在。学生阅读时，头脑里会生发出各种各样的疑惑，因为书里的很多描述并不是他们亲身经历的，自然会产生一连串的疑问。此外，学生的阅读范畴不止于书本，还包括对大自然以及社会环境的"阅读"，在学生对周围环境进行细致入微的观察时，也可以发现问题的蛛丝马迹。通过全方位的阅读，自己找出问题，沿着问题开展更深层次的自主学习，从而形成以问题为驱动的自主学习方式。因此，发现问题是推动学生思考行为和探索行为的首要动力，是学生开展自主学习的起点。将问题贯穿教育过程，成为知识的纽带，培养学生的问题意识是现代教育应尽的责任。

发现问题和提出正确的问题直接影响到问题解决的质量和效率，只有深入发现和理解问题，抓住关键问题点，找到问题的核心，才能更好找到问题的解决方案。

可见，问题的有效解决并不是因为不会解决问题，而是因为忽略了问题的发现和提问环节。引导学生在自主学习中发现问题是一个全方位、持续性的过程，为此，学校要创设一个开放、自由的学习环境，这个环境应该是充满乐趣、探索和挑战的，让学生有足够的空间去发现、去提问。

学校教育很多时候过分强调知识积累、技能练习，反倒忽视教育初衷，本该是手段，最后却成了目标。教育的重要价值是教人解决问题，让个体的问题解决能力提升。问题解决正是自主学习的核心关切。问题解决过程就是学生进入到"自主探究"的状态，开始真正意义上的自主学习。解决问题时，需要明确的目标和规划，需要充分的信息和数据支持，需要清晰的思维和逻辑，需要综合运用各种资源和技能，需要不断总结经验和持续改进，这些都是自主学习具有的特征。学校希望学生能够自觉把书籍当作分析问题的"宝典"，当作解决问题的"密钥"，通过阅读找到问题的起因和解决思路。因此，在问题解决式的自主学习中，自主学习培养了学生主动学习的能力，而问题解决则要求学生能够主动思考和探索解决方案。

首先，自主学习培养了问题解决能力。学生在自主学习的过程中，要自己设定学习目标和任务，选择学习内容和策略，这就要求他们具备自主思考和决策的能力。而问题解决是学生在面临问题、困难、挑战和未知情境时，能够主动思考、分析和寻求解决方案的能力，这也是自主学习的必要组成部分。其次，问题解决促进了自主学习能力的发展。在问题解决过程中，学生需要主动获取信息，分析问题，制定解决方案，并进行实践和反思，这些过程都需要学生具备自主学习的能力。最后，通过解决问题，学生能够发现自身知识的不足，从而激发他们主动学习的动力和兴趣，以问题解决的目标来促使自我主动探索，有所发现，有所收获。问题解决与自主学习彼此促进，和谐共生，这才是自主学习应有的样态。

（三）了解已知，探索未知的自主学习

人最宝贵的是时间，要让学生在有限的时间里开展有价值、有意义的学习。最初，教师对于提供学习资料存在疑虑，认为学习资料会讲述一个概念的形成过程，甚至会给出答案，不利于学生探究能力的培养。但通过专家的解惑和自身的再学习，教师逐渐理解了学习的本质，一些常识性的知识、概念、公式等，已经被无数

前人验证过，学生知道和了解就行。他们更需要做的是在掌握基础知识、基本概念、基本方法、基本经验后，开展对于未知问题的探索，去了解新的概念和事物，在自主学习并全面了解之后再开启新的探索之旅，如此循环往复，去窥探充满未知的世界，去抵达别人未曾到过的地方，去看到别人不曾看见过的风景，一步一步走向充满挑战和不确定的未来。掌握基础知识是培养探索能力的前提，是为了更好地探索未知的概念。

真正的学习并非简单地复制或粘贴，而是需要重新审视自我，挑战既定的观念与思维模式；需要从原有的解释网络中走出来，飞向更广阔的天空；需要用更开放的心态去接受新的知识与观念，将其融入自我的知识体系中，转变为自己的知识储备。让思维变得更为活跃，让理解变得更为深入，让视野变得更为广阔，这就是真正的学习，这就是不断成长的过程。真正的学习是拥有绿灯思维和过滤思维，尊重教师的经验学识，尊重书本的历史文脉，将这些作为信息看待，不断地思考每个知识的适用场景和边界，界定这些已有知识与未来知识的关系，最终完善自己的知识结构。

学习不仅是强化已知，还要探索未知。很多人看书有画线的习惯，你会发现，你画线的内容基本上是你认为比较有道理的、能够被接受和认可的内容，这是一个强化已知的过程。但对于学习来说，往往是通过已知来关联未知的过程。如果只是一味地强化已知，就会陷入"知识茧房"，只会知道自己知道的，认可自己知道的，最终作茧自缚。因此，主动地将有限的时间和专注力放在更多的以前没有引起注意的事物上，放在日新月异的时代不断涌现的新概念上，你会发现不一样的世界，感受不一样的精彩。

（四）走向生活，走向社会的自主学习

综合实践活动是以学生为中心的教育模式，是培养自主学习能力的重要途径之一。综合实践活动是指在教师的指导下，学生走出课堂和校门，走向生活和社会，在真实的情境中，以项目式学习的方式，围绕历史文化、社会问题或科学现象等感兴趣的主题，开展包括资料阅读、实地调研、问题探究、方案设计、小组协作、成果展示等在内的自主学习活动。自主阅读贯穿整个实践活动的始终，尤其在活动的起始阶段，阅读成为学生开展活动必备的基本功。

　　以学校开展的"葵娃逛北京"综合实践活动为例。教师以课本中北京的著名景点为线索,让学生开展非连续性文本阅读。非连续性文本又称间断性文本,相较于具有叙事性、文学性的连续性文本而言,它是由逻辑、语感不严密的段落层次构成的阅读文本形式,一般包括图表、图解文字、目录、说明书、广告、地图、索引等内容。由于非连续性文本在结构和语言上不具有完整的故事性,因此它比叙事性文本更能够直观表达基本信息,具有概括性强、醒目、简洁等特点。因此,其阅读具有"短、简、快"的特点,能够大大缩减读者的时间,提高阅读的效率。通过"葵娃逛北京"活动,学生有动力和热情去开展非连续性文本阅读,提高阅读能力和自主学习能力。了解非连续文本与社会文化、现实生活之间的关系,培养他们的观察能力、理解能力和思考能力。学会合理利用社会性、物质性资源推进学习活动,获得积极的实践体验,习得社会性经验并自觉改变自我行为,主动遵守社会规则,践行文物保护意识和生态理念,塑造学生的社会性品格。教育学生的良好办法是让他们在社会的大环境中寻求学习的力量,不是只停留在书本上或模拟情境中,而是穿越课堂的阅读,在社会中阅读。因此,综合实践活动强调学生自主选择学习内容和方式,根据自己的兴趣爱好选择主题和任务进行探究。综合实践活动是真正落实自主学习,实现学生个性发展的有效载体。

　　获得诺贝尔文学奖的莫言回老家开收割机,被人问及这样短暂的体验对他的写作是否有帮助。莫言表示确实会有帮助。驾驶联合收割机,对于未来他在小说中塑造一个开联合收割机的驾驶员是有帮助的,驾驶的体验比他从没有开过收割机而靠凭空想象或者借鉴别人的写法去创作,总要更加真实一些。这个案例说明,体验生活是文学写作非常重要的一步,只有深入生活,才能从生活中发现意想不到的东西。学生写作文同样需要真实的生活体验,并非在课堂上学会"总分总、递进式、倒叙式"等文章结构,掌握"比喻、排比、引用、双关"等语言修辞手法,而是要去体验生活。学生真的去打了雪仗,感受到了乐趣,他才更有可能写出一篇具有真情实感的作文。因此,想成为优秀的写作者,一定要积极地去体验生活。当前全球流行的趋势就是鼓励具身认知,让学生能动起来,用肢体语言来学习,从而加深体验、促进理解。什么是体验?当人通过具身认知,调用已有经验,提取有效信息,尝试不同途径,通过反馈和思考,把新形成的经验沉淀下来,迭代个人的知识体系,这个完整的学习过程就叫体验。因为有体验,学生才会对一个新事物或者新概念有自己的理解；因为有体验，学生才会有学习方法策略的形成以及对获得成功的思考，那么他们的创造力也就在这样的过程中爆发出来。要知道，学生的今天和未来，都建立在丰富的生活经历和足够的成长经验基础上，今天对真实世界充分地认识和理解，才能在明天成为创造世界的力量。

四、基于培养自主学习的"全阅读生态"目标

一到晨阅时间，回龙观中心小学的学生就有了"肌肉记忆"，马上翻开与当天学科学习相关的书籍阅读；一到课间休息，他们就有了"条件反射"，迅速跑到各式各样的"阅读空间"里抱着自己喜爱的书籍津津有味地阅读，这一切都归功于学校10多年来大力推动阅读工程，打造"全阅读生态"，给他们铺筑了阅读底色，植入了阅读基因。

回龙观中心小学提炼出学生自主学习的四个核心目标，这也是学校希望能够让学生受益终身的阅读基因。

一是自主阅读能力。叶圣陶先生提出"教是为了不教"，这里的"教"是启发智慧，教会学生学习，具有独立的思维和学习的自主性。这里的"不教"是让学生能主动寻找阅读资料，学会独立探索与实践，学会发现和解决问题，改变"等、靠、要"的依赖思想和行为。据统计，职场使用的知识只有20%来自课堂的正式学习，而80%可迁移的知识都来自观察、探究、合作等非正式学习。因此，学校教育要增加学生的阅读广度，让他们感兴趣并且有能力广泛涉猎各种书籍，从而拓宽知识面。

二是独立思考能力。教育家苏霍姆林斯基曾说："教会学生善于思考和善于说话是学校的首要任务。"学校教育要改变教师问得多、学生问得少的情况，更要改变给予所谓"标准答案"的教学方式，把提出问题的机会、主动思考的机会、辩论观点的机会、发表见解的机会更多留给学生，开展没有唯一答案的课堂教学，改变基于标准答案的被动思考，形成"相同问题，不同答案"的生动活泼的学习样态，促进从追求标准答案的被动学习，走向为形成个性化解决方案而展开的主动学习。

三是知识应用能力。PISA对阅读素养的认识，已超出了拼写、识字以及对书

面文本的理解和诠释等语文教学中的基本要求，它更注重让学生运用相关知识和阅读能力去完成某些应用型的阅读任务。因此，要把握理解文本、建构文本、运用文本的阅读发展总体趋势，重视真实运用中的动态的语言学习和运用，学会把书本上的知识同自己的探究兴趣结合起来，用在自己的小创意、小制作、小发明上，助力成长之旅。记住多少知识并不代表学生能够应对不确定世界里的挑战，谁能把知识应用在真实问题的解决上，创造更多的知识，谁才是未来社会需要的人才。

四是问题解决能力。世界教育创新峰会公布了《面向未来：21世纪核心素养教育的全球经验》的报告，将"创造性与问题解决能力"列为通用素养中的高阶认知。面对未来的不确定性，如何适应情境并解决问题，成为学生必不可少的核心能力。真实生活中遇到的问题大多基于陌生而复杂的情景，需要借助多种领域知识和经验，不断调整并探索出解决方案。因此，学校教育要培养学生综合解决问题的智慧，给学生创造更多机会，让其把头脑里构想的方案付诸实践。每个学生面对具体挑战时，给出的解决问题的方案都不一样，但都在过程中实现了知识的建构、能力的培养和品格的锻炼。

五、基于培养自主学习的"阅读式课堂"构建

21世纪，科学技术的不断发展扩大了知识学习的范围，加强了知识更新的速度，也颠覆了传统的学习方式和教学模式。作为教育者，理应更清醒地知道，在当今知识大爆炸的时代，任何教育都不可能将所有人类知识传授给下一代，教育的任务必然是要培养学生自主学习的能力。有研究表明，成绩好的学生，往往具备一种特殊的学习能力，即自主学习，因为自主学习能够促进学生对所学内容的深度理解。此外，那些在各种文化创意比赛、科技发明大赛中获奖的学生，他们的学习活动都具有很强的独立性、自主性、自律性。学生的创造性与他们的自主学习是密切相关的，正如数学家华罗庚所说："一切创造发明都不是靠别人教会的，而是靠自己想、自己做，不断取得进步。"作为信息社会和终身学习时代的必备素养，自主学习意识、习惯和能力的培养，能促使学生认识到学习的重要性，从而成为热爱学习的新时代学生，而培养的途径必然要依托学校的主阵地——课堂。学校打造"阅

读式课堂"，充分发挥学生的主体作用，赋予学生自主学习的权利，提供自主阅读的学习资料、机会和空间，让学生在课前做好对比资料阅读，课上参与互动探究学习，课后及时查漏补缺，激发学习的主动性、积极性，真正让课堂成为收获快乐、收获成长的地方。

（一）贯穿阅读理念的"翻转课堂"

"翻转课堂"是对传统课堂结构进行重塑的一种教学模式，即学生在课前通过阅读纸质材料或网络资料进行自主学习，而课堂时间则用于深化学习、解决问题和师生互动。这种教学模式将学习的决定权由教师转移给学生，体现了教师角色的转变、课堂时间的重新分配以及学生角色的转变等特点。教师不再是知识的传授者，而是学习的促进者和指导者。在课堂教学中，教师的讲授时间减少，学生有更多的学习活动时间。同时，学生在信息技术支持下，成为自定目标和节奏的学习者，能自我控制学习的时间、地点、内容、学习量和学习难度。"翻转课堂"有助于构建新型的师生关系，促进教学资源的研发和利用。虽然"翻转课堂"具有多种优势，但受到学校、学科、师生、软硬件资源等多方面因素的影响，实施的效果不尽如人意。但"翻转课堂"代表一种趋势，因为它更符合人类的认知规律，更能促进学生主动学习和个性化学习，更能丰富教学策略和教学实践，更能实现优质教育资源的共建、共享。

在共识"全阅读生态"的价值指向学生自主学习培养的理念后，学校把阅读贯穿到所有学科的课前、课中和课后。在课前，为了帮助学生获得"结构化"的学习，教师设计学习任务单或预习单，做好新知识学习的"铺垫"，让学生先阅读相关学习资料，再总结自习心得，为课上讨论做好准备。这里有一个矛盾，没有"铺垫"，学生可能不会阅读，或者漫无目的地阅读，导致阅读效率不高。如果"铺垫"过多，学生的思维又会受到束缚。因此，教师要根据文本难度、学生的阅读能力和阅读习惯做好平衡。在课上，教师不是上来就讲新的知识点，而是先给学生展示一些资料，再开展交流和分享。阅读是起始环节，刚开始的时候可以是10分钟，之后可以逐步增加阅读的时长。课堂所有的环节没有减少，包括交流、展示、总结、归纳、评价等，只是自主阅读的环节前置了。在这样的课堂上，教师往后退了一步，学生往前进了一步，课堂生态发生了变化，真正步入学习方式变革的轨道。至

于学生进到什么程度，和他们的阅读能力相关。这就是"翻转课堂"，体现了"先学后教""少教多学"的理念。

这里要强调两点，一点是关于预习单。预习单属于作业范畴，是要占用课后时间的，"双减"政策对于作业时长有明确规定：小学一、二年级不布置家庭书面作业，小学三至六年级书面作业平均完成时间不超过 60 分钟。作业主要包括复习和预习两项，对于大多数学校来说，"复习 80%＋ 预习 20%"的作业结构是常态。如果要实现"翻转课堂"，那么预习时长就需要增加，目前学校正在实施"复习 50%＋ 预习 50%"的作业结构，相信随着学生自主意识、习惯和能力的变化，预习时长将逐步增加。还有一点是关于学习资料，不同的学生对学习资料有不同方面、不同层次的需求，学校需要充分了解每个学生的学习需求，在规定的教学目标与学生真正的学习需求间找到连接点和平衡点，知道哪些目标既符合学生学习的需求，又是学生一定要达到的，在取舍时更加贴近学生，提供学生需要的个性化学习资料。

（二）推进阅读实践的"哲思课堂"

阅读是学生的个性化行为，不应以教师的分析代替学生的阅读实践。目前小学阅读教学正在向个性化自主阅读式课堂发展，以培养学生的多种思维方式为目的。站在这一高度来重新审视阅读教学，就是要聚焦课堂、研究课堂、攻坚课堂，使课堂成为培养学生哲学思维的主阵地。构建"哲思课堂"，让课堂成为促进人际关系和谐的课堂，成为激发学生学习动力的课堂。这样的课堂以阅读为主线，以问题为纽带，以思维为目的，以学生为主体，以教师为主导，让思维有质量，成为播撒思考的种子、发展思维的场所。

目前我校"哲思课堂"的教育目标和教学模式已基本形成，以培养学生"关怀性、协作性、批判性、创造性思维"为终极培养目标，以"真情境、真问题、真研究、真性情、真反思"为线索，以八大思维通道和二十个思考工具有机结合为手段，撬动儿童哲学课堂的深入开展。

落实"课堂线索"，优化课堂环节。真情境指创设师生之间以及学生之间交流互动的真实的情境。真问题指核心问题，能引发学生认知冲突，让学生心智受到挑战，激发其自主探究的内在动力和持久的学习兴趣，实现深度学习。真研究指以学生为中心，采用自主式、合作式、探究式、对话式为主要方式。真性情指开展真正意义上的对话学习，在问与答、给予与获得、相互争论与达成一致的过程中，实现思维的碰撞和融合。真反思指问题解决后引领学生回头看、复盘、提升，积累活动经验，培养学生的迁移能力，提升学生的学科素养。

提供"思维通道"，促进思维发展。从"夸、建、补、辩、评、疑、助、联"八个方面为学生提供思维通道，给学生一个"脚手架"，让学生沿着八个通道行进，学会创造性、批判性地思考问题，用特色语言有效地沟通想法、说服别人。在课堂上运用思维通道，让学生用批判性的见解来支持自己的观点，并指出他人说法的不足，或者放弃自己经受不起批判的观点，整合他人立场中有价值的观点，从而使观点更完善，不断推进思维的发展。

运用"思考工具"，演绎思维智慧。秉承"让思维能看见"的理念创新学习方式，让学生利用可视化思维工具，把思考方法和思考路径呈现出来，实现知识点之间的联系，重构框架系统，强调理解联想，关注生成过程，通过挖掘并体现知识背后的思维规律，促进学生思维能力的发展。思维导图、流程图、概念图、鱼骨图、结构图都是学生最常用、最简单、最有效的思维整理工具。

探究"单元整体设计"，形成思维结构。各学科教师以单元整体构建为抓手，以自然单元为起点，向专题、板块、领域、大单元拓展。以知识体系、结构为线索，从预期学习结果、学业表现、逆向设计、整体规划学习活动，将教学的"终点"转化为"起点"，提炼单元学习主题，确定单元学习目标，设计单元学习活动、单元整体评价内容。开展"先见森林再见树木"的整体教学设计，实现整体先于部分、整体决定部分、整体认识部分、整体大于部分之和教学理念，克服"只见树木不见森林"的碎片化教学弊端，利于学生结构性思维的发展。

"哲思课堂"主张"接受不同、摒弃标准、主动思考"的思维模式。借助问题教学的方式，帮助学生针对问题进行探索、分析和解决，鼓励学生大胆提出自己的想法并表达自己的推理和演绎思路，促进学生自主学习能力的提升与发展。这个世界不会因为你的答案不同而与你对立，也不会因为你试图打破一些旧的认知而嘲笑或者孤立你。相反，大家更喜欢听到不同的声音。事实上，学生没有必要因为答案不同而胆怯，也没有教师会因为意外的研究结果而给出对与错的定论。"哲思课堂"就是要给学生一片放飞思维的天空，创造一个促进自主学习的生态。

六、"全阅读生态"的再定义

"全阅读"已然超越了阅读本身，让自主学习成为学生身上最宝贵的成长特质。"全阅读生态"的生态究竟是一种什么样的生态？"以'阅读'为脚手架，以'思维'为价值链，以'空间'为赋能场，给哲学思维一方生长的沃土"这一描述，显然还是站在教育者的角度来定义。站在学生的视角，从"知"的维度看，"全阅读生态"应该是让学生拥有一间精神的"会议室"，这间"会议室"集纳了从古至今优秀的大师、楷模等人物，让学生在他们的影响下学会做出正确的判断和选择。从"行"的维度看，"全阅读生态"应该是让学生拥有一个广阔的"元宇宙"，这个"元宇宙"让学生能够将文字映射的世界和现实世界相结合，让自身的思维、智慧、境界变得无穷大。

（一）"知中阅读"让学生做出正确选择

在学生的阅读书目里会有很多历史人物的传记，教师和家长也常对他们说，多看人物传记，就看到了学习的榜样和努力的方向，最后让自己成为榜样那样的人。其实这个逻辑是有问题的，读牛顿的书或许很难成为牛顿那样的人。那为什么还要读人物传记呢？要换个思维定式或者模型来看待，可以把大脑想象成是一间"会议室"，刚开始的时候空空荡荡，只有自己一个人孤零零地坐在里面，但是随着读的书越来越多，就会有越来越多的"人格"走进这间"会议室"，找到一个位置"坐下"。他们就是人格模板，读的书越多，人格模板搜集得就越多，这间大脑"会议室"里面做参谋的人就越多。到了要做决策时，那就在"会议室"开个会，各种各样的"人格"会基于自己的选择给出各种各样的建议，这就相当于有一个豪华的参谋团。读的书越多，就越不会偏听偏信，能形成自己的意见和决策。除了书籍之外，学生还可以借助"全空间"阅读，去社会空间"阅读"那些具有正向价值观的楷模和典范，把他们请到"会议室"；去网络空间"抓取"具有真才实学的博主，也把他们请到"会议室"。每个人"阅读"的人物不同，他的精神"会议室"里坐下来的"人格"就不同。"会议室"里高尚的人格多了，自己的精神世界也变得高尚。这也是读书这一自主学习行为带来的收获。读书不是要成为谁，而是要借助这些优秀人格的关键选择成就更好的自己。

（二）"行中阅读"让学生变得无穷大

每一本书都是一个独立的世界，这里面有妙趣横生的大千世界，有作者本人的主观世界，有引人向上的道德境界，读书就是在这些不同的平行世界里穿行。有的时候，文字世界的真实感、完整感远远超过此身所在的现实世界。比如研学就是一种很好的自主学习方式与实践活动，它能让你把书本的知识和旅行路上的名胜古迹进行关联。当你到杭州看完岳王庙走出来，还沉浸在忠臣爱国的精神当中，一转身就看到苏小小的墓，你会想到白居易、刘禹锡、李贺、李商隐、罗隐、温庭筠等人的诗句里对苏小小倾注的丰富情感，苏小小的墓和岳王庙形成了非常有意思的碰撞。当你在不经意间抬头，突然看到苏堤，你立刻又会想到苏东坡那些名篇佳作和他起伏跌宕的人生故事。当你加快脚步走向苏堤，武松墓又闯入你的视线，因为你读过《水浒传》，知道武松病逝于杭州六和寺，而武松又让你想起《水浒传》里景阳冈打虎的精彩片段以及他的传奇人生。此时此刻，不同时代、不同人物的多个平行世界汇聚在那一刻的生命经历中，是当时的微风、湖水、道路、树木更动人，还是这些平行世界的存在更有魅力？爱阅读的人，都生活在无数个平行世界当中。作为渺小、有限的生命，人们有机会通过阅读这一自主学习的方式让自己的世界变得丰富多彩、无限开阔。

随着阅读教育的不断深化，回龙观中心小学已经形成了一套成熟的阅读教育体系，不仅丰富了学生的知识体系，还培养了学生的批判性思维、创新能力和自主学习能力。这一过程体现了学校对教育质量的不懈追求，也彰显了教育改革的前瞻性和实践性。未来，学校将继续秉承阅读教育理念，以阅读为支点，撬动学校更广泛、更深入的自我革新，为学生提供更加丰富、多元的学习资源和环境，培养出更多具有全球视野、创新精神和社会责任感的优秀人才。

第二章

"全学科"阅读课程：打通课内与课外，全面提升阅读素养

高欣蕾

　　阅读是运用语言文字来获取信息、认识世界、发展思维，并获得审美体验与知识的活动，对一个人的学习和成长具有深远的影响。经济合作与发展组织主导的PISA项目对学生阅读素养做了界定："阅读素养主要是指个体为了实现个人发展目标，增长知识、发展潜力，以及为了参与社会生活而有效地寻求信息、理解、使用和反思书面文本的能力。"可见，阅读素养不仅指向学生在校期间应掌握的一种能力，而是关注到一个人一生的发展，指向作为终身学习者必备的素养。

　　课程是教育教学的核心，阅读素养的提升离不开阅读课程的建设。通过打造优质的阅读课程，阅读课程更加贴近学生的实际需求，能够引导学生养成良好的阅读习惯，提高自主学习能力，提升阅读素养，以更好地适应社会发展的变化和挑战。回龙观中心小学持续多年深入开展"全学科"阅读课程建设的探索与实践，开启了"三步走"的发展历程。

　　第一步，以单学科补充阅读为起点，以阅读策略探索为抓手，鼓励学生多读书，引导学生学会阅读。在这一阶段，学校精心挑选了一系列题材广泛、适合学生阅读水平的经典文学作品，带领学生通过"阅读圈""问题链""联结"等阅读策略开展整本书阅读，引导学生掌握几种主要的阅读策略和阅读方法，逐步培养阅读兴趣和阅读习惯，提高阅读能力。

第二步，打破学科边界，积极开展多学科融合的整本书阅读。在这一阶段，学校探索形成了课程建设的"五步走"流程，多学科融合的整本书阅读教学方法和课型模式，进一步拓展学生阅读的视野，激发学生阅读兴趣和动力，培养跨学科思维。

第三步，回归教材，以整本书阅读推动国家课程校本化。在这一阶段，阅读课程的建设由外围不断走向深入，学校将整本书阅读的理念和方法与新课标提倡的大单元、大主题教学相融合，建立"1+X"阅读课程体系，打磨三大课型，推动国家课程校本化实施，积极探索自主学习的"阅读式课堂"，以阅读为引擎，提高学生的自主学习能力，推动学习方式的变革。

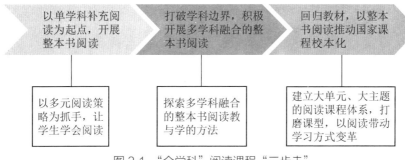

图 2.1 "全学科"阅读课程"三步走"

回龙观中心小学"全学科"阅读课程"三步走"的探索与实践，体现出学校扎实地推进"全学科"阅读的过程。伴随着学校"全学科"阅读的不断深入，学生的阅读也在不断走向深入，从单学科走向多学科，从课外走向课内，从校本课程走向国家课程……"全学科"阅读课程"三步走"也为广大中小学深度开展"全学科"阅读，建设"全学科"阅读课程提供了有益的参考和借鉴。

一、学会阅读，多元阅读策略支持下的整本书阅读

整本书阅读的重要价值不言而喻，但是怎么推动整本书阅读成为困扰很多学校的难点。在初期，回龙观中心小学将愿意读、会读作为切入点，以单学科补充阅读为起点，推进整本书阅读。在这一阶段，学校将以阅读策略探索为抓手，让学生在阅读策略的引导下爱读、会读。

阅读策略是指学生在阅读过程中采取的一系列方法和技巧，包括"阅读圈"、"问题链"、联结、预测、联想、推理、比较等策略，这些策略可以帮助学生更有效地获取信息、理解文本，提升阅读速度和质量。在阅读教学中加强对阅读策略的研究与探索，培养学生的阅读策略意识，引导学生学会运用不同的策略来应对不同类型的文本，有助于学生更好地理解文本的表面意义，还能够挖掘文本背后的深层含义、作者的意图以及文本与社会、历史背景的联系，逐步提升自己的阅读水平，将阅读引向深入，让学生在阅读的过程中不断成长、进步。

自 2015 年 9 月起，回龙观中心小学从语文和英语两个学科开始研究不同的阅读课型对应的阅读策略，在此基础上，开展了非语言类学科整本书阅读的阅读策略研究。经过近十年的深入探索，学校逐步以三个具有深厚的理论基础和丰富的实践基础的阅读策略为重点，开展阅读策略探索，包括"阅读圈"策略"问题链"策略和"联结"策略，结合其他多种阅读策略的运用，帮助学生更深入地理解阅读材料，提高表达能力、协作能力、思维能力，并将阅读材料与其他学科、生活实践相联系，增强阅读的实际应用价值。学校多学科教师在阅读策略方面的探索和尝试，不但积累了丰富的经验，为阅读教学注入了新的活力，也极大地促进学生阅读能力的提高，为阅读教学开创了新局面，也为学生的阅读之路点亮了明灯。

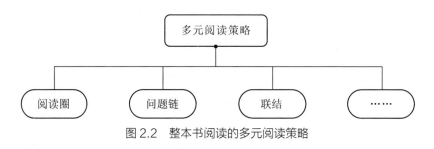

图 2.2　整本书阅读的多元阅读策略

（一）运用"阅读圈"策略，在小组合作中主动学习

1994 年，美国教育家哈维·丹尼尔斯在《文学圈：以学生为中心的教室里的呼声与选择》一书中提出了"文学圈（Literature Circles）"概念，又名"阅读圈（Reading Circles）"，它以合作学习理论为基础，在阅读教学中主要用于文学作品的阅读与分享。该策略通常是在阅读同一本书后，以小组为单位进行角色分工，每个组员担任不同的角色，所有组员在组长带领下完成小组阅读任务，开展交流分享

活动。自主学习和合作学习能够激发学生的积极性和主动性，促进学生深度阅读和理解文本信息，实现阅读素材的积累和输出，提高学生的阅读、写作和表达等综合能力。

作为一种比较成熟的阅读教学方法，"阅读圈"策略已推行近三十年之久，在中国基础教育课程教学改革纵深推进的当下阶段，"阅读圈"策略以其合作探究式学习、赋予学生更多主动权等特点，成为转变以教师为中心的课堂教学模式的一个有效抓手。

回龙观中心小学遵循哈维·丹尼尔斯的"阅读圈"策略的理念，依托于整本书阅读教学，以语文和英语两个学科为主，在班级阅读活动中实践、探索、总结、升级"阅读圈"策略教学方法，在学生熟悉"阅读圈"策略的基础上，将"阅读圈"学习小组升级成全班范围的大"阅读圈"，让学生在更大的范围内开展交流和分享，形成更加广泛和深入的学习共同体。

1. 熟悉阅读策略，建立"阅读圈"学习小组

语文和英语学科教师在班级阅读教学中，将学生分为若干个讨论组，每一个讨论组就是一个"阅读圈"，"阅读圈"一般设置六个角色，包括话题发起者、问题补充者、精华收集者、写法交流者、生活联系者和阅读推荐者。除了这种角色分工的方式，教师也会根据所选阅读内容的特点而设定小组人数和角色。在阅读活动中，由组长带领小组成员研讨几个相互联系的问题，每个圈既是独立的，又以共同的阅读材料为连接点，与别的"阅读圈"小组有效连接，通过班级分享交流，让每个学生从不同视角加深对阅读材料的理解。

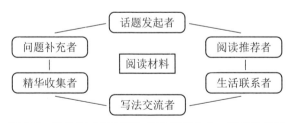

图 2.3　学生在"阅读圈"教学策略中的一般角色分工

关于阅读材料的选择，学校语文和英语学科老师经过对国内外多种类型绘本的比较研究，考虑到经典绘本的故事情节和插图都经过精心打磨，语言优美生动，能够为学生提供更为优质的阅读体验，激发学生的阅读兴趣，且经典绘本往往蕴含深

厚的文化底蕴和教育价值，有助于学生形成良好的品格和行为习惯，受到广泛赞誉和推荐，所以，教师从经典绘本中选择适合的阅读材料，联手进行绘本阅读教学研究。

以学校语文教师罗秀宇执教的《犟龟》一课为例。《犟龟》是德国当代幻想文学作家米切尔·恩德创作的童话故事，故事讲述了一只天底下最倔强的乌龟，不接受劝告与安慰，不听信猜测与谎言，它只知道一步一步地向前爬，终于准时赶到了目的地。故事通过犟龟陶陶的经历，传达了坚毅和勇敢面对困难与变化的重要寓意。

罗老师将 6 名学生分为一个"阅读圈"小组，课前熟读故事，并在小组内进行分工，赋予每名学生相应的责任。具体分工包括：1 号话题发起者、2 号精华收集者、3 号问题补充者、4 号写法交流者、5 号生活联系者、6 号活动总结者。学生根据自己的任务整理读书心得，针对故事提出问题并解答问题，并对问题进行初步归纳总结。每个小组在课前做好了课上交流的各项准备工作。在教学过程中，罗老师引导每个"阅读圈"的小组成员主动参与阅读交流活动，加深学生对绘本的理解，使他们更加全面、系统地了解犟龟的特点，掌握阅读绘本的方法。

《犟龟》教学设计（部分）

一、谈话导入，明确活动目标

最近我们都读了《犟龟》，它是德国作家米切尔·恩德写的一篇童话故事。你们喜欢故事里的这只犟龟吗？读过之后是不是有很多话想说呀？今天这堂课，我们就一起聊一聊你们的读书心得。

▷ **设计意图** 营造轻松谈话氛围，引导学生明确本节读书交流课的目标。

二、小组交流，汇报读书体会

（一）组内交流

组长组织，根据自己的任务，按序号进行交流。教师出示 PPT。

（二）全班交流

根据时间，结合学生对绘本认识的情况，选择部分小组到前面交流。

小组学生可以请本组同学或其他组同学一起交流，形成生生互动。

教师相机点拨引导，让学生的认识更加全面与深刻。

小组一：

1.话题发起者：

问题一：乌龟陶陶为什么要去参加婚礼？

组员：因为所有动物都接到邀请，陶陶也想参加这场最隆重的婚礼。

问题二：她在参加婚礼的路途上都发生了什么事？

组员：她遇到了蜘蛛发发，蜘蛛发发嘲笑她走得太慢，劝阻她；随后遇到蜗牛师师，蜗牛师师告诉她走错了方向；之后她遇到壁虎茨茨，壁虎茨茨通知她由于狮王二十八世跟老虎开战，婚礼暂时取消了；最后她遇到乌鸦阿嚏，乌鸦阿嚏告诉她狮王二十八世已经在战争中不幸去世了。即使四个小动物都劝阻她，她也一直坚持自己的目标往前走。

问题三：她最后赶上婚礼了吗？

组员：赶上了，她参加了狮王二十九世的婚礼，这个婚礼的的确确是从未有过的、最美好的庆典。虽然有些疲劳，但是她感到非常幸福，她说："我一直说，我会准时赶到的。"

2.精华收集者：

学生：环境描写的段落，我认为狮王婚礼的场面描写得特别美好。通过"我的决定是不会改变的"，我感受到陶陶的意志坚定、坚持不懈。

3.问题补充者：

学生：我来补充作者、作曲家和画家的相关资料（结合书后的资料介绍）。

教师点拨：可见，给米切尔·恩德写的《犟龟》配图、配曲的都是享誉国际的名家。凝聚了这么多名家大师的智慧，你们说，读一本经典的好书是不是一种享受？

4.写法交流者：

（1）拟人体童话，运用大量对话。教师点拨：对话是拟人体童话的特点。

（2）句子反复。陶陶说的话"我的决定是不会改变的"，每次别人劝阻她，她都会说这句话，让人体会到陶陶的坚定；"穿过……日夜不停地赶路"，可以看出陶陶一直坚持不懈地向前走。

教师点拨：你不仅能结合具体句子总结写法，还能有自己的体会，为你点赞！

（3）首尾呼应。

5. 生活联系者：

学生：我来给大家讲一个我学游泳的故事。

6. 活动总结者：

学生：我们不能道听途说，要明确自己的目标，坚持不懈才能成功。

教师点拨：这一小组的交流让我们清楚地知道了这个故事的内容。我们一起来回忆一下，犟龟第一次遇到了（蜘蛛发发），蜘蛛发发嘲笑她（走得太慢）；接着，她遇到了（蜗牛师师），蜗牛师师发现她（走错方向）；后来她遇到了（壁虎茨茨），壁虎茨茨作为王宫的高级官员通知她（婚礼暂时取消了）；最后她遇到了（乌鸦阿嚏），阿嚏告诉她（狮王二十八世已经在战争中不幸去世）。

……

⊙ **设计意图** 通过自主探究和合作学习，激发学生参与的积极性。在交流过程中，让学生对故事内容有整体感知，对故事道理有深刻的感悟。

再以英语教师李杨执教的《小鸡》（*Chicken Little*）一课为例。《小鸡》是海尼曼系列分级绘本中的一本书，绘本讲述了一只可爱的小鸡被一枚橡果砸中后，误以为是天塌下来砸到了它的头顶，它边跑边挨个告诉伙伴们，使得大家跟着它一起跑的有趣故事。故事通过生动有趣的情节向人们传达了不要轻信传言，要保持冷静、理性，以及勇于承认错误并改正的道理。

李老师同样在课前对学生进行分组，每个学生自主选择或按组长要求承担相应的阅读圈小组角色任务，再通过组内分享交流、小组汇报的方式，让每个阅读圈小组从不同角度对阅读材料进行阐述和分享，促使学生深度理解阅读材料，提高学生的语言表达能力和思辨能力。

李老师说："在英语课堂上，由于语言环境等因素的制约，以前很多学生都是被动开口说英语，通过运用'阅读圈'策略，学生从被动说变为主动说，提高了口语表达能力，也锻炼了团队协作和沟通技巧。学生在分享和讨论中，学会了倾听和尊重他人的观点，也学会了如何表达自己的见解。'阅读圈'策略让英语阅读课堂变得更加生动有趣，也更具深度和广度。"

《犟龟》和《小鸡》这两节课例也在2016年4月举办的昌平区绘本阅读教研活动中得到了与会领导和教师的高度评价，大家一致认为"阅读圈"教学策略能够有效转变传统以教师为中心的教学模式，实现以学生为中心的教学理念。专家和领导的肯定和鼓励，更加坚定了学校教师开展"阅读圈"策略探索的信心和决心。

经过多年的探索，学校语文和英语学科教师也总结了运用"阅读圈"策略教学的四个主要环节：一是课前准备阶段，教师需要围绕绘本提出几个有针对性的问题，明确小组中每个人的阅读任务，设定阅读目标。二是课堂阶段，先开展小组成员之间的交流，形成小组阅读共同体。三是全班汇报阶段，每个小组汇报阅读成果，教师适时引导，深化学生对阅读内容的理解。四是提升主题内涵阶段，总结阅读情况。

随后，回龙观中心小学又将"阅读圈"策略从绘本阅读教学迁移到中、高年级的整本书阅读教学中。从 2017 年开始，语文学科先行开始探索实践，开展了《小飞侠彼得·潘》《吹小号的天鹅》《夏洛的网》等一系列持续的整本书阅读教学探索课。教师按章将一本书的学习分为几课时的"阅读圈"交流学习，每个"阅读圈"小组通过自主阅读、分析、记录等任务分工，形成小组的学习成果，使不同的小组之间形成一条互相衔接的阅读链条，环环相扣，共同完成整本书阅读任务，让整本书阅读不再成为学生阅读的"难点"，也让更多学生爱上阅读、学会阅读，提高整本书阅读能力。

表 2.1　整本书阅读教学"阅读圈"策略探索课

年级	阅读书目	展示教师	研究时间
三年级	《小飞侠彼得·潘》	崔婧	2017 年 4 月
	《吹小号的天鹅》	王璐萌	2018 年 3 月
四年级	《夏洛的网》	冉国平	2017 年 4 月
	《柳林风声》	李晓璇	2018 年 3 月
五年级	《草房子》	赵娜	2017 年 5 月
	《牧羊少年奇幻之旅》	张燕	2018 年 6 月
六年级	《城南旧事》	孙卓	2017 年 5 月
	《童年》	蒋婷婷	2018 年 6 月

2. 升级阅读策略，形成全班范围的阅读共同体

加拿大著名学者佩里·诺德曼说："一本图画书至少包含三种故事：文字讲的故事、图画暗示的故事，以及两者结合后所产生的故事。"作为一种独特的儿童文学形式，每一本图画本都是一个独立的世界，充满了想象力和创造力，深受儿童的喜爱。同时，图画书的文字、图画也传达出了丰富的情感、思想和艺术价值，儿童不应止步于阅读的浅表层，而是要深入理解图画书的文字和图画，提升阅读能力。

回龙观中心小学在构建"阅读圈"小组学习的基础上，在阅读教学中逐步增加"阅读圈"策略比重，引导学生通过多种方式更加生动地展示小组的阅读成果，或围绕同一问题开展小组汇报，或轮流扮演不同的角色，熟悉每个角色的任务分工，熟悉阅读交流模式，加深对阅读材料的理解。通过多种阅读交流方式，在原有"阅读圈"小组的基础上，教师对"阅读圈"策略又进一步升级和完善，形成了全班范围的阅读共同体。

以乔克老师《生命的故事》一课为例。《生命的故事》一书是美国绘本大师维吉尼亚·李·伯顿用八年心血完成的精心之作，将地球迄今为止的地理与生命演化历史浓缩在一个五幕剧中，以极为浅近而又大气的语言讲述生命发展的历程，语言充满诗意，结构活泼新颖，不仅适合儿童阅读，也让成人读者沉浸在这幅华美的时空图景之中。

《生命的故事》内容极其丰富，为了让学生在阅读时能够更全面、深入地理解绘本内容，乔老师依据内容将绘本划分为三个部分，第一部分是生命诞生前的银河系，第二部分是生命诞生和发展的古生代、中生代和新生代时期，第三部分是人类出现之后的生命历程以及作者从自己的角度对生命的阐释。

之后，乔老师在课前将学生分为六人一个小组，每组设置 1 号话题发起者、2 号精华收集者、3 号问题补充者、4 号写法交流者、5 号生活联系者、6 号活动总结者共六个角色，各小组自主熟读绘本故事，讨论并明确角色分工。在"阅读圈"小组中，学生根据自己的任务整理阅读心得，积极与同学交流，对问题进行归纳总结，记录到读书任务卡中。在全班交流的大"阅读圈"分享交流中，教师适时点拨，通过再读绘本和问题引导，激发学生对自然和生命的敬畏和爱护之心，深入理解生命演化的历程，展望由自己担任主角的美好未来，并逐步掌握阅读绘本的方法。

《生命的故事》教学设计（部分）

一、导入谈话，整体感知

1.我们居住的蔚蓝色星球——地球、与我们关系密切的太阳、带给我们无限遐想的月亮，还有地球上的动物和植物，所有这些在我们人类诞生之前就已走过了漫长的生命历程。今天就让我们随着美国童书作家、插画家维吉尼亚·李·伯顿专门为孩子创作的这本书，一起走进生命的故事。

2.这部作品别出心裁地将地球迄今为止的地理变迁和生命的演化浓缩在一个五幕剧里。《生命的故事》究竟都发生了些什么呢？让我们一起回顾一下。

（PPT出示全书思维导图）和学生一起简单说一说。

3.在阅读时，有一个细节大家注意到了吗？每一幕都有叙述者的出现，在他们的带领下，我们知道发生了什么。那这些叙述者都是谁？

（1）前四位都是什么人？

天文学家、地质学家、古生物学家、历史学家，他们都是各个领域的专家，为我们进行了科学的叙述。

（2）叙述者除了科学家还有老祖母，由老祖母来讲述故事给你什么感觉？

老祖母的叙述让人感觉很慈祥、亲切，让我们感觉这就是过去发生的故事，很贴近我们的生活。

（3）还有一位叙述者是谁？

作者也作为叙述者出现，讲述了自己对生命的理解。

教师小结：这恰恰就是本书的特点，它不仅涵盖了天文、地理、历史、古生物等多个学科的知识，还从不同的角度讲述，因此这本书既有科学的内涵，又有文学的韵味，非常值得一读。

二、小组交流，汇报读书体会

教师：瞧！演员已经准备好，帷幕即将拉开，生命的故事即将上演。我们在晨读和班会时间都读了这本书。课下，大家也都在各自的小组里，根据自己的任务分工再次阅读了这本书。（出示PPT）现在就让我们根据自己的任务在小组内交流吧！

（一）组内交流

组长组织，根据组内成员的任务，按顺序交流。

（二）全班交流

根据时间，结合学生对这本绘本的理解情况，选择性地请小组到前面交流。

小组学生可以请本组同学或其他组同学一起交流，形成同伴互动。

在这一过程中，教师相机点拨指导，使得学生的认识更加全面与深刻。

预设：（过渡PPT图片）猩红的垂帘徐徐打开，向我们展露出了幽邃的宇宙。浩瀚的太空中盘旋着缀满星光的蓝色星云。这个故事是从很久很久以前、广阔的银河系开始。（板书：银河系）

第一小组（序幕）

1.话题发起者：

学生：大家好！我们是第一学习小组。我们交流这本书的序幕部分。我们小组成员根据理解画了思维导图。我想问大家两个问题。

问题一：地球是怎样诞生的？

组员：（展示思维导图）我想通过我的思维导图，给大家说一说地球是怎样诞生的。

首先，我们居住的地球是一个独立的小行星。最初地球只是一团燃烧的物质——被滚滚的尘埃和旋转的气流包裹着。在它年纪还小的时候，表面是岩浆，笼罩着水蒸气、尘埃和气体混合形成的厚厚的云层。几亿年后，地球表面冷却，岩石壳收缩，逐渐皱起来。再后来，包裹着地球的云层打开了，大雨冲刷，最初的地球形成了。

问题二：月球是怎样产生的？

组员：书中关于月球的产生有两种假设，同学们知道有哪两种假设吗？（指名答）

在我们三年级学的课文《月球之谜》中，我们知道了在1969年7月20日，两名美国宇航员第一次登上了月球。月球是什么样的呢？大家和我一起读读。

（PPT出示：这里的天空黑沉沉的，表面却洒满灿烂的阳光。月球上满是尘土、岩石和环形山，没有水，没有任何生命。月球是一片荒漠。——《月球之谜》）

教师点拨：你结合了过去所学的课文，让我们对月球的认识更丰富了，真是一种好办法。

2.精华收集者：

学生：从书中我知道银河系里太阳不是最大的一颗恒星，也不是最小的一颗，但对于我们来说是最重要的——如果没有太阳的光和热，地球上就没有生命。这让我体会到太阳对地球上的生命非常重要。

3. 问题补充者：

学生：从刚才这位同学的话中，我联想到我们在三年级学过的课文——《太阳》，大家还记得太阳有哪三个特点吗？（找其他同学回答：太阳有远、大、热这三个特点。）

教师点拨：有了太阳，才有了我们美丽可爱的世界。它是如此重要，它与我们的生命息息相关。

4. 写法交流者：

（PPT 出示原句，生读）

（1）地球在冷却的过程中，外壳逐渐收缩起来了，"看上去像个皱巴巴的苹果"，这是一个比喻句，很容易让我们想到当时地球表面凹凸不平的样子。

（2）"它围绕太阳在宇宙太空中急速运行，速度达到每分钟 1770 公里，也就是每小时 106200 公里。"看到这些数字，我们就能知道那时地球运行得特别快。

5. 生活联系者：

学生：结合去地质博物馆的感受。在这本书中，我知道了地球是怎么形成的。上个周末我去了地质博物馆，那里有一个展厅是地球厅，我体会到地球内部力量很强大，水和风是外部力量，它们的力量也很强大，水和风塑造出我们看到的自然景观。

6. 活动总结者：

学生：我们组交流的是序幕，这一部分讲述了太阳的诞生、地球的诞生和发展，我们好像回到了那一刻，生命的故事开始于很多亿年前，发生在上千亿颗恒星组成的我们的银河系。

教师点拨：这一小组的交流让我们知道了地球已经为生命的诞生做好准备，（板书：生命）植物演员和动物演员就要上场了。请（　）小组和大家交流。

……

三、教师引导，再读绘本

1. 关于这本书，大家知道它创作背后的故事吗？你是怎么知道的？

这本绘本中夹有一页对这本书的赏析，是一位大学教授所写。阅读这样的文章，让我们在阅读绘本时有专业的指导。

从这件事，你知道了什么？

创作时间长，过程很艰辛，说明作者工作严谨、认真、专注，也让我们感受到作者创作的热情。

2.这是作者自己创作的绘本，其中的图画也由作者亲自绘制，你对图画有什么印象？书中给你留下印象最深的是哪种颜色？为什么使用这样多的黄色？

预设：色调逐渐明亮，色彩逐步丰富。注意"黄色"这种颜色的使用，它象征着太阳的光和热，这是一切生命故事的开始，也是生命不断发展壮大的能量来源。黄色带来的是希望和温暖。

小结：严谨、认真的态度以及创作的热情使这本书出版后就受到了评论界的一致赞赏。仅在中国，从2010年第一次出版至今，它已经再版11次，可见《生命的故事》这本书深受人们喜爱。

3.本书的前后照应

请同学们一起打开书中的这一页。通过今天的交流，我们知道万事万物都有自己的生命历程。夜幕降临，当我们坐在窗前，仰望夜空中的繁星，从银河系、太阳系，到我们蔚蓝色的地球，再到大陆、国家、州（省）、城市、街道、作者温暖的家……在作者的引领下，视角逐渐拉近，空间不断缩小，聚焦到作者生活的家。

让我们再来看最后一页，显生宙、新生代、第四纪、全新世、人类的时代、二十世纪、公元……年、五月、六日、五点、三十三分……时间从很多亿年前延伸到作者完成本书的那个清晨。

就像封面上的这句话，我们看到了"地球上生命走过的历程，从起源到眼前的一刻"。

4.展望美好的未来

同学们，生命的故事是否就此终止呢？

维吉尼亚·李·伯顿在谢幕词中写下了这样的一段话（PPT出示），让我们一起读一下。

（生齐读）舞台已经布置好了，时间是此刻，地点是你所在的地方。正在流逝的每一秒钟都像新的一环，连接在无穷无尽的时间链条上。时间的故事像一出永不谢幕的戏剧，常变，常新，永远令人欣悦和惊奇。

作者的讲述结束了，在座的每一位同学，属于我们自己的生命故事刚刚拉开帷幕，同学们，你们想怎样过好自己的每一天呢？

指名答。

小结：是啊，孩子们，生活是美好的，是值得我们为之努力的。让我们享受并发现生活中每一天的快乐，绽放属于自己的生命的精彩。

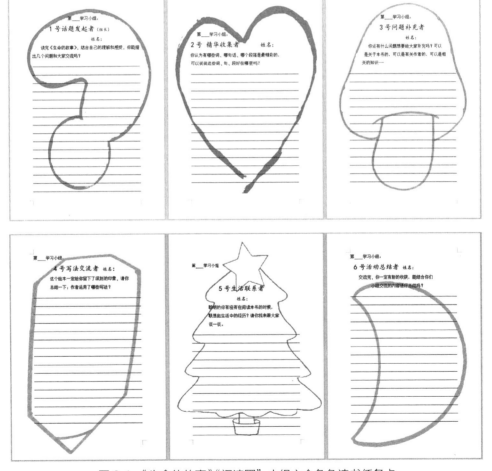

图 2.4 《生命的故事》"阅读圈"小组六个角色读书任务卡

图 2.5 《生命的故事》课上分享

乔克老师说："初读《生命的故事》，它给我们的印象是一本科普读物，但反复阅读后，还能发现新内容、新收获，不仅仅是科普，更像是'寻宝'，每个人都能从中感受到阅读的乐趣，有不同的理解。如果读是一个吸收的过程，与他人的交流就是一个消化再输出的过程，'阅读圈'的学习模式为学生创造了多角度主动学习和交流的机会，在学习的过程中，我惊喜地发现，学生并没有依赖于老师的给予，而是开始独立思考，形成了自己独到的见解，他们在交流中增加了阅读的深度和广度，在思维碰撞中取得了更好的学习效果。"

再以薛云菲老师《桃花源的故事》绘本阅读教学为例。《桃花源的故事》是二十一世纪出版社在 2015 年出版的一本书，作者是日本作家松居直，绘本由中国画家蔡皋配图。故事改编自我国东晋文人陶渊明的千古名文《桃花源记》，讲述了武陵的一名渔翁在外出捕鱼的过程中，误入一个风景秀美、生活富足、人民幸福安逸的世外桃源，并再次寻找而未果的故事。作品寄托了作者的美好愿望，也表达了人人向往美好生活的愿景。

《桃花源的故事》在绘画上受到中国古代版画的启发，采用了水粉画的形式。绘者在绘画中侧重烘托桃花源的整体氛围，并采用虚实结合的绘画理念，与文本的虚实结合写作手法相呼应。绘画中蕴含了绘者对桃花源的深刻理解，捕捉到了桃花源里的真情实感，让人感受到温暖和幸福。

薛云菲老师在阅读教学中既进行了"阅读圈"分组，又大胆地尝试了"阅读圈"的拓展重构，形成全班交流的大"阅读圈"。围绕同一问题，各小组学生可以自由分享见解、听取他人的观点，大大激发了学生的学习兴趣，在全班分享的氛围中，学生之间的思想火花不断碰撞，引发了更深入的讨论和思考，逐渐形成对作品全面而深入的理解，也培养了学生的批判性思维和沟通能力。

图 2.6 《桃花源的故事》阅读课

在教学过程中，薛老师引导学生将阅读内容、阅读感受与现实生活相结合，从不同角度去深入理解这个古老而深刻的故事，探讨人们对理想生活的追求和向往。在薛老师的引导下，学生不再是被动的接受者，而是成为主动的思考者和参与者，学生在阅读中获得了知识和启示，更在全班的大"阅读圈"交流中收获了成长和进步。

《桃花源的故事》教学设计（部分）

一、导入绘本，激发学生阅读兴趣

同学们，通过本单元的学习，我们在《古诗词三首》和三篇文章当中，多角度地了解了乡村的美丽生活，你们想了解 1700 多年前人们的生活吗？就让我们一起走进绘本——《桃花源的故事》。

▶ **设计意图** 立足整单元教学，迁移导入绘本的学习，激发学生的阅读兴趣。

二、小组交流，回忆课前阅读成果

（一）回顾学习小组的建立

全班分成六个小组，每一小组共有四名同学。小组同学各有分工，每人根据全班提出的问题去阅读，同时每人又扮演一个角色，"问题发起者"是组长，还有"图画阅读者""语言精华收集者"和"读书推荐者"，组长要组织好小组同学交流讨论。

（二）回顾全班提出的问题

全班同学围绕绘本提出如下几个问题：

问题一：渔人是如何寻找到桃花源的？

问题二：桃花源里的景色是什么样子的？

问题三：桃花源里的人是怎么样的呢？

问题四：桃花源里的田园生活是怎样的？

问题五：为何要去重寻桃花源？

各小组依照问题进行自主阅读，小组成员完成角色任务。

（三）小组交流阅读成果

下面请同学们先在小组内讨论。讨论结束后，我们在全班交流汇报。

▶ 设计意图 回顾课前小组成员分配的阅读任务，交流小组阅读成果，准备参加全班交流。

三、分工明确，全班交流读书成果

（一）问题发起者

"问题发起者"围绕问题交流阅读感受。

1. 问题一：渔人是如何寻找到桃花源的？（板书：进入）

预设：

出示：一片片粉红色的花瓣随风飘舞，落在河里，落在草地上。

（1）图文结合读绘本，讲述理由。

（2）"语言精华收集者"抓词"随风飘舞"，想象画面，感受美丽。

（3）结合《桃花源记》中的词语"落英缤纷"，想象画面，感受渔翁进入桃花源之路的美丽。

（4）品读句子，感受美丽。

过渡：跟随着渔翁的脚步，我们到了桃花源里，那桃花源里的景色是什么样子的呢？

2. 问题二：桃花源里的景色是什么样子的？（板书：景色）

预设：

出示：

一块块耕作有序的稻田，一池池清澈见底的水塘，一片片繁茂翠绿的桑树和竹林，一栋栋整齐漂亮的房屋……

田间小路纵横贯通，把各家各户连在一起。

欢声笑语，鸡鸣狗叫，一片和平的景象。

（1）抓住重点词语，感受桃花源的景色美丽，一片和平。

（2）通过叠词感受桃花源的富足。（板书：美丽、和平、富足等）

（3）读文，感受桃花源景色的美丽与和平。

（4）"语言精华收集者"关注排比句的用法：渲染气氛，增强文章的表达效果。

小结：桃花源美如仙境，太平祥和，一派恬静的景象真是人间天堂。那生活在桃花源里的人又是怎样的呢？

3. **问题三：桃花源里的人是怎么样的呢？（板书：人）**

预设：不论是头发花白的老人，还是垂着辫子的小孩，看起来都很开心。

（1）抓住重点词语，感受桃花源人的开心。（板书：开心）

（2）相机提升：桃花源里人们的开心是贯穿在整部绘本之中的。

老人全家杀鸡摆酒，热情款待渔翁。

（3）从"热情款待"看出桃花源人的热情、好客。"杀鸡摆酒"也说明了他们生活富足。（板书：热情、好客）

（4）"图画阅读者"结合图片中丰富的食物，感受图画是对文字的一种补充。

村里的家家户户都轮流邀请渔翁做客，为他准备丰盛的饭菜……

（5）抓词"家家户户""轮流"和"丰盛的饭菜"，看出桃花源人的热情好客。

村里人送给他很多礼物。

（6）从"送给他很多礼物"感受到他们的热情、大方。

渔翁再仔细一看，在田里耕作和路上往来的男女，身上的穿着和自己没什么两样。

（7）从"穿着和自己没什么两样"看出他们的生活很朴素。（板书：淳朴）

小结：生活在桃花源里的人们是如此的快乐、幸福，他们民风淳朴、待人热情，这一切正是因为他们生活在这样一个美好的世外桃源里。

（8）相机提升：桃花源里的人与世隔绝，为何还这么开心、热情呢？

预设：桃花源里的世界没有战争，只有和平。桃花源里的人们民风淳朴，他们生活安逸、富足，一派祥和。桃花源里的人热爱自己的生活，所以很开心、很幸福。

过渡：这么美丽、祥和、富足的桃花源，如此开心、幸福的桃花源人，你认为这是一种怎样的田园生活？

4. 问题四：桃花源里的田园生活是怎样的？（板书：生活）

预设：田园生活涵盖了这所有的美好，它包括桃花源里景色的优美和人情的淳朴。

过渡：这么美丽的桃花源，渔翁离开时明明答应了老人，为何还要带太守去重寻桃花源呢？

5. 问题五：为何要去重寻桃花源？（板书：重寻）

（1）"图画阅读者"结合渔翁回去的这幅图画谈感受。

（2）提问探讨：在文字这么少的情况下，这组同学还能够把图画解读得这么好，是因为这组图画有什么特点？

预设：

① 图画描绘了人物的神态、动作，刻画了人物当时的心理。

② 人物神态刻画得非常生动、形象、细致。

（3）渔翁明明答应了老人，为何还要告诉别人，并带太守去重寻桃花源呢？

预设：

① 因为桃花源里的景色很美，那里的人们热情好客、生活富足、无忧无虑，所以大家想去寻找桃花源。

出示：

在1700多年前的晋朝，由于连年战争，老百姓度日艰难。遇到荒年，庄稼收不上来，连饭都吃不上。自秦朝灭亡后，数国混战，后来建立了强大的汉朝。之后，汉朝又分成了魏、蜀、吴三国，三国后又成了现在的晋朝。

② 结合这两段文字，再从不同的角度说一说：为何大家都要追寻桃花源？

预设：因为桃花源外的世界充满了战争、饥饿和贫穷，而桃花源里没有战争，到处是一片和平的景象，只有幸福和快乐，所以桃花源外的人都想要去追寻桃花源。

小结：外面战乱，里面和平。通过将桃花源里的世界和桃花源外的生活两者进行对比，了解这种大的环境背景，有助于我们更好地理解问题。桃花源里幸福、快乐，那是所有武陵人向往的美好生活。

（4）桃花源是那样的美丽，生活在那里的人们是那样的无忧无虑，图画是如何用对比的手法表现出桃花源里和桃花源外的不同的呢？

预设："图画阅读者"：从图画着手，整本图画书的颜色以暖色调为主，画的内容很丰富。根据内容的不同，色调也不同。美丽的景色、开心的画面是暖色，晚间讲述朝代更迭的场景是冷色，内容与图画的表达完全契合。

过渡：图文结合为我们带来了这么多的感受，我们各组组长围绕大家感兴趣的问题，带领大家读书交流，深入阅读了这个故事。这样一个优美的故事，打动我们的除了美丽、丰富的图画，一定还有那充满魅力的语言。下面请"语言精华收集者"来说一说：你想给大家推荐哪些好词佳句？

（二）语言精华收集者

请各组负责收集语言精华的成员跟我们交流。

预设：

收集四字词语

解释重点词语

词语分类积累

小结：各组"语言精华收集者"有意识地收集四字词语、修辞的语句、词句的解读，感受语言的优美，并适时积累。抓住关键语句，初步体会作者的情感。

过渡：各组"语言精华收集者"从不同的角度让我们感受到了故事中语言的魅力，那么"读书推荐者"会以何种方式向我们介绍这本绘本呢？

（三）读书推荐者

预设：各组"读书推荐者"将以多种方式给我们推荐图书，可以是文字的叙述，也可以写首小诗，或者画出自己心中的桃花源……

▷ **设计意图** 组内成员各自分工，交流读书成果。教师适时引导，实现问题间的联系，实现几个阅读角色间的联系。了解故事内容，感受创作意图。

四、全文阅读，明确故事主旨思想

（一）松居直与中华传统文化

作者松居直是日本作家，但从小受其父亲影响，喜欢中华传统文化，读了中国晋朝文人陶渊明的《桃花源记》，改写了这个故事。

在书中的最后一页，左下角的图画正是原文《桃花源记》。

同学们想不想读一读《桃花源记》?

(二)联结《桃花源记》

1. 出示《桃花源记》，自读。

2. 随堂问题：松居直就是根据陶渊明的《桃花源记》改编了这个绘本，他从"落英缤纷"想到了一片片粉红色的花瓣随风飘舞，落在河里，落在草地上。那你能从老师出示的《桃花源记》中的语句找到《桃花源的故事》中相对应的地方吗?

3. 出示：

林尽水源，便得一山，山有小口，仿佛若有光。

土地平旷，屋舍俨（yǎn）然，有良田美池桑竹之属。

便要（yāo）还家，设酒杀鸡作食。

此中人语云："不足为外人道也。"

太守即遣人随其往，寻向所志，遂迷，不复得路。

(三)思辨《桃花源记》

桃花源存在与否，引起学生思辨，表达自己向往的愿望。

引语：一个如仙境般和平、宁静的地方，一个和我们现实世界不同的理想世界，一个令人神往的世外桃花源。

1. 渔翁明明进入了这样一个景色优美、生活富足并充满人情的地方，为何最后寻找时却又消失不见了呢? 桃花源到底存不存在?

2. 不存在，为何作者还要写它，松居直还要改编它呢?

预设：那是因为桃花源是我们所有人都向往的地方，它自由、和平、安逸、美好、富足……

3. 提问思考：绘本的封底有这样一幅图：数片落花，一叶孤舟。想一想：作者要传递给我们什么讯息呢?

预设：是对美好生活的一种向往，还是对生活的一种美好期待，抑或是一种不断地追寻，却又追寻不到的惆怅?

结尾：桃花源有没有不重要，重要的是我们向往这种生活，它和平、安逸、美好、富足。

> ◆ **设计意图** 回顾全文，想象画面，再次体会作者的思想感情。
>
> 结语：如今，桃花源已成为一个文化符号，深深地烙印在我们的心中。它象征着美好、和平。现在的我们常用"世外桃花源"来比喻那安宁和乐、自由平等的生活，那与世隔绝的神秘，千百年来让无数人苦苦追寻……

乔克老师执教的《生命的故事》和薛云菲老师执教的《桃花源的故事》两个课例，也在 2016 年 12 月回龙观中心小学承办昌平区第一届全学科阅读现场会上进行了精彩展示。在北京市第二届科研课题研究课评比中，乔老师主讲的《生命的故事》荣获二等奖，薛老师主讲的《桃花源的故事》荣获一等奖。

随着"阅读圈"策略的深入实践，回龙观中心小学开始尝试将这一策略拓展到数学、科学、道德与法治等学科领域，在这些学科中，教师结合学科特点和学生实际，对"阅读圈"策略进行了适当的调整和优化，使其能够更好地服务于学科教学和学生的全面发展。

例如，在数学学科教学中，教师将"阅读圈"策略与数学问题相结合，每个学生根据自己的角色分工进行研究，结合小组讨论，共同解决问题，再在全班大"阅读圈"的汇报交流中，探索解决问题的多样化方法，培养合作学习能力和多元思维模式。而在科学学科教学中，教师将"阅读圈"策略拓展到科学实验、观测、调查研究等活动，通过分工协作和阅读汇报，提高学生阅读与运用文献的能力，培养其自主学习能力和科学思维。

"阅读圈"策略具有互动性强、能够改善阅读兴趣和阅读态度等特点，也非常适用于家庭阅读场景。回龙观中心小学通过对家长开展"阅读圈"策略的培训，鼓励学生和家长将"阅读圈"策略应用到家庭阅读中。在家长的引导下，学生和家长共同分享阅读的感受，提高学生的阅读理解能力和表达能力，也有助于家长及时了解孩子的阅读水平和兴趣爱好，更有针对性地指导孩子阅读。同时，在共同阅读、讨论的过程中，家长和孩子建立起一种更为亲密、平等的交流关系，促进亲子关系的密切，推动家校共育的和谐发展，让更多家庭从中受益。

通过探索"阅读圈"策略，回龙观中心小学逐步把阅读的自主权交给学生，培养学生的自主学习能力和终身学习的习惯，让每个学生带着任务去主动阅读、观察、思考，并解决问题，实现小组内和小组之间取长补短、相互帮助，帮助学生更

深入地理解阅读材料，在享受阅读乐趣的同时，感受到阅读材料中传达的思想、情感和价值，提高自身的阅读能力、合作能力、表达能力和思维能力，促进核心素养的培养。

（二）基于"问题链"策略，驱动思维发展

"问题链"策略以解决问题为导向，是一种以学生为中心、以问题为基本形式的教学模式，其基本理念是由教师基于教学要求和学生的认知水平，设计循序渐进、螺旋上升的一系列问题，引导学生有意识地深入思考，逐一探索解决问题的方法，逐步形成自己的知识结构。

在阅读教学中运用"问题链"策略具有多种优势。首先，"问题链"策略能够提高学生的阅读兴趣和动力。通过设计一系列有趣、引人入胜的问题，激发学生的好奇心和求知欲，学生更愿意投入阅读活动中，还可以帮助学生明确阅读目标，增强阅读的针对性和目的性，提高阅读效率。其次，"问题链"策略能够促进学生的思维发展，通过设计一系列相互关联、逐步深入的问题，引导学生主动思考、积极探究，从而逐渐建立知识体系，提高思维能力。最后，"问题链"策略有助于培养学生的阅读能力和创新能力。学生通过获取信息、分析问题、解决问题，深入理解文本内容，逐步掌握有效的阅读方法，培养创新精神和实践能力，更好地适应未来社会的发展需求。

回龙观中心小学将"问题链"策略运用于"全学科"阅读课程，在整本书阅读教学中发挥学生的主体作用，各学科教师深挖阅读材料的重点、难点，根据学生实际学情整合学习任务，通过精心提炼、设计一系列有梯度的问题，为学生搭建思维成长的阶梯，激发学生的阅读热情，使学生从"让我读"转换为"我要读"，在主动学习中发展思维能力。

以语文学科为例。学科教师依据建构主义学习理论，以学生的"最近发展区"为基础，运用"问题链"策略进行了持续探索，在阅读教学中设计了核心问题和子问题的两层"问题链"，围绕抽象、开放、有价值、可迁移的核心问题，通过一连串逻辑缜密、环环相扣、多层次、多维度的子问题，引导学生深度参与更高层次的思考，发展学生的高阶思维能力和系统建构知识体系的能力。

在陈选玉老师执教的六年级阅读交流课《三国演义》上，陈老师抓住小说中

人物和故事情节众多的特点，以"三国论坛"的形式，在课前把学生分为代表魏、蜀、吴三国的三组，以诸葛亮的形象为切入点，围绕核心问题"诸葛亮是一个怎样的人？结合小说中的情节说明理由"开展辩论，并巧妙通过层层递进的"子问题链"的追问和剖析，进一步调动学生的参与热情，引导学生从论说英雄、诸葛亮的智谋表现和价值追求，以及与其他历史人物的对比，形成了一个完整的"问题链"，实现了对文本的深度解读。学生从多个视角思考和分析问题，从而对"诸葛亮是一个怎样的人"有了更多的认识和理解，在阅读、交流与辩论中，也提高了他们的思辨能力和表达能力。

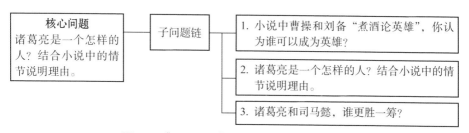

图 2.7 《三国演义》阅读课"问题链"设计

《三国演义》教学设计（部分）

一、激趣导入，谈及英雄

（一）放主题曲，导入开场白

（出示 PPT 第一页）

教师：泱泱华夏，悠悠岁月，朝代更迭，在广袤的华夏大地上，曾上演了一幕幕惊心动魄的故事，出现了一个个叱咤风云的人物，传承着一段段令人叹为观止的文明。历史的车轮曾经到达那个英雄辈出的年代——三国时期。同学们，记录了那个时代风云变幻的经典巨著就是《三国演义》。

（二）回顾课前准备

教师：在我们学校，每个年级都有自己的经典阅读书目，我们六年级在阅读经典的路上都是怎么做的呢？（PPT 出示《三国演义》的图片）

预设1：学校读书节倡议我们要深入阅读年级共读书目。开学初，我们商定六年级师生共读的是《三国演义》。

预设2：每天的晨读时间和隔周一次的班会时间是我们阅读经典的时间。我们把这本256页的书分成了五个部分来读，老师分期导读，我们分期交流。

预设3：六年级各学科老师在读书推介会上，带领我们读这本书。美术课上，我们画三国人物，做书签；音乐课上，我们学唱了电视剧的主题曲，认识了书中提到的各种乐器；品社课上，我们了解了当时三国地势的范围和三国鼎立的局势特点；科学课上，我们了解了星座；数学课上，我们计算了古代排兵布阵点将的方法。

预设4：这学期，我们在前几次的"三国论坛"中，一起谈到各国的主公，点评各国的武将，今天我们来论一论谋士。

教师小结：分期阅读，分期论坛，各学科老师都带领着我们走进书中。看来，大家真的是有备而来，今天的"三国论坛"值得期待。

学生主持：是的，今天参加《品三国故事，论三国英雄》第三场论谋士的有杰先生带领的吴国、薛先生带领的蜀国和李先生带领的魏国。

（三）煮酒论英雄

教师：在第九回"曹操和刘备煮酒论英雄"中，曹操慷慨激昂地说道……

全体学生接：所谓英雄，是胸怀大志之人，能包藏宇宙，能吞吐天地。

二、评论谋士，谈论英雄

（一）列举英雄人物

学生主持：三国时期英雄辈出，单论谋士，你觉得谁值得称道？

（魏：司马懿、司马徽、徐庶；蜀：诸葛亮、庞统、姜维；吴：周瑜、陆逊）

（学生主持下场）

（二）赞诸葛亮

教师引导：在这本书中，作者罗贯中对诸葛亮这个人物倾注了大量的笔墨。现在我们打破三国的壁垒，聚焦这个传奇人物。你觉得他是一个怎样的人？

预设1：知识渊博，上知天文，下晓地理。趁着大雾草船借箭；逆水而上，顺水而归；七星坛借东风；知寿命期限，点灯做法祈祷，延长生命一纪（12年）；利用地势特点，善于用火攻；困敌于上方谷。

预设2：知人善用，善识人心。草船借箭知鲁肃、识周瑜，料定曹操不敢出兵；料定魏延要造反；料定司马懿会闯进八卦阵，空城计中料定司马懿沉着谨慎，不会轻易攻城；料定孟获不会轻易归降，于是七擒，让其心服口服。

预设 3：善于用兵，善用计谋，足智多谋。第十八回《草船借箭》、第二十回《火烧赤壁借东风》智算华容道、第三十八回《空城计》、第三十六回《七擒孟获》、第三十七《收姜维》假扮姜维，引发魏国的误会，迫使姜维归降投蜀。火烧博望坡、火烧新野、三气周瑜、巧布八阵图、空城计、遗计斩魏延、祈禳星宿、计夺荆州、智取西川、木牛流马。

预设 4：能言善辩，智慧过人。三气周瑜，舌战群儒，骂死司徒王朗。

三、引发思辨，品味英雄之举

（一）活动引入

教师引导：谋略过人，运筹帷幄，决胜千里，诸葛亮的确是一个伟大的军事家。

学生主持：在辅佐后主刘禅时，一心北定中原，能与诸葛亮一决高下的是谁呢？（司马懿）那么我们就来辩一辩：司马懿和诸葛亮谁的谋略更胜一筹？司马懿与诸葛亮的较量开始。

（二）蜀魏辩论

（学生主持，教师点拨，引导辩论）

预设：

1.比谋略：

司马斗诸葛：（四十回）第一回合：都上知天文，观天象预知有大雨。第二回合：诸葛亮料定魏军要撤退，司马懿料定诸葛亮率兵攻打祁山。第三回合：针锋相对比阵法，司马懿输。第四回合：司马懿运用智谋让刘禅召回诸葛亮，使其痛失北伐良机，诸葛亮输。第五回合：诸葛亮下令退兵时，每天多挖一千个锅灶作为疑兵之计，司马懿不敢贸然追击，诸葛亮胜。第六回合：司马懿料定蜀军要抢收陇西小麦，便亲自驻守天水，诸葛亮装神弄鬼吓退司马懿，使其不敢出战。第七回合：建兴十二年，诸葛亮再次北伐，司马懿却说："诸葛自负其才，逆天而行，真是自取灭亡。"果然诸葛亮不敌司马懿，后请来孙权的援兵才把司马懿打败。第八回合：诸葛亮发明木牛流马，司马懿仿造木牛流马，后被蜀军设计，司马懿等待时机，以退为进。

司马懿：诸葛亮听说司马懿被免职了，欣喜不已，说："南蛮已经平定，司马懿又被罢免，正是北伐中原的好机会。"诸葛亮已经把司马懿视为心腹大患。司马懿占领街亭，空城计是被司马懿所逼，诸葛亮迫不得已而为之。第228页，司马懿观天象，见流星坠落到蜀军大营，他知道诸葛亮死了，又担心被戏弄。上承魏之强盛，下启晋之统一，使得天下分久必合。

诸葛亮：初出茅庐、火烧博望、火烧新野、之后智激周瑜、草船借箭、巧借东风之赤壁之战、隆中对、智算华容、三气周瑜、八卦阵退陆逊、智收姜维、周瑜招才、智取汉中、巧布八阵图、安居平五路、七擒孟获、计降姜维、骂死王朗、巧施空城计、上方谷困司马、木牛流马、遗计斩魏延、六出祁山。

2. 魏、蜀两国争论不休，不分高低。请吴国同学参加辩论，站在第三方的角度，你们觉得诸葛亮和司马懿谁更强？

（三）表演《空城计》

教师引导：看来，诸葛亮与司马懿的较量难分高下。

学生主持："孔明抚琴摆空城，仲达中计自退兵"，我说的是哪个计谋？是的，请看戏剧表演《空城计》。

四、总结

学生主持：四十场气势磅礴的战争场面，一百年波澜壮阔的历史画卷，上千个栩栩如生的人物形象。

教师：是啊！这部无与伦比的经典我们可聊的、想谈的实在是太多了。下一次，我们再论三国里的战争场面和兵法，今天的论坛就到这里，下次论坛见。

下课后，很多学生都意犹未尽。有的学生说："曹操的诡诈，刘备的谦逊，孔明的谨慎，周瑜的心胸狭窄……每一个人物都具有不同的性格。论智谋，如果说魏国在三国里智谋最强，一点也不为过。曹操的用兵堪称举世无双，司马懿就更是用兵如神，但是两个人都有自己致命的弱点——曹操多疑，司马懿太过阴险。再说蜀国，诸葛亮过人的智计、娴熟的战术，无不让后人叹为观止，虽然还有庞统、姜维、徐庶等知名人物，但是我认为都不如孔明。吴国有谋略的也就是周瑜了，少年时期的周瑜就熟读兵书，精通布阵。"

还有学生从评价古人联想到现实生活："从这些人物的经历中，我们不难看出人的品格的重要性。现实生活中，我们不仅要忠义，也应该要有坚定的信仰，懂得明辨是非，讲诚信，正直勇敢，不断提高自己，才能成为对社会有用的人，或许将来我们也有机会成为别人学习的榜样呢！"

陈老师执教的阅读交流课《三国演义》，充分展现了"问题链"策略在阅读教学中的独特魅力，实现了对文本的深度解读和对学生综合能力的培养，不仅受到很多学生的欢迎，也在昌平区第一届全学科阅读成果展示现场会上得到了与会专家、领导和教师的一致肯定。

图 2.8 《三国演义》整本书阅读课堂

经过几年的探索实践，学校教师在运用"问题链"策略进行阅读教学时，也积累了更多的经验，由教师提出"问题链"逐步转变为由学生提出感兴趣的问题，再通过讨论，师生共同确定"问题链"的方式。

以六年级整本书阅读教学为例。杜金凤老师选择了《毛毛》这部寓言体幻想小说中的经典作品。《毛毛》是德国著名作家米切尔·恩德在 1974 年出版的童话，荣获十二项国际国内文学大奖，讲述了小女孩毛毛为了让人们不再受无处不在的灰先生蒙骗，冒着生命危险见到时光老人，发现世界和人类的大秘密，勇斗灰先生并取得胜利的故事。《毛毛》让人们重新思考珍惜时间这个主题，提醒人们"时间就是生命"，要珍惜自己度过的每一分、每一秒，活得精彩而有价值。

这本书使用较多比喻和象征的手法，引导学生从现实生活中发现故事讽喻的现象。大部分六年级学生已达到初步的抽象概括水平，具有初步的逻辑推理能力，能够体会作者对现代工业文明的反思和批判，对一些深刻的问题展开辨析。

在杜金凤老师看来，这本小说学生初读起来有些难度。为了推进阅读，杜老师通过自主阅读单和共建"问题链"，倾听和肯定学生的阅读观点和感受，激发学生的阅读兴趣，并顺势引导学生进行深入阅读。在理解主题的过程中，补充了联系现实生活的问题和资料，帮助学生深刻理解书中所传递的对时间与生命的思考，把握

课文的主题内涵，培养学生的批判性思想、关怀性思维和协作能力。

杜老师首先请学生就阅读内容提出问题，再与学生共同讨论、确定了"为什么越是节省时间，拥有的时间就越少？节省的时间去了哪里？"作为核心问题，并将其他学生最感兴趣的九个问题按逻辑关系构成"子问题链"，包括："时间到底是什么？""时间是久远的吗？""乌有巷到底代表什么？""我们现在是被灰先生控制了吗？""时间之花代表着什么？"通过对"问题链"的讨论和解答，进一步激发学生的阅读兴趣，逐步引导学生深入了解这本书的内涵和主题。

结合对时间、生命、现代社会等问题的追问和剖析，杜老师引导学生将时间的长短与生命的意义联系起来，进而深刻理解文中那句"越是节省时间，拥有的时间就越少"的深刻含义。在杜老师的引导下，学生意识到，时间不仅仅是秒数的累积，更是生命的价值，是人生的意义。他们开始反思自己的生活，思考如何更好地利用时间，如何珍惜每一分、每一秒，让生命更加精彩和有意义。

《毛毛》教学设计（部分）

一、谈话导入，学会质疑

（一）自主介绍故事情节

学生根据情节图，自主介绍故事情节。

（二）自主介绍主要人物

学生根据人物卡，自主介绍主要人物。

（三）确定核心问题

结合学生的自主提问，教师引导学生梳理，确定核心问题。

（四）形成"问题链"

学生探讨解决路径，教师出示"问题链"。

核心问题：

1.为什么越是节省时间，拥有的时间就越少？节省的时间去了哪里？

子问题链：

2.什么叫每个人都有自己的时间？

3.时间到底是什么？

4.时间是久远的吗？

5. 为什么乌有巷中的时间是从心中流出的？

6. 乌有巷到底代表什么？

7. 我们现在是被灰先生控制了吗？

8. 一些古人和名人总是告诉我们要珍惜时间，这是错的吗？

9. 毛毛能让大家快乐的法宝是什么？

10. 时间之花代表着什么？

▶ 设计意图 重视学生的提问、追问，尊重学生的质疑精神，培养学生的创新精神。提问的主体包括教师、学生两方，而学生的有效提问同样是促进阅读探究活动的基本方式之一，所以教师应鼓励学生提问、追问，根据学生提出的有价值的问题，开展生成性的阅读活动，进一步开发学生的阅读潜能，提升自主阅读水平。

二、聚焦"过程完全错误，结果却毫无问题"

（一）出示时间表，体会灰先生之劝

如果这个世界上有一个时间储蓄银行，时间像钱一样可以存起来，未来可以翻倍，但是需要你现在节省时间，放弃一切不必要做的事情。如果要选一项，你可能会省下哪项时间呢？说说你的理由。

序号	事　项	用时
1	睡觉	2 小时
2	吃饭	1 小时
3	和爸爸妈妈在一起聊天	1 小时
4	和朋友一起玩（五花八门）	2 小时
5	娱乐（看电视、看电影……）	1 小时
6	养小动物（鸟、兔子、刺猬……）	1 小时
7	买东西	1 小时
8	一个人静思	半小时
9	运动	1 小时
10	画画、跳舞、唱歌	1 小时
11	读书	半小时
12	……	

（二）结合人物变化，探讨核心问题

1. 出示标语，感受灰先生的言论。

2.探讨核心问题："为什么越是节省时间，拥有的时间就越少？节省的时间去了哪里？"

预设：结合理发师、泥瓦匠等人的前后生活来谈。

3.对比人物变化，发现共性。

预设1：他们的生活并不快乐。他们最后都在追求钱，他们刚开始都想过奢侈而荣耀的生活。

预设2：他们曾经很快乐，节省时间后不再热爱工作，感觉无比乏味了。

预设3：他们节省的都是自己喜欢的时间，都去为钱工作了，所以生活都变得无聊了，值得回味的少了，日子过得飞快。

小结：生命缺少意义和色彩，只着眼于目标了。

4.灰先生还说，要着眼于未来。现在你节省了时间，未来就可以自由生活，随意支配自己的时间，这样不好吗？举个例子。

预设：现在的时间没有抓住就消失了，没办法存起来，就像有些事现在不做，未来再做的意义完全不同。我们现在不好好陪陪父母，未来父母也许就不在了，或者也不能感受到现在的快乐，他们也许走不动，也吃不好。

5.感受物理时间和心理时间的不同。

小结：看来有些时间不能省掉，我们还需要认真体会，要过得精彩而充实。

6.回顾开始的选择，修正观点，回应核心问题。

⊙ 设计意图 教师应根据自身的教学机制，筛选出有价值的问题，据此促进生成性阅读活动的展开。组织学生参与同桌互读、小组群读以及全班同学交流活动，使学生在阅读思辨活动中形成自主学习能力。

三、联系伟大人物生活，体会时间的意义

（一）名人名言

我们应该精彩而充实地过好每一分钟，可事实上有些人也并不如此，请你看看这些名言。

◇荒废时间等于荒废生命。——川端康成

◇时间就像海绵里的水，只要愿挤，总还是有的。——鲁迅

◇时间是由分秒积成的，善于利用零星时间的人，才会做出更大的成绩来。——华罗庚

◇消磨时间者，亦必消磨事业。——福布斯

（二）名人故事

袁隆平研究杂交水稻，屠呦呦研究青蒿素，他们都为之奋斗了终生，一生只干了这一件事。

出示钟南山84岁时的日程表，感受他们与前面那些被灰先生控制的人的不同。

钟南山84岁时的日程表（部分）

1月18日 夜驰武汉。 1月19日 在武汉参加疫情研讨后，立马前往金银潭医院等走访。 晚10点多，到达北京赶往国家卫健委开会。 1月20日 连线央视。 1月21日 参加广东首场疫情新闻发布会。 1月24日 除夕，和医务人员坚守抗疫一线。 1月25日 年初一，回到工作岗位。查房、座谈、研讨病情。 1月28日 接受新华社采访。在广州向驰援一线战友喊话：等你们胜利回家。 1月29日 在电梯里接受采访。 对广州5例病危重症患者远程会诊，持续四个多小时。 1月30日 凌晨6时，在白云机场，与"病毒猎手"伊恩·利普金教授见面。随后，到国家疾控中心参加会议，在飞机上研究治疗方案。	2月1日 晚上，在广州为驰援武汉的战友送行。 2月2日 接受新华社专访。 2月3日 为武汉病毒诊断研究分中心"云授牌"。 2月7日 参加广东省卫健委相关会议。 2月11日 接受路透社采访。与广东驰援武汉前方远程视频讨论病例。 晚上，接受央视专访。 2月13日 消息指出，团队从患者的粪便样本中分离出病毒。 2月14日 消息指出，他指导研发出来快速检测试剂盒。 2月17日 与武汉前方团队远程视频会议。 2月18日 参加广东省新闻发布会。	2月19日 联手哈佛大学攻坚病毒。 2月21日 远程对云南省重症病患问题指导会议。 2月22日 广州市新闻发布会上消息，团队从患者尿液中分离出病毒。 2月24日 接受央视专访。与广东支援湖北医疗队视频会议。 2月25日 无偿为企业的防疫复工提供顾问指导。 2月27日 参加广州市专场新闻通气会。 2月28日 团队论文在国际顶级医学期刊在线发表。 2月29日-3月1日 应邀向欧洲介绍中国经验。 3月2日 为抗疫一线火线发展党员领誓。 ……

预设1：为人类造福，目的不同。

预设2：有自己喜欢的事业。

预设3：所做有价值，理想崇高。

⊙ **设计意图** 具备自主阅读能力的学生往往能够在阅读活动中显现出活跃、自主、开放的思维品质，能带着个人观点参与阅读交流活动，具备独立思考、自主表达能力。通过提出阅读问题，梳理核心问题，不断地开发学生的思维潜能，优化学生的自主阅读意识，提升学生的阅读水平。

四、联系生活，探讨时间的合理安排

问题一：最近灰先生来找过你或你身边的人吗，你们是如何应对的呢？

问题二：我们每个人都会被灰先生光顾，但会不会被他控制，是由谁决定的呢？

问题三：灰先生暂时消失了，若再找到你，你会害怕吗？

结语：坐在下面以及屏幕前的你们又是怎样应对灰先生的呢？围绕这本书，我们可以聊的实在太多，例如，为什么毛毛仅用倾听就能解决人们之间的纠纷？《毛毛》课程，我们明年继续。

▶ **设计意图** 设计高水平的问题，灵活调控阅读问题的难度，确保学生能够在阅读活动中一直处于独立思考的状态。

图2.9 《毛毛》整本书阅读课堂

回龙观中心小学通过在阅读教学中引入"问题链"策略，突出问题导向，合理设计问题链，让学生也参与"问题链"的建设，使阅读内容、阅读线索以学生感兴趣的"问题链"形式呈现在他们面前，以问题推动阅读，以问题引导学生，促进学生在主动思考、深度思考、分析问题和解决问题中，提高阅读能力和思维水平，促进全面发展。

（三）利用"联结"策略，促进深度阅读发生

"联结"原是心理学的一个重要概念，它指的是神经系统在后天发育过程中形成的神经连接。这一概念在教育学和心理学对阅读过程的研究中得到了新的诠释和应用。"联结"策略在阅读中有着至关重要的作用，它要求读者在阅读过程中有意识地将文本内容与个人生活经验、知识背景、阅读经验或其他相关阅读材料进行"联结"。这种"联结"不仅能够丰富读者对文本的理解和含义，还能加深记忆，提高理解力。

在整本书阅读过程中，"联结"是经常运用的阅读策略之一。采用"联结"策略，可以将阅读材料内容之间进行联系，也可以将阅读材料与现实生活中的经验、

感受、认知进行联系。当读者将阅读材料与自身经验、知识等"联结"时，能更深入地理解阅读内容，把握文本的深层含义。运用"联结"策略，还能使读者更容易与阅读内容产生情感共鸣，增强阅读的兴趣，培养阅读的习惯。

回龙观中心小学将"联结"策略运用于整本书阅读中，引导学生将阅读材料中的信息与个人生活、经历、经验等"联结"，对作品的主题、情节、人物等有更全面的了解和体会，学生在深入阅读的过程中，持续提高阅读理解能力，增强阅读兴趣，培养独立思考能力、想象力和创造力。

在教学以写人为主的文章时，教师通过引导学生运用"联结"策略，联系书中的相关故事情节、人物所处的历史环境、其他人物的品行和成就，以及自己的生活经历等，进行综合分析，帮助学生从多个角度理解立体的人物形象。

以二年级整本书阅读《我和小姐姐克拉拉》为例。这本书由德国作家迪米特尔·茵可夫所著，篇幅相对简短，语言和情节都与二年级学生的认知水平相匹配，是一部"描写童心童趣的当代儿童文学经典之作"，曾连续入选2003、2004年全国中小学图书馆推荐书目。故事描述了小男孩"我"和小姐姐克拉拉之间发生的一系列幽默风趣的故事，包括他们为了装神弄鬼剪床单、异想天开成立跳蚤马戏团、给爸爸妈妈擦皮鞋却搞出乱子等趣事，这些故事展现了儿童淘气、可爱、天真的特点，以及他们之间深厚的姐弟情谊。这本书不仅能够带给儿童欢乐，还能够启发他们的想象力和创造力。

在课堂中，张佳肖老师根据学生在这一年龄阶段注意力较为分散的特点，通过闯关的形式，迅速激发学生的阅读兴趣，让他们主动参与学习活动。在"考一考"环节，教师通过回顾与讨论，引导低年级学生学会将文字与插图"联结"，帮助学生领悟文中的童真童趣，提高表达能力。

张老师还利用学生最喜欢的《大蛋糕》这个故事，带领学生运用"联结"策略分析人物对话和行为，在梳理故事的基础上，让学生结合自己的生活经验，理解主人公的语言逻辑和真实想法。比如，文中克拉拉为了吃蛋糕，她会说："我们要舍己救人。我们把看着不新鲜的这面尝一尝。"于是，她把第一面尝了尝。她还会说："这一面的蛋糕是好的，但那几面怎么样呢？"于是，他们把所有面都尝了。在教师的引导下，学生在欢乐的氛围中感受人物的性格特点。

图 2.10 《我和小姐姐克拉拉》整本书阅读课堂

由于书中的顽童形象非常符合学生的心理特点，张老师利用学生的生活经验，通过问题"克拉拉就是我们，你做过哪些有趣的事情呢"，将阅读内容与学生的生活"联结"，引导学生自然地将主人公、文本和自己的经历进行"联结"，激发学生的同理心、想象力和表达欲，帮助学生在分享交流中不断加深对文本的体会和理解，深入理解故事的情感和主题。

《我和小姐姐克拉拉》整本书阅读教学设计（部分）

一、开门见山，直入主题

4月是我们葵园的读书月，我们一起读了《我和小姐姐克拉拉》这本书。要想与克拉拉和克拉克拉这对姐弟成为朋友，我们要闯关成功。

▶ **设计意图** 二年级学生的注意力通常较为分散，以闯关活动直接进入教学的核心内容，可以迅速抓住他们的兴趣，使他们更愿意参与接下来的学习活动，使教学更加高效、有针对性，并能够更好地匹配二年级学生的学习特点和需求。

二、考一考，温故故事

（一）第一关：看图画，猜故事

出示学生自画的文中故事插图，请学生猜测故事名字。

（二）第二关：看词句，猜故事

出示故事中有代表性的词句，请学生猜测故事名字。

（三）第三关：讲故事，识性格

1. 讲故事 谈有趣

（1）回顾读书月历程，公布最有趣的故事票选结果。

这本书一共有24个故事，读书月期间我们读故事又讲故事，最后投票选出了最有趣的故事。结果如何呢？快看大屏幕，我们一起喊出它的名字——《大蛋糕》。

（2）结合情节图，师生合作讲最有趣的故事——《大蛋糕》。

（3）谈有趣的地方。

① 同桌交流故事中最有趣的地方。

② 全班交流故事中最有趣的地方。

2. 识性格　体验有趣

（1）体验克拉拉吃蛋糕的顺序。

拿出真蛋糕，请一名学生按照克拉拉吃蛋糕的顺序来吃蛋糕，其他学生捧起小手，配合着大口大口地吃蛋糕。

（2）出示克拉拉吃蛋糕时说的话。

你们把蛋糕吃掉，是因为什么？克拉拉在吃的时候，又是怎么说的呢？

（3）通过语言，感受克拉拉是个机灵鬼，聪明又贪吃。

你们觉得这是怎样的克拉拉呢？看看黑板上的这些词语，你想把哪些词语送给她呢？

（四）第四关：品语言，悟逻辑

1. 出示克拉拉说的话，指名学生读一读。

克拉拉为了吃这个蛋糕，她还做了许多事情，想了很多办法。

（1）当她想带弟弟去看蛋糕时，她说_____。

（2）当妈妈不让他们碰蛋糕时，她说_____。

（3）当她想尝一下蛋糕时，她说_____。

（4）当她想继续吃蛋糕时，她说_____。

2. 说一说你从克拉拉的话中有哪些新的发现。

3. 说一说克拉拉和克拉克拉分别是怎样的孩子。

小结：一个聪明，一个乖巧，这对姐弟带给我们这么多乐趣，连闯四关以后，我们更了解他们了。

> ⊙ **设计意图**

1. 通过闯关活动，吸引学生的课堂注意力，增加课堂的趣味性。活动不仅可以激发学生的学习兴趣，提高阅读理解能力和分析、解决问题的能力，促进师生或同伴之间的交流和合作，还可以帮助教师检测学生的阅读成果。

2.通过对于最有趣的故事——《大蛋糕》中克拉克拉和克拉拉语言、行为的分析，帮助学生感受克拉拉言行背后的逻辑和这对姐弟的性格特点，进而引导学生体会故事更深层次的主题和情感。

三、纵观全书，谈有趣

（一）分享书中其他有趣的故事

《大蛋糕》是克拉拉带给我们最有趣的故事，然而有趣可不只是这一种，克拉拉还带给我们异想天开的故事、不可思议的故事、好心办坏事的故事、笑掉大牙的故事。你最喜欢克拉拉带来的哪个故事呢？和我们分享一下吧！

（二）全班交流，贴关键词

▶ 设计意图 通过交流书中不同特点的故事，学生不仅可以分享自己对故事的理解和感受，促进彼此之间的互动，提高口语表达能力，更能深刻感悟人物性格特点，丰富对人物和人物之间情感的认识。

四、寻找身边的"克拉拉"

（一）同桌分享趣事

孩子们，其实，书中的"克拉克拉"和"克拉拉"就在我们身边，说不定就是我们。请拿出阅读单，先和同桌分享一下你的趣事。

（二）全班交流趣事

（三）鼓励学生记录趣事

没想到你们身上也有这么多趣事，如果我们把自己的趣事像大作家迪米特尔·茵可夫那样一件件记下来，那就会是另一本属于我们自己的《我和小姐姐克拉拉》了。

▶ 设计意图 通过叙述和分享自己的趣事，学生可以练习如何用语言来描绘事件、表达情感，从而提升口头和书面表达能力。这样不仅促进学生间的交流互动，锻炼他们的语言表达和思辨能力，还引导学生像克拉克拉和克拉拉这对姐弟一样，发现生活中的乐趣，培养积极健康的生活态度。

阅读是一个主动建构的过程，"联结"策略以学生阅读的文本为原点，将文本与文本、人、世界进行关联，共同纳入思考和分析的范围。通过这种策略，学生不仅加深了对书中主题、情感、人物形象的理解，而且扩展了对书本外的自己和世界的认识。这种深入的联结丰富了学生的阅读体验，使之更加真实和生动，同时也帮助学生建立起与文本的个人联系，激发了他们对生活的深刻理解和持续好奇。通过"联结"策略，学生学会了如何将阅读与个人成长相结合，为终身学习和个人发展奠定了坚实的基础。

（四）融合多种阅读策略，提高阅读能力

不同的阅读策略适用于不同的文本和阅读目的，除了"阅读圈""问题链""联结"这三大常见的阅读策略，在实践的过程中，教师还积极探索了提问、比较、推测、概括等很多种阅读策略。这些阅读策略不仅可以单独使用，更能与其他阅读策略互相结合，形成一套完整的阅读方法体系。学生掌握多种阅读策略后，能够根据阅读需求灵活选择不同的策略，对文本进行深入分析和理解，从而提高阅读效率，增强阅读兴趣和自信心，不断提高自己的阅读能力。

以四年级整本书阅读《躲猫猫大王》和《淡蓝色的围巾》为例。这两本书讲述的都是友谊的故事，语文学科薛云菲老师从贴近学生生活的故事情境出发，将《躲猫猫大王》和《淡蓝色的围巾》这两本主题相同的绘本结合，融合"联结"、比较、提问、想象、推测、图文结合等阅读策略开展阅读教学，激发学生的阅读兴趣，丰富学生的阅读体验，从多个角度理解"友情"这一主题。

《躲猫猫大王》和《淡蓝色的围巾》这两本书的内容与学生生活紧密相关，符合学生的认知水平，更容易引起学生的共鸣。《躲猫猫大王》讲述了"我"儿时最好的伙伴小勇玩躲猫猫总是第一个被抓，"我"教会他玩躲猫猫，他成为躲猫猫大王，最后小勇因为爷爷过世，不得不跟爸爸离开熟悉的环境和要好的伙伴的故事。《淡蓝色的围巾》讲的是"我"班的转学生洋介，从"我"和阿吉经常为难他，到他和妈妈为了改善同学关系，邀请"我"和阿吉去参加生日派对，最后因为洋介妈妈去世，洋介转学，离开前送给"我"和阿吉一条淡蓝色的围巾的故事。

这两本书故事性强，内容浅显，学生很容易读懂，也乐于结合故事情节交流。但在体会人物情感方面存在一定难度，学生能够理解"友情"这一主题，而对于这一主题背后的深刻内涵的理解却不够深入。根据这一情况，薛老师引导学生抓住两本书之间的相同点和不同点，运用"联结"和比较的策略进行组合阅读，初步了解

两个绘本的内容，再梳理故事情节脉络，初步感知这两个关于友情的故事的差异，培养学生的阅读兴趣和阅读能力。

课堂上，薛老师通过引导学生运用"联结"、图文结合、提问等阅读策略进行深入阅读、讨论和分享，让学生更加深入地理解故事中的人物和情节，感悟书中主要角色在遇到各种事件时表达的情感，再通过引导学生"联结"两本书和生活经验，并以创编图画书的方式，让学生更加深入地理解"友情"这一主题，探讨如何在现实生活中更好地与朋友相处，让学生懂得善待和尊重身边的小伙伴。

图 2.11 《躲猫猫大王》和《淡蓝色的围巾》阅读课堂

薛老师精彩的课堂不仅让学生学会融合各种阅读策略阅读，提高阅读能力，她执教的这节课还荣获了第三届全国小学绘本课程与教学研讨会优秀展示课奖。在薛老师的课堂上，学生积极参与、乐于探索，不仅学会了如何深入文本，还学会了如何联系阅读与现实生活，从而培养了他们的批判性思维和创造性思维。这个奖项不仅是对薛老师教学成果的认可，也是对其教学理念和方法的肯定。

图 2.12 《躲猫猫大王》和《淡蓝色的围巾》阅读课获优秀展示课奖

表 2.2 《躲猫猫大王》和《淡蓝色的围巾》整合阅读教学设计（部分）

教学板块	学生学习活动
一、感知书中内容，对比两书异同 1. 引导学生运用"联结"策略抓住两书之间的联系进行组合阅读，激发兴趣，导入新课。 2. 依据预习单，课上以小组为单位，通过本组绘制的"情节图"梳理故事脉络，由学生介绍两本图画书的故事内容。 3. 引导学生运用"联结"、比较的阅读策略，初步对比这两本图画书的异同，适时指导学生根据提问、概括的阅读策略，概括两书之间都有哪些相同和不同的地方。	1. 能有意识地运用"联结"策略对两本书进行组合阅读。 2. 能根据"情节图"梳理两本图画书的情节脉络，讲述两本书的故事内容。 3. 小组讨论，能够运用"联结"、比较、提问、概括的阅读策略感知两本图画书的异同。
二、体悟书中情感，学会与人相处 1. 走进《躲猫猫大王》，体会"我"和小伙伴是如何与小勇相处的。 （1）出示核心问题 《躲猫猫大王》中的"我"以及其他小伙伴是怎样与小勇相处的？ （2）提出要求：以小组为单位，每个组员选择一个故事情节进行交流。 （3）全班交流 ① 情节一：帮助小勇 引导学生运用图文结合的阅读策略抓住描写人物动作、语言、神态的语句，尤其是关于表情的描写，感受人物的内心。 ② 情节二：赢得称号 运用提问的阅读策略，引导学生思考：给小勇带来快乐的除了"我"，还有谁？ ③ 情节三：寻找小勇 运用提问的策略，追问最后一次的"躲猫猫"，没有人教小勇，为何大家都找不到他？并引导学生运用推测、想象的阅读策略，体会人物的心情。 ④ 情节四：送别小勇 运用图文结合的阅读策略思考：刚从油菜花地里走出来的小勇是那么孤单弱小，为何此时的他又是那么明亮。 继续运用提问的策略思考：临别之时，为什么小伙伴赠予他"躲猫猫大王"的称号，以此体会人物的内心。 （4）依据全班交流故事情节梳理出"我"和小伙伴在与小勇相处中经历的高兴、自豪、伤心、自信等一系列心情变化，并板书。	1. 组长分配交流任务，参与小组讨论。 2. 聆听并思考组内同伴感受。 3. 再读图画书《躲猫猫大王》，根据故事情节，通过抓住描写人物细节的词语，结合看图画观察表情的方法，体会"我"和小伙伴对小勇的善意之举。 4. 依照故事情节，运用"联结"、推测、图像化、想象等策略，引导学生感受"我"和小伙伴对小勇的善待与关心，并学会如何与弱小的伙伴相处。 5. 方法迁移运用，继续运用阅读策略学习《淡蓝色的围巾》。

阅读无界——
"全阅读生态"的创新探索与实践

续表

教学板块	学生学习活动
2. 走进《淡蓝色的围巾》，体会"我"和阿吉是如何与洋介相处的。 （1）出示核心问题 《淡蓝色的围巾》中的"我"和阿吉是怎样与洋介相处的？ （2）提出要求：以小组为单位，每个组员选择一个故事情节交流，用在《躲猫猫大王》中学到的方法学习，其他组补充，并板书。 （3）全班交流 ① 情节一：为难洋介 引导学生运用图文结合的阅读策略抓住描写人物的语言，体会人物的心情。 ② 情节二：庙前祈祷 继续运用图文结合、想象的策略，体会"我们"一起牵挂着洋介的心情。 ③ 情节三：相约派对 引导学生运用推测、想象的阅读策略体会"我们"与洋介认真对待彼此间的友谊，渴望再次成为朋友，渴望聚会。 ④ 情节四：等待洋介 引导学生体会"我们"一直等着洋介回来上学、担忧洋介的心情。适时运用多角度"联结"和想象的阅读策略。 ⑤ 情节五：跑去送别 图文结合，抓住"互送礼物""强调是朋友""握手道别"等语句，并结合图画感受浓浓的朋友之情。 （4）"联结"与想象：这本图画书的色彩是随着故事的情节变化的，请你翻翻图画书，说一说它是怎么变化的。 （5）感受亲情 ① "联结"提问：其实在"我们"学习相处的过程中，洋介的妈妈起到了很大作用，你们感受到了吗？说一说。 ② 追问：洋介妈妈在用自己的方式教他们如何正确相处。你觉得这淡蓝色的围巾对于洋介和"我们"来说又象征着什么呢？ （6）体验友情 想象体验：让我们一起重温离别时感人的一幕，体验友情带来的感动。	1. 结合预习单，迁移使用《躲猫猫大王》这本图画书的阅读方法，再读《淡蓝色的围巾》中的故事。 2. 组长分配交流任务，参与小组讨论。 3. 聆听并思考组内同伴感受。 4. 以小组为单位，依据"情节图"梳理的故事情节，在情节的发展中体会"我"和阿吉是如何与洋介相处的。其他同学补充。 5. 运用多角度"联结"、提问、推测、想象等阅读策略，并通过观察图画的色彩变化，感受故事情节的变化，从而体会友情。 6. 运用"联结"、想象的策略，通过体会母爱，懂得有时学习与朋友的相处，往往需要一些外力情感的助推。感受洋介的妈妈教会了"我们"如何与人相处，进而体会淡蓝色的围巾对于"我们"的象征意义。

续表

教学板块	学生学习活动
三、再次对比，感悟友情 "联结"两书，再次对比。 两位作家把小勇和洋介的孱弱藏匿于字里行间，却更多地为我们表现出什么？ "联结"思考：朋友之间的善良、尊重与关心。	1. 运用多角度"联结"、推测、比较等阅读策略，通过对比两本图画书的异同，感受字里行间蕴含的温暖。 2. 聆听并思考同伴的感受。 3. 班内交流，学会与朋友的相处之道是懂得善待、尊重与关心。
四、联系生活体验，创编图画书 1. "联结"自己：生活中的你是如何与小伙伴相处的呢？ 2. 创编图画书。	1. "联结"自己，表达情感。 2. 聆听并思考同伴的感受。 3. 选择故事题材，搭配合适画风，创编图画书。

再以五年级《约瑟夫有件旧外套》（*Joseph Had a Little Overcoat*）英语整本书阅读课为例。这是一节"图片环游"课，这一课型实施路径分为四个基本环节：一是浏览书中插图，猜测、联想故事情节；二是讨论、分析图片的意义——激活学生；三是展示故事情节——了解故事大致脉络；四是呈现思维导图——讲述、复述故事。

《约瑟夫有件旧外套》是由著名作家西姆斯·塔贝克（Simms Taback）以其祖父的经历为灵感，结合一首儿歌创作而成的故事。这本书的阅读体验简单流畅、朗朗上口，非常适合学生阅读。故事从约瑟夫把一件旧外套巧妙地改成夹克开始，随着情节的发展，外套变成了背心、围巾、领带、手帕、扣子，最终变成了一本书。这个过程不仅展现了约瑟夫的智慧和创造力，也体现了一种朴实无华又充满哲理的民间智慧。

这本书不仅具有很高的文学价值，还蕴含着深刻的教育意义。它教会学生珍惜资源、发挥想象力和创造力，以及在面对困难时保持乐观和解决问题的能力。故事情节的吸引力和节奏感，使得学生在阅读时能够轻松地跟随约瑟夫的冒险，享受阅读的乐趣。书中丰富的文化元素和传统，也为学生提供了了解不同文化的机会。通过阅读这本书，学生不仅能够获得知识和乐趣，还能在心灵上得到启迪和成长。

在这节阅读课上，李楠老师巧妙地结合绘本中的寓意"You can always make something out of nothing"，以及故事给学生带来的启示，灵活运用了预测、"联结"、可视化、对比、重读和"问题链"等多种阅读策略，通过"六步走"教学设计，逐步引导学生深入理解文本。

图 2.13 《约瑟夫有件旧外套》英语整本书阅读课堂

第一步，李老师运用预测策略，同时建立阅读目的，让学生通过封面猜测约瑟夫的工作，猜测他如何对待自己的旧外套，如何修改自己的旧外套。通过猜测，激发学生的好奇心和学习热情，继而推动阅读活动的开展。

第二步，运用"联结"策略，李老师将文本主旨与学生现实生活相联系，鼓励学生分享故事中的收获与启示，实现知识的活学活用。

第三步，通过可视化策略，李老师利用思维导图帮助学生形象化地理解文本信息，加深记忆。

第四步，利用对比策略，李老师引导学生观察约瑟夫变装前后的变化，从着装、活动到心情，深入探讨文本主旨。

第五步，通过自读、组内读、齐读等多种重读策略，李老师帮助学生深化对文本的理解。

第六步，借助"问题链"，李老师引导学生深入约瑟夫的世界，通过连贯的问题，激发学生的阅读兴趣和探索意识，帮助他们逐步深入理解主人公的故事，体会其情感变化。

通过以上多种阅读策略，李老师不仅帮助学生梳理了故事脉络，还引导他们观察约瑟夫改造衣服前后生活的变化，以及他乐观、创造性的精神，有效培养了学生的创造性思维和乐观品格。

《约瑟夫有件旧外套》教学设计（部分）

一、读前交流

（一）自由交流

（1）When do you wear new clothes? Why?

（2）Do you have some old clothes? What would you do?

（二）展示绘本故事封面，引导学生观察并谈论

Q：What do you know from the cover page?

> 设计意图 学生通过观察封面，了解故事标题、作者等信息，培养文本意识及观察能力。回答教师提出的问题，为故事的开展做准备。

二、读中交流

（一）师生共读

师生共读"大衣—夹克"部分。

（二）学生自读，小组合作

1. 学生自读

T：He wore the jacket everyday. Some days later, oh, look at his poor jacket.

How do you feel? So what did he make next? Please read the book by yourself and find the answer. Before that, can you find the interesting things of the book? You are right, there are many holes on the book. So you can touch the holes as you read the story.

"问题链"设计：

（1）How do you feel about the holes?

（2）What do the holes want to tell you?

2. 小组合作

Please stick the clothes on the right places.

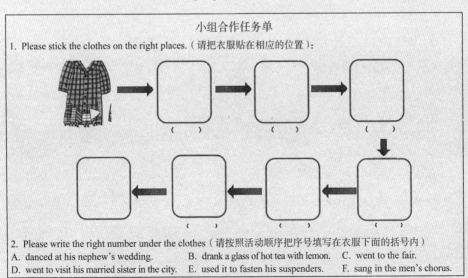

小组合作任务单

1. Please stick the clothes on the right places. （请把衣服贴在相应的位置）：

2. Please write the right number under the clothes （请按照活动顺序把序号填写在衣服下面的括号内）
A. danced at his nephew's wedding.　　B. drank a glass of hot tea with lemon.　　C. went to the fair.
D. went to visit his married sister in the city.　　E. used it to fasten his suspenders.　　F. sang in the men's chorus.

3. 图片环游

（1）find the same sentences.

Joseph had a little ...

It got old and worn.

So he made a ... out of it.

（2）Talk about the changes of the clothes.

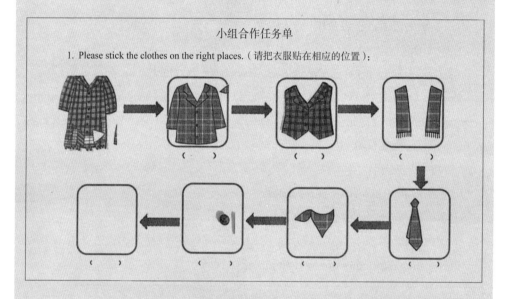

小组合作任务单

1. Please stick the clothes on the right places.（请把衣服贴在相应的位置）:

▶ 设计意图 通过观察旧衣服及洞洞书的特点，猜测约瑟夫是如何一点点改造旧大衣的。通过学习与思考，激活语言，培养学生观察能力。通过观察和文本语言分析、自主阅读、图片环游、小组合作等形式，快速获取故事信息。借助图片理解单词及短语，突破教学难点。运用对比，梳理文本细节信息，强化对文本的理解。

（三）组内共读，小组合作

T：What did he do after he made the jacket? Yes, he went to the fair. And what did he do after he made other clothes? Let's read the book again and find the answer in your group. And choose the answer.

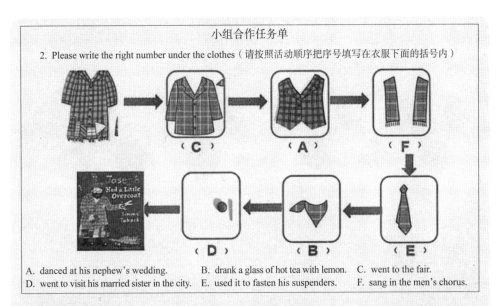

小组合作任务单

2. Please write the right number under the clothes（请按照活动顺序把序号填写在衣服下面的括号内）

（C）　　　　（A）　　　　（F）

（D）　　　　（B）　　　　（E）

A. danced at his nephew's wedding.　　　B. drank a glass of hot tea with lemon.　　　C. went to the fair.
D. went to visit his married sister in the city.　　E. used it to fasten his suspenders.　　F. sang in the men's chorus.

（四）图片环游

"问题链"设计：

（1）What did he do after he made a _____.

（2）How did he feel?

三、读后交流

（一）听读

听录音小声跟读故事，内化语言。

（二）讲故事

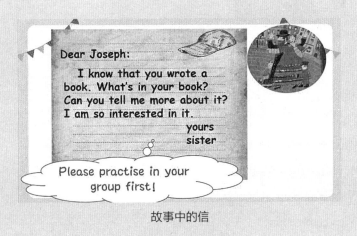

Dear Joseph:

　　I know that you wrote a book. What's in your book? Can you tell me more about it? I am so interested in it.

yours

sister

Please practise in your group first!

故事中的信

（三）对比研究

对比约瑟夫改造衣服前后的情况，发现其生活的变化。

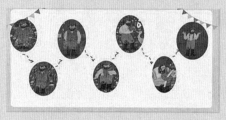 

衣服改造前后对比

▶ **设计意图** 学生通过观察图片，进行对比，从穿着、活动、心情等多维度分析约瑟夫的改变，进而深入思考到底是什么改变了他的生活，为挖掘本书的深层内涵做铺垫。

（四）梳理故事寓意

师生共同梳理故事的寓意。

Which shows...
You can always make
something out of nothing.

梳理故事寓意

"问题链"设计：

（1）What does the book show us?

（2）How do you think of this sentence?

（3）What is nothing?

（4）What is something?

（5）How do you think of Joseph?

（6）What changes his life?

（五）小组讨论

For you, What moral（道理）do you get from the story?

四、总结

（一）了解"凯迪克大奖"

介绍"凯迪克大奖"及其他作品，梳理绘本特点。

介绍"凯迪克大奖"

（二）梳理绘本的特点及寓意

梳理故事特点及寓意

▷ 设计意图 通过分析文本、分析人物特征等，学生对故事及人物有更深的理解。通过回答问题等形式，教师带领学生深入探讨故事的主旨，借助思维导图，建立知识结构，完善语言表达，借助插图，激活生活经验，培养学生的创造力，促进学生思维发展。介绍"凯迪克大奖"，让学生了解该奖项的特点，丰富学生的认识及选择。

灵活运用多种阅读策略，不仅能够帮助学生全面理解文本内容，把握深层含义，还能显著提升他们的阅读速度，同时培养批判性思维和创新能力。这些策略的应用还能极大地增强学生的阅读兴趣，让他们在享受阅读乐趣的同时，不断提升自身的阅读素养。回龙观中心小学通过"阅读圈""问题链""联结"等多元阅读策略的探索与实践，致力于打造一个充满活力、创新与深度的阅读课堂，让学生热爱阅读、学会阅读，为学生的终身学习和全面发展打下坚实的基础。

二、跨越学科，多学科融合的整本书阅读

在多元阅读策略的支持下，学生的阅读兴趣被极大点燃。然而，随着阅读活动的深入，学生提出了越来越多综合性问题，这些真实生发出来的问题往往涉及多学科的知识，不能够依靠单一学科的知识或技能去解决。同时，学生的阅读兴趣也越来越宽泛，一些跨学科的书籍也逐渐走进阅读课堂中，这对阅读课程提出了更高的要求，也倒逼了阅读课程的进一步改革。

为了回应学生的实际需求，回龙观中心小学开始重新审视阅读课程的设计。学校落实新课改的精神，积极探索多学科融合的整本书阅读课程。为此，学校各学科教师突破单一学科的边界，选择适合的经典绘本作为开展跨学科融合的整本书阅读载体，与不同学科背景的教师开展联合备课，积极寻找整合点。经过多年的实践探索，学校梳理形成了多学科融合的整本书阅读课程开发的"五步法"和两种有效的教学组织形式，以及一系列跨学科阅读课程优秀课例，为广大同仁开展多学科融合的整本书阅读课程提供了有益借鉴。

（一）跨学科阅读课程建设"五步法"，让阅读跨"阅"学科

现实生活中遇到的问题往往错综复杂，单一领域的知识和技能难以应对复杂多变的问题，往往需要跨越学科之间的界限，整合应用多学科、多领域的知识、技能和资源，从多个角度进行分析，才能对问题有全面的认识和理解，更有针对性或创新性地解决现实生活中的问题。随着科技的飞速发展，各个领域之间的界限变得越来越模糊，具备跨学科能力的人才成为推动社会进步的重要力量，跨学科能力不仅意味着掌握多种知识和技能，更代表着一种开放、包容和综合的思考方式，跨学科

素养不仅对社会发展至关重要，也是个人成长发展必不可少的素养。

跨学科学习的重要性在现代社会日益凸显，不仅是适应时代发展需求的必然选择，更是新课标精神内涵的生动体现。《义务教育课程方案（2022 年版）》强调"加强课程综合，注重关联"，要求"加强课程内容与学生经验、社会生活的联系，强化学科内知识整合，统筹设计综合课程和跨学科主题学习"。跨学科学习方式鼓励教师打破学科壁垒，以培养全面发展的人才为核心目标；要求教师突破学科界限，持续更新自己的知识结构和教育教学理念，掌握多个领域的知识和技能，提升专业素养，引导学生综合运用多学科知识和技能去解决复杂的实际问题，培养学生的跨学科思维、整体思维、创新能力和实践能力，培养符合新时代需求的高素质人才。

如何能让阅读跨"阅"学科，这不仅需要理念的更新，更需要机制的支持。回龙观中心小学早在新课标出台之前，就在积极探索跨学科阅读课程建设。学校一方面组织教师对跨学科教学设计进行系统学习，提升教师在跨学科教学方面的理论素养；另一方面在实践中积极探索跨学科阅读课程设计的流程与方法。经过持续地探索、反思和再探索，学校教师不断尝试创新，研究不同学科之间的融合点，努力打破传统阅读的界限，最终形成了跨学科阅读课程建设的"五步法"。

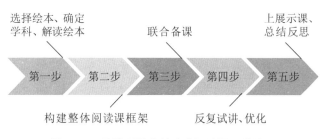

图 2.14　跨学科融合整本书阅读课开发流程

第一步，选择绘本、确定学科、解读绘本。各学科教师从各种领域和类型的经典绘本中选择，并阐明自己选择这本书进行跨学科融合阅读课的推荐理由。各学科教师与学科主管从中甄选绘本、确定学科、解读绘本，深入理解其内涵和教学价值，为后续的跨学科教学奠定基础。

第二步，构建整体阅读课框架。在学校"全学科"阅读负责人的带领下，各学科教师共同构建整体阅读框架，挖掘学科融合点，明确整合阅读目标，梳理重难

点，设计各学科阅读环节及阅读策略，规划试讲及研讨的时间节点等，保证跨学科整合阅读课程的顺利进行。

第三步，联合备课。各学科教师根据跨学科融合阅读课框架进行联合备课，并与相关学科教师紧密地沟通联系、对接融合，确保教学内容的连贯性和完整性。

第四步，反复试讲、优化。各学科教师在每一次试讲和研讨的基础上，不断优化跨学科融合阅读课框架、教学设计、教学方式等从整体到细节的各部分教学准备工作，并邀请相关专家和教研员亲临指导，为课程改进提供宝贵的建议。

第五步，上展示课、总结反思。这一步为下一轮课程的优化和改进提供实践经验和依据。在选择阅读材料，确定教学目标，打磨教学设计，反复磨课，开展教学反思等每一个步骤中，学校各学科教师都经历了无数的挑战，倾注了巨大的努力，为学校跨学科融合整本书阅读课程建设稳步发展贡献力量。

在跨学科阅读课程建设的"五步法"的指引下，各学科主动打破学科壁垒，梳理阅读材料的各学科教学元素，挖掘学科融合点，将各学科阅读内容进行巧妙融合。通过持续地深入研究，学校跨学科阅读课程的建设也取得了丰富的成果，形成了《比利的书》《金老爷买钟》《超级大桥通车了》等一批跨学科融合视域下的整本书阅读探索课。

表 2.3　跨学科融合整本书阅读探索课（部分）

序号	课题名称	涉及学科
1	《比利的书》	语文、美术、数学、科学、英语、体育、道德与法治
2	《金老爷买钟》	语文、数学、美术、英语
3	《超级大桥通车了》	语文、数学、科学
4	《池上池下》	语文、数学、科学
5	《清明上河图》	语文、美术
6	《盘中餐》	语文、劳动、道德与法治
7	《八音的秘密》	语文、音乐、舞蹈
8	《SOS——地球在呼救》	道德与法治、美术
9	《老鼠学画画》	美术、舞蹈

"五步法"的设计与应用，不仅为跨学科融合整本书阅读课程的建设提供了有力保障，还使得阅读课程的开发更加系统化、规范化。这一流程的建立，不仅确保

了课程内容的丰富性和教学活动的高效性，也促进了教师之间的交流与合作，加快了教师的专业成长步伐。通过这一连贯、有序的教学设计流程，跨学科融合整本书阅读课程建设逐步走向高效，进一步激发学生的阅读兴趣，培养他们的综合素养，为学生的全面发展奠定了坚实的基础。

（二）两种阅读课堂组织形式，让阅读融会贯通

在跨学科融合整本书阅读课程的探索过程中，各学科教师根据课程内容所涉及的不同学科知识深度和学科融合的程度，将跨学科融合整本书阅读课型分为两类：第一类课型是多学科教师共同备课、授课。这类课型相关的课程内容往往涉及专业性比较强的多学科知识，单一学科教师难以驾驭课堂；而通过跨学科的活动设计，不同学科教师有效认领任务，让课堂探究活动更加有序、有效、有深度，让学生在多学科知识的交融中，获得更全面的理解和更深层次的思考。第二类课型是多学科教师共同备课，由单一学科教师授课。这类课型涉及的多学科内容往往主次分明，以某一学科为主，其他学科为辅，通过跨学科教学任务的设计与辅助，一位主学科教师能够全程执教，增加教学的连贯性和流畅性。在这两类课型中，最重要的是多学科教师的共同备课，确保跨学科融合教学内容的科学性和准确性、教学方法的多元化。在不同类型的跨学科融合整本书阅读课中，各学科教师充分发挥育人合力，不断打开阅读的宽度和深度，共同促进学生核心素养的提升。

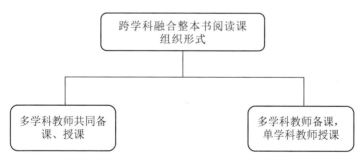

图 2.15　跨学科融合整本书阅读课组织形式

1. 多学科教师共同备课、授课

在多学科融合整本书阅读教学中，采用多学科教师共同备课和授课的课型，有助于全面挖掘和整合不同学科的知识资源，促进教师之间的深入交流与合作，使之

相互借鉴教学方法和策略，共享教学资源；为学生提供一个更加宽广的学习视野，激发学生探索未知世界的热情，帮助学生在不同学科的交融中，从多个角度和层面去理解和分析问题，培养创新思维和解决问题的能力，形成跨学科的知识体系和综合思维能力。

在这样的课型中，回龙观中心小学各学科教师总结了两个共同授课的重要步骤，让多学科融合的整本书阅读课顺利开展。一是分学科阅读，各学科教师基于任务驱动，发挥各自学科的特点，运用适合本学科的阅读策略及方法，培养学生学科素养，提高综合阅读能力。二是跨学科融合阅读，各学科教师共同确定阅读策略、方法、人文主题等，促进学科间学习内容与教学方法的交融，既凸显学科的独特性，也体现跨学科融合的融通性，共同推动学生综合能力的发展。

以语文、数学、科学三个学科教师共同备课、授课的六年级《超级大桥通车了》一课为例。上课过程中，首先采用分学科阅读的方式，语文、数学、科学三个学科教师分别引导学生从不同的角度开展阅读活动，学生从阅读中感悟工程师高超的智慧、严谨的工作态度以及团队合作的精神，进而激发学生的民族自豪感。

图 2.16 《超级大桥通车了》课堂精彩瞬间

　　语文学科的阅读首先以视频导入，激发学生阅读兴趣；再通过梳理绘本内容，带领学生系统回顾阅读内容；然后以小组讨论的方式，选择建造过程中的一个难题进行交流汇报，引导学生深入理解建造过程的艰辛和其中蕴含的智慧，加深对建造过程的理解，引导学生对阅读内容形成从点到面、从文字到内涵的理解。

《超级大桥通车了》跨学科阅读教学设计（语文学科部分）

一、激趣导入，揭示绘本题目

视频激趣，揭示题目。

　　▷ **设计意图** 观看建造港珠澳大桥的短视频，激发学生的阅读兴趣，引导学生理解港珠澳大桥建造过程的科学性。

二、介绍概况，梳理绘本内容

（一）联系鸟瞰图介绍概况，梳理绘本主体内容

预设：桥梁—人工岛—海底隧道

（二）结合第二页图文，说明港珠澳大桥的建造缘由

　　▷ **设计意图** 回顾大桥建造过程，为后续聚焦桥、岛、隧，以及解决建造中的难题奠定基础。

三、小组交流，感受人文情怀

（一）提出讨论话题，组内交流读书成果

聚焦一个板块	遇到的难题	怎样解决	感受如何

　　依据学习单，每个小组聚焦到桥、岛、隧其中的一个部分，找到组内认为建造中最难以解决的难题，并进行自主学习，小组内交流读书成果。

（二）依据核心问题，分组交流

依据桥梁、人工岛、海底隧道这样的描写顺序进行集体交流。

1. 桥梁

（1）海豚桥塔：抓住高度、重量、吊装的难题，结合旁边小图和教师的简单演示理解吊装桥塔的建造过程，体会吊装桥塔的建造难度，感悟工程师的高超智慧。

（2）中国结桥塔：抓住安装位置、重量、误差不能超过2毫米的难题，体会分部安装等关键词句，结合旁边小图，讲解安装过程，感悟中国工程师的高超智慧。

（3）风帆桥塔：抓住高度超限这个难题，结合旁边小图，体会在分步解决问题的过程中工程师的高超智慧和创新技术。

（4）引导提升：关注三座桥塔的造型，它们各具特色，各有建造难度，但工程师都有解决的办法。引导学生进一步体会每座桥的设计匠心，感受工程师的高超智慧。（相机板书：高超智慧）

2. 人工岛

聚焦钢圆筒运送：通过"躺、站、迎风傲立、威武壮观"等词语感悟运送时的难度，体会运送的小心翼翼，同时体会语言具体、生动的特点以及绘本具有的文学性。（板书：文学性）

3. 海底隧道

（1）聚焦挖基槽

挖泥误差：结合前环衬的信息，了解抓斗式挖泥船每次挖泥误差不能超过0.5米的难题，感悟工作人员的精湛技术。

海床塌陷：图文结合，了解多种船只协同工作的情况，体会团队合作的重要性。

人工作业：借助图画和关键词句，理解人工作业的艰难和工作人员严谨的工作态度。

指导朗读：朗读描写挖基槽过程的文本，体验人文精神。

（2）聚焦最终接头

理解"最终接头"的概念。围绕主要问题：可能遇到什么难题？怎样解决的？从中你能感受到什么？深入理解、感受海底沉管隧道全线贯通的喜悦。

⊙ **设计意图** 通过聚焦桥、岛、隧三个过程的最大难题，引导学生从绘本中提取信息，加深对建造过程的理解，感受建造团队的精神品质，激发民族自豪感。

四、总结学习，衔接数学学科

（一）总结语文学科学习

超级大桥终于通车了。在整个大桥的建造过程中，遇到的难题数不胜数。面对着一个又一个困难，工程师们一次又一次攻坚克难，历经了千辛万苦让我们深刻感受到工程建设者的高超智慧、严谨态度和团队合作的精神。这些成功的必备因素说明这座超级大桥不仅是一座桥，更是凝结中国力量的创举。

（二）引出数学学科

运用数学阅读策略，深入走近这座超级大桥。

▶ **设计意图** 这一环节在整个课堂中起到承上启下的作用。教师引导学生回顾内容，通过语言文字感知建造过程之难，为接下来的数学学科教学做铺垫。

数学学科从结合预习单整理数据开始，以分析数据、联系生活的方式对"高度、重量、误差、大小"四个数学中的概念进行阅读、观察、体会；请学生找到绘本中的相关数字，举出生活中的事物实例进行对比、联想，并谈自己的感受；引导学生理解超级大、超级难但误差超级小的建设成就，进而感受数学知识在生活中的巨大作用，激发学生对中国工程建设的自豪感和钦佩之情，再次激发学生的民族自豪感。

《超级大桥通车了》跨学科阅读教学设计（数学学科部分）

一、衔接语文，导入谈话

通过语文阅读，同学们初步感受到建设大桥过程中，工程师的高超智慧、严谨态度和团队合作的精神。在数学课上，我们一起用数据说话，借助数据再次感受大桥的"超级"。

▶ **设计意图** 与语文学科做好衔接，引导学生换个视角看待绘本，再次激发学生研读兴趣。

二、整理相关数据

（一）收集数据

结合自主预习单进行汇报，并阅读相关数据。

（二）数据分类

根据数据表示的意思进行分类。

预设：高度　重量　误差　大小（面积）

▶ **设计意图** 通过对数据的整理与收集，学生从高度、重量、误差、面积四大方面初步感受超级大桥的宏伟壮观以及施工难度。

三、分类全班交流

（一）高度

1.观察高度数据，初步感受。

2.聚焦"海豚桥塔35层楼"，谈一谈理解。

3.感受生活中120米的高度，进行对比、想象。

4.小结收获：通过联系生活进行对比，想象安装过程，再谈感受。

（二）重量

1.聚焦"海豚桥塔600头大象"，谈一谈理解。

2.结合鸟巢体育场，感受生活中60000人的规模。

3.阅读原文，明确安装方法。

4.通过追问"每次只能移动3米"，感受安装的困难。

5.教师模拟安装过程，学生感受工程师的高超技术。

（三）误差

1.展示误差数据，与高度、重量数据进行对比，凸显高度、重量之大与误差之小，感受大桥的施工难度。

2.动手比一比，了解生活中2毫米的长度。

3.借助绘本动手实践，体验安装误差的微小，引导学生把书与桥塔进行对比，谈感受。

4.小结提升，引导学生体会"精益求精"的精神。

（四）面积

1.聚焦钢圆筒的横截面，结合已知数据，自主探究直径数据，并计算出横截面面积。

2.结合钢圆筒的高度，计算钢圆筒的体积。

3.再次结合操场数据和钢圆筒的体积，计算所需沙子数量，感受体积之大。

4.闭眼想象120个钢圆筒的体积，教师语言引导，使学生体验数据之大，自主理解并谈感受。

> ▶ **设计意图** 借助收集整理的数据，从高度、重量、误差、面积四方面引导学生用数学的眼光，并结合生活实际，真正感受数据之大、施工之难，体会工程师的高超智慧、严谨态度以及团队合作的精神，再次激发学生的民族自豪感。

四、总结学习，衔接科学学科

（一）总结数学学科学习

1. 总结认识与理解工程难题的方法：联系对比、想象体验、计算感知。

2. 引导学生谈思想上的收获：感受工程建设者的高超智慧、严谨态度和团队合作的精神。

（二）引出科学学科

这是一本科学工程绘本，科学学科的阅读一定最具特色。

科学学科则在语文和数学阅读获取必要的信息和证据基础上，从沉管对接导入，引导学生从科学学科的视角阅读图文信息，进行分析和思考，再通过模拟体验、模拟实验等科学探究活动，不断发现问题、解决问题，从而深入理解沉管隧道对接的建造原理，感受科学学科的魅力和科技创新的力量，进一步激发学生的求知欲和民族自豪感。

《超级大桥通车了》跨学科阅读教学设计（科学学科部分）

一、衔接语文、数学学科导入谈话

聚焦"沉管对接"：绘本中呈现的科学技术非常多，请同学们将视角聚焦到沉管对接的过程，发现其中的科学问题。

> ▶ **设计意图** 承上启下，直接聚焦问题，激发学生的兴趣。

二、对绘本内容的思考与实验活动

（一）分析思考

教师引领学生对沉管对接过程进行深入细致的分析思考：

1. 提出问题，引导学生思考沉放工作的工程技术要求和遇到的难题，以及技术人员解决的办法。

预设：学生阅读并发言，包括海上作业、水下监控技术、沉放吊装技术、紧盯屏幕看沉管位置和海水浮力、流速等数据，以及沉管巨大、保证精准沉放误差小、耗费的时间和工程人员的经历等。

2.教师根据学生发言情况补充提问：谈谈"等数据"包括哪些数据。

预设：风力大小、浪涌高度、沉放驳稳定性、缆绳拉力、几个卷扬机是否同时放下等长的缆绳以保证沉管平稳、与基床的距离、是否偏离基床。

3.根据学生回答情况追问数字问题："沉管对接"经历了96个小时，小图中提到的误差不能超过7厘米，体会工程人员为此付出的努力。

预设：我国工程人员没有现成经验，需要边干边摸索，还不能失败，需要百分之百的小心，工程人员在过程中付出了难以估计的汗水与智慧。

◉ **设计意图** 教师引领学生阅读、提取和分析信息，让学生认识工程建设是一个复杂的过程，需要人力、物力以及多种技术手段。

4.板书提升：还有更多不为人知的技术难题和困难都被工程人员解决，体会工程队伍的高超智慧、严谨态度和团队合作的精神。

5.师生共同看绘本第26页图，结合文字与图画思考"最终接头"这个任务的难度。

预设：海上作业、水下安装、精准对接、兼顾两端的对接、海水流动、风浪影响。

◉ **设计意图** 通过对内容的分析，学生体会工程的困难，工程建设需要考虑和解决的诸多问题，逐步认识工程建设需要满足实际中的各种需求并最终建设出实物的过程。

（二）结合图文进行模拟体验活动

1.尝试利用材料还原最终接头的过程，教师出示实验活动材料。

2.小组内学生讨论并进行活动体验，教师巡视指导。

3.用问题引导学生谈活动感受：如何保证砖块不碰撞，还原对接工程还需要考虑的因素等。

预设：有难度，砖块很沉，手要稳定才能保证不碰，不能着急，同学之间要互相配合。

4.教师结合学生回答提问：工程中出现影响精准对接因素的解决方法。

预设：海水流动、风浪等影响导致随时需要调整角度，超大起重船保证稳定，科学手段观测水下情况。

◉ **设计意图** 结合绘本图文进行模拟实验，体验提取信息、建造模型的过程。

（三）小组合作再次尝试模拟实验

1. 思考模拟实验中的难题，还原精准对接工程。

2. 活动讲解。

3. 组员任务安排：操作员、风浪制造员、监督员、水下潜水员。

要求：

（1）监督员发现砖块相碰，立刻中止此小组的活动。

（2）在规定时间内完成"沉放对接"任务。

（3）组员利用2分钟时间讨论方法策略。

（4）学生实验活动。

（5）学生谈"沉管对接"实验的感受。

预设：工程建设需要考虑的因素很多，大桥工程的难度超出想象。

⊙ 设计意图 通过模拟活动，培养学生根据情景与需求解决问题的能力和小组合作能力，体会工程是众多人员共同合作完成的，他们在过程中克服了很多实际的困难，从而感受大桥工程建造的艰辛。

三、总结谈话激发敬佩之情

（一）总结谈话

模拟活动只是简单还原，工程建设时还要克服更多困难，解决更复杂的实际问题。

（二）激发敬意

（PPT展示鸟瞰图）祖国富强，人们才能建造这样一座超级大桥。鼓励学生对工程建设者说说心里话。

⊙ 设计意图 激发学生对大桥建设不易的感悟，以及对工程建设者的敬佩之情。

再以五年级跨学科融合阅读课《八音的秘密》为例。这是一本为少年儿童了解中国民族乐器而创作的国内原创音乐绘本。绘本故事情节平淡却感人至深，全书贯穿两条主线：一条是制作乐器的手艺人爷爷在离世后，树洞里的一封信唤醒了孙子的音乐记忆；另一条是"八音"的知识线。故事通过爷爷对"我"的言传身教，让"我"在音乐与爱中，体会到"八音"与自然的关联、与人生的羁绊，掌握解锁

"八音"的密码，发现中国民乐的奇妙与博大。

五年级语文、音乐、舞蹈三个学科的赵娜老师、金游子老师和廖丽老师围绕
"秘密"二字开展教学。教师通过布置课前自主阅读卡，引导学生初步了解故事内
容，体验作者情感，并以小组为单位，用身边的材料或简单的乐器模拟自然之声，
进一步理解"八音"，用"影子舞"的形式呈现静态造型。

图 2.17　学生小组模拟自然之声

图 2.18　学生小组"影子舞"

在课上，语文学科赵娜老师以民乐欣赏导入，引导学生初步感受民乐的旋律
之美。通过观察封面，引导学生自主提出问题，如："什么是八音？""八音的秘
密是什么？""八音的秘密可能和什么有关呢？"再通过猜测、梳理故事情节、借
助绘本色彩和文中线索、理解重点句等阅读方法，让学生在阅读中感受祖孙之间
的浓浓情意，并能够自主解答课上提出的问题，从而读懂"八音"中蕴含的传承
之意。

图 2.19 《八音的秘密》语文课堂

音乐学科金游子老师带领学生小组用"八音"模拟鸟鸣、雨滴、风、脚踏落叶等自然的声音，引导学生发现"八音"取材于自然的特点，激发学生的创造力和团队协作能力。通过聆听、模唱、合唱、演奏等音乐实践活动，体验"春之声——石磬与钟""夏之声——埙与鼓""秋之声——二胡""冬之声——阮"等乐器的特点和韵律，深入感受绘本表达的情感内涵，理解"八音"更深层次的秘密，提炼出"自然"与"人生"两个关键词，引导学生热爱中国民乐和中华优秀传统文化。

图 2.20 《八音的秘密》音乐课堂

舞蹈学科廖丽老师则以"你还想用什么方式传承'八音'"为问题导入课堂，让学生展开丰富的想象与联想，表达出可以以戏剧、绘画、舞蹈等方式传承。随后，廖老师再通过"影子舞"实践活动，引导学生进一步发挥想象力，探索身体动作与灯光、幕布之间的光影变化，思考怎样将静止的画面连贯起来，将"八音"以肢体律动的方式进行创意表达，讲述祖孙之间深厚的情感，诠释民族乐器的形与美，展现古代"八音"的魅力。

图 2.21 《八音的秘密》舞蹈课堂

三个学科教师通过层层递进的教学环节，巧妙构建了探索"八音的秘密"的绘本情境，引导学生逐步深入地理解"八音"的内涵。在语文课上，教师以绘本为载体，通过多样化的阅读方法，引导学生挖掘阅读材料的核心意义，感受文字背后的情感与韵味。在音乐课上，学生进一步拓宽阅读视野，真实体验各种民族乐器，真实感受民族乐器丰富的音色与绵长的情感表达，对绘本中描绘的民族乐器有了更加深刻的认识，拉近了他们与绘本中民族乐器的距离。在舞蹈课上，学生则将抽象的"八音"概念转化为具体的舞蹈动作，用肢体语言创意表达"八音"的秘密，进一步丰富了阅读的方式，深入理解绘本的主题思想。三个学科的整合教学，使学生在愉悦的氛围中全面地、多角度地感受和理解"八音"。这种多学科融合的美育形式极大地激发了学生的学习兴趣，丰富了学生的学习体验，让学生在多元化的学习环境中提升审美、创新思维。

这种由多学科教师共同备课、授课的教学组织形式，不仅打破了传统学科的壁垒，还充分发挥了各学科教师的专业特长。不同学科教师之间的相互学习和借鉴，拓宽了教师的教学思路和方法，也从不同角度和领域对学生进行了引导。这种跨学科的教学模式为学生提供了更丰富的学习体验，让学生能够运用多种学科的知识和方法来理解和分析阅读内容。这不仅有效提高了学生的思维能力、创新能力和解决问题的能力，而且培养了学生的跨学科意识，为他们未来的学习和生活打下了坚实的基础。

2. 多学科教师共同备课，单学科教师授课

随着课改的进一步深入，多学科之间的协同合作显得尤为关键。然而，鉴于具体跨学科融合课程中的学科知识比重和学段要求的差异，课程内容可能会更加聚焦于某一特定学科，更适合由相关学科教师辅助备课，某一主学科教师授课。这种方式可以有效解决跨学科教学过程中主与次的关系，使各学科教学在同一主题下各司其职，既能够凸显主要内容，也能展现出学科间的交叉融合之美，提升学生的学习体验，让他们在学习的过程中能够感受到不同学科之间的紧密联系和相互渗透。

在回龙观中心小学多学科融合整本书阅读教学中，第二类课型就是依据教学内容中学科的主次关系，打破传统单一学科的教学界限，让各学科教师深入研究本学科的教学内容，充分利用各学科之间的关联性，由多学科教师发挥合力，系统设计教学任务，增强教学内容、教学方式方法的融合性，再由一位主学科教师进行授课，使各学科知识相互渗透，形成一个有机的整体，确保学生在多学科交叉的环境中获得更加丰富的学习体验，培养其独立思考、解决问题的能力，提高其综合素养。

这种多学科教师共同备课、单学科教师授课的教学组织形式，在提升单学科教师的专业素养方面发挥着积极作用，有效促进了教师间的交流与合作，推动教师对教学方法的创新。通过交流与合作，教师拓宽了学科视野，学习、借鉴其他学科的教学方法和技巧，结合自身的教学实际进行创新和优化，探索更加符合学生需求的教学方式，提高教学效果。这种形式更推动了教师个体对跨学科知识的深入研究和探索，让教师打破传统的教学模式，跳出固有的思维模式，了解其他学科的相关知识，丰富自己的知识体系，更好地将不同学科的知识进行融合和贯通，从更加全面、多元的角度审视教学内容，精准把握教学重点和难点，为教育教学工作和个人专业成长打下坚实基础。

以《比利的书》阅读课为例。《比利的书》曾荣获密西西比木兰图书奖提名、国际阅读协会教师选择奖，作者是美国著名作家、插画家、奥斯卡最佳短片奖动画导演——威廉·乔伊斯。这是一本新颖的"书中书"，作者把自己的处女作——小学四年级时参加图书大赛的那本《一个绿鼻牛的故事》也装订进了本书中。绘本以丰富的想象力和乐观的生活态度，讲述作者童年的经历，鼓励孩子坦然接纳自己的不同，找到自己擅长的方向，也启发成人打破刻板印象，发现孩子的多样性，并给

予他们更多包容和鼓励。

　　《比利的书》涉及多个学科的知识和场景，为了更好地解读文本，学校的语文、美术、数学、科学、英语、体育、品德与社会等多个学科教师共同参与备课，深入挖掘文本中的跨学科元素，寻找体现本学科的阅读点和与其他学科的连接点，旨在将阅读融入学生的日常生活中，培养学生的综合素养，提高学生跨学科的思维能力和解决问题的能力。经过各学科教师的多次集体备课，最后由语文老师赵娜执教这样一节多学科融合视域下的整合式阅读课。

　　赵老师立足于学生阅读能力的提高，通过梳理自主阅读成果、小组合作阅读、组织微辩论等方式，带领学生走进比利的学习与生活，引导学生从多角度提取信息、整合信息、形成解释，多角度认识比利的人物特点，发现大书和小书之间的联系，以及现实生活和想象中生活的联系。赵老师通过组织学生深入阅读图文，结合各学科教师对故事人物的理解，引导学生结合绘本中人物的语言、行为、神态、画面等因素，体会人物的内心想法，分析、交流故事中主要人物的特点，感受想象力、创造力以及身边人的鼓励对于成长的重要性，再通过多角度评价主人公，引导学生正确看待周围人对主人公的影响，学会辩证看待问题，从而形成正确的价值观。

图 2.22　《比利的书》跨学科融合整本书阅读课

《比利的书》跨学科融合整本书阅读教学设计（部分）

一、依据导读单，梳理自主阅读成果

（一）梳理绘本的内容

同学们，这节课我们共读绘本——《比利的书》。课前我们已经做了导读单，现在，谁来结合导读单说说：绘本讲了什么故事？

预设：故事内容分为四个部分。

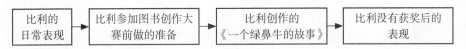

| 比利的日常表现 | → | 比利参加图书创作大赛前做的准备 | → | 比利创作的《一个绿鼻牛的故事》 | → | 比利没有获奖后的表现 |

（二）回顾学生提出的问题

课前以小组为单位，提出了与读懂故事、认识人物相关的有价值的问题。我们一起借助阅读单回顾一下。

预设：

1. 比利是个怎样的孩子？

2. 周围的人是怎样对待比利的？

3. 比利的书这么受同学喜欢，却连鼓励奖都没有获得，他的书该不该获奖？

▶ **设计意图** 借助前期阅读，交流绘本故事内容，学生整体感知内容，明晰故事结构。回顾与读懂故事、认识人物相关的有价值的问题，作为本节课需要重点解决的问题。

二、小组合作，读懂故事中的人物

过渡：这节课，我们就带着这些问题再读绘本，先来感受比利是个怎样的孩子。

（一）多角度认识比利，感受主人公的特点

阅读提示：

1. 再读绘本，思考：比利是个怎样的孩子，并和小组同学说说自己的想法。

2. 组长分配任务，做好交流准备。

1. **联系故事内容，初识比利**

预设：

（1）故事板块第一部分：比利的日常表现

结合比利喜欢阅读的画报内容，在数学试卷上涂鸦，在体育课上发明体育

运动，抓住图画细节：比利穿越到不同时空，把自己想象为故事的主人公；在吃饭时，比利戴着自创的帽子把盘子里的食物摆成不同的造型，体会比利喜欢做感兴趣的事，不墨守成规，甚至有些随心所欲的特点，同时感受他丰富的想象力、创造力。

聚焦并思考：以比利发明体育运动项目这件事为例，结合图画观察比利发明的体育器材和装备，交流体育知识，体会他把多个体育项目结合在一起的想象力和创造力。

板书：想象　创造（出示图片气泡图）

（2）故事板块第二部分：比利参加图书创作大赛前做的准备

结合比利所借书籍的不同主题，比利奋力托住摇摇欲坠的图书的场景，以及回到家中比利努力准备的样子，体会此时的比利面对自己喜欢的事情时那种认真、专注、投入。

板书：专注　投入

（3）故事板块第三部分：比利创作的《一个绿鼻牛的故事》

结合小书的内容：小书中的比利成为天才数学家；把豌豆变成巧克力豆；会飞、会隐身；能倒背百科全书；成为万能男孩。

结合小书的创作形式：不拘一格的文字和图画的布局；文字颜色的使用。感受比利创作时思维活跃、想象力和创造力丰富的特点。

（4）故事板块第四部分：比利没有获奖后的表现

联系比利参赛前后的神态变化、同学们对比利的书的喜爱，以及两幅回家路场景中比利的变化等细节，体会此时比利内心对梦想的坚持与追求。

▶ 设计意图 引导学生联系绘本的四部分内容，抓住故事内容和图画细节，体会比利超凡的想象力和独特的创造力，做喜欢的事情时的专注、投入，以及对梦想的追求和坚持。

2. 比对大书与小书，再品比利

聚焦小书和大书的内容，我们试着找一找它们之间的联系。你发现了什么？

预设：

大书中的比利	小书中的比利
学不好数学	成为最伟大的天才数学家：能做对最难的数学题，能给美国总统解答疑惑
不吃豌豆	把豌豆变成巧克力豆
想让运动变得有趣	会飞、隐身术
想让上学变得有趣	倒背百科全书
想成为超级英雄	成为万能男孩

小结：在现实生活中想做但没有做到的事情，通过比利的创作——《一个绿鼻牛的故事》这本小书得以实现。这让我们看到了比利超凡的想象力和他对美好愿望的追求、坚持。

▶ 设计意图 引导学生通过寻找大书和小书之间的联系，走进人物内心，感受比利渴望变化以及对美好愿望的追求。

3. 通过图画特色，深悟比利

预设：

（1）结合小书中图画的细致线条、黄色的牛皮纸，以及富有生命力的绿色字体，体会比利天马行空的想象力和随心所欲的画法。

（2）结合大书的图画，如抱书页、青蛙页、结尾回家路上页等，感受图画的趣味与丰富的想象。

小结：表达思想与情感，不仅可以通过说话和写作来实现，还可以通过图画来表现。通过刚才的交流，我们充分体会了图画叙事的功能，非常有趣。

▶ 设计意图 引导学生结合小书中不拘一格的画风、字体的色彩，感受书的有趣，体会比利丰富的想象力和创造力。同时，通过图画表达的形式，学习绘本阅读。

三、组织微辩论，评价比利的小书

（一）讨论：比利的书该不该获奖

比利的书连鼓励奖都没有获得，却是学生最喜欢的书，他的书该不该获奖？

预设：

该：书的形式新颖，表现了超凡的想象力。内容也描写了学生在现实生活和学习中存在的而不能实现的问题，反映了大部分孩子的心声。

不该：没有按照比赛的规则创作，随意性强。

（二）设置特殊奖项

认为应该获奖的同学，请你根据小书的内容、形式以及图画的特点，给比利的书设个奖项吧！

预设：内容"精彩有趣奖"、想象"天马行空奖"、图画"自由创作奖"等。

▶ **设计意图** 通过微辩论以及为没有获奖的小书设置奖项，引导学生思辨地看待和评价比利的书，进行审辨思维的启蒙教育。

四、体会重要他人对比利成长的影响

面对这样与众不同的比利，故事中的其他人物是怎样对待他的呢？请你结合故事情节或图画细节说一说。

（一）读懂态度，体会成长

预设：

结合在接到学校老师的留言条时，家人没有批评、指责；在比利专注比赛创作时，家人露出欣喜的目光；比赛失利，家人露出与比利一样失落的神情，感受家人对比利的包容、理解。

结合比利还书时沮丧的举动和表情，图书管理员鼓励的眼神和赞许的笑容，感受图书管理员对比利的鼓励、肯定。

结合校长在成绩单上写"希望明年看到你的新作品"和想象力这项给予双倍分值，感受校长对比利一直以来的关注和保护。

结合同学们坐在图书馆一角争相阅读比利的书和同学们关于比利的书的对话，以及一起开心走在回家的路上的场景，感受同学对比利的认可、欣赏。

小结：在这个故事中，他们善意的举动和耐心的鼓励、包容，以及尊重、认可、关心、关注，正是这一切使得比利一直保持着超凡的想象力和创造力，让比利重拾信心，露出笑容，重新回到了追梦的起点……（板书：包容、鼓励、关心、关注……）

（二）朗读语句，体会成长

（三）借助资料，体会成长

借助资料，作者威廉·乔伊斯取得了怎样的成就？

威廉·乔伊斯是美国著名作家、插画家和梦工厂电影《守护者联盟》的执行制片人，获得三次艾美奖，著作《神奇飞书》获得奥斯卡最佳动画短片奖。

▶ 设计意图 引导学生读懂对比利的成长起重要作用的他人的态度，借助资料，体会他人的包容和鼓励对成长的重要性。

五、提出实践活动，引发创编思考

既然我们也喜欢《一个绿鼻牛的故事》这样的小书，那么我们下节课进行绘本创编实践活动：写一本专属于自己的书。就让我们带着思考结束本节课的阅读吧！

▶ 设计意图 借助"绘本创编"实践活动，引导学生继续感受想象的神奇和有趣。

再以一节五年级科学绘本《池上池下》跨学科融合整本书阅读课为例。这节课由语文学科孙卓老师、科学学科王非老师和美术学科张利老师共同备课，科学学科王非老师执教。《池上池下》这本书的作者是生态绘本画家邱承宗，该书曾荣获第一届丰子恺优秀儿童图画书奖和第三十三届金鼎奖——最佳科学类图书奖。全书以蜻蜓的一生为主线，以情景交融的文字和细腻写实的画，描写了麻斑晏蜓的一生和池边的昆虫物种，展现出作者对生命的细腻观察，为读者创造了一个值得微观细品的小小生态世界。

在这堂课上，王老师巧妙地运用了多种阅读方法和教学手段，不仅提高了学生的文学素养和艺术鉴赏能力，还培养了他们的观察能力、质疑精神和科学精神。课程伊始，王老师带领学生在舒缓的背景音乐中共同朗读古诗，让学生沉浸于古人的文学韵味之中。接着，通过细致观察绘本图画，王老师引导学生深入体会作品的人文内涵。

王老师还巧妙地利用阅读材料和话题讨论，激发学生的质疑精神和科学探究欲望，引导学生通过网上搜索来验证自己的猜测，这一过程不仅锻炼了学生的信息检索能力，也培养了他们的批判性思维。为了更深入地了解蜻蜓的生命周期，王老师鼓励学生在春天共同养蜻蜓，观察蜻蜓羽化的过程，这一实践不仅培养了学生的科学精神，也培养了科学探究能力。

最后，王老师通过引导学生观察绘本画面色彩的变化，不仅让学生发现了绘画技巧，还培养了他们的观察和记录能力。同时，他再次对绘本的人文内涵进行深入解读，使学生在欣赏艺术的同时，也深刻体会到画面体现的人文情怀。

图2.23 《池上池下》整本书阅读课堂

谈及这样一节多学科背景的综合课程的实施，王老师感慨良多。他说："当我站在讲台上，我深深感受到了这样一节综合课程的魅力和挑战。传统的单学科教学模式往往局限于本学科的框架内，而跨学科阅读则要求我将不同学科的知识进行融合，形成一个有机的整体。为了上好这门课，我不仅需要深入钻研本学科的知识，还需要了解其他学科的相关内容，这种挑战促使我不断更新自己的知识结构，提升自己的专业素养。这种形式拓宽了我的教学视野，也激发了我对知识的探索和课堂创新的热情，我开始尝试将跨学科的理念和方法融入日常教学中，让课堂变得更加生动、有趣和富有启发性。我相信，这种教学模式的改革将会为学生带来更多的学习乐趣和成长空间，促进学生的个性发展和全面成长。"

《池上池下》跨学科阅读教学设计（部分）

一、激趣导入，走进绘本

（一）朗诵古诗

朗诵古诗《野池》，走进绘本。

（二）观察绘本封面与扉页

观察绘本封面与扉页，开启阅读之旅。

▶ **设计意图** 通过诗歌引入，观看绘本封面和扉页，激发学生的阅读兴趣。

二、聚焦问题，对蜻蜓羽化过程描述的质疑与思考

（一）思考麻斑晏蜓的羽化过程

了解麻斑晏蜓从水虿到成虫的一生，说一说：你从麻斑晏蜓的羽化过程中知道

了什么？

（二）引发话题

学生阅读绘本第 28 页图文，并有依据地说明自己对蜻蜓羽化过程真实性的判断。要求：发言先讲观点是真或假，然后说依据。

学生自主阅读后交流三到五分钟，教师巡视，进行指导、交流。

全班交流预设：是真的，因为作者记录很详细。不是真的，因为与我在网上看到的内容不一样。不是真的，羽化时间感觉没有这么长。

> ▶ 设计意图 亮明观点，揭示主题，提出问题，激发学生的学习兴趣。

（三）质疑求证

质疑：科学研究从质疑开始，怎么验证真假？（板书：质疑）

预设：查资料，观察，问专家，搜索网络信息。

> ▶ 设计意图 引导学生有理有据地质疑与思考，认识科学研究的第一要素是质疑。

（四）搜集证据

1.思考求证方法：需要搜集证据，此时此刻哪种方法最可行？（板书：搜集证据）

预设：查询网络信息，请教老师。

2.教师打开网页，引导谈话：搜索的关键词是什么？

预设：蜻蜓羽化过程、蜻蜓蜕变、蜻蜓羽化时间。

3.展示网页资料：看一个视频，打开两或三个网页看资料。

提出问题：网上的证据是否有说服力？

预设：网上的信息也不全；网上的信息也不一样，不知道哪个对。

4.谈话：网上的资料解答我们的疑惑了吗？为什么？

预设：信息不全、信息不详细。

再次亮明观点：对于各种证据与信息，我们还要判断、分析。（板书：分析证据）

> ▶ 设计意图 引导学生认识搜集证据是科学研究的重要环节，对证据仍要进行分析，保持质疑的精神。

（五）观察实践

1.教师展示绘本编辑向作者咨询观察蜻蜓的信息截图，学生感受作者长期观察与记录的艰辛。（板书：观察）

2.提问：要知道蜻蜓羽化过程的真实情况，你应该怎么做？

预设：观察，做记录，并带上观察工具。

小结：强调质疑与验证是科学研究的重要精神。（板书：验证）

⊙ 设计意图　通过对一个问题的思考，学生认识到科学研究是一个不断质疑和验证的过程，让学生从阅读中体会科学的质疑精神。

三、引导学生对香蒲生长的质疑及验证

（一）了解香蒲的生长时期

对香蒲的生长时期质疑。

（二）天气与生长

展示中国台湾地区的天气与香蒲生长习性的资料。

（三）寻求验证途径

展示与绘本作者咨询香蒲生长月份的信息截图，说明向作者求证和观察是最好的验证途径。

教师小结：保持质疑精神，探求真理与事实，这就是科学研究的精神。

⊙ 设计意图　再次向学生传播质疑的科学精神，让学生在课堂中加深对"质疑、求证、再质疑、再求证"的科学研究方法的认识。

四、前后对比，感悟内涵

（一）提问

观察绘本最后一页，对比绘本前后色彩的变化，说说有什么发现。

预设1：引导学生观察画面的颜色，画面是灰色的，与前面明艳的色彩形成鲜明的视觉对比。

预设2：引导学生结合画面的内容观察：草丛中有人类扔掉的易拉罐，被污染的环境，一只已经死了的蜻蜓，告诫人类要保护生态环境，增强环保意识。

（二）小结

每种生物都是生态链中不可或缺的一部分，千万不要小看一只蜻蜓的死亡，生态链中任何一个环节的缺失，最后影响的都是人类自己。

> ▶ **设计意图** 联系并对比绘本前后图画色彩的变化，引导学生发现图画中的生死不仅仅是生态的循环，还隐喻着保护环境的大义。

通过跨学科融合整本书阅读课程的深入探索，教师不仅实现了学科知识的有机整合，还促进了教学方法的创新与多元化。无论是多学科教师共同授课的课堂，还是单一学科教师在多学科支持下的授课，共同备课的过程都是确保教学内容科学性、准确性的关键。这种跨学科的教学模式，不仅拓宽了学生的知识视野，也加深了他们的思考深度，有效提升了学生的核心素养。

三、回归教材，以整本书阅读推动国家课程校本化

随着阅读课程的改革与推进，越来越多的学生爱上阅读，学生们在书海中畅游，享受着知识与智慧的滋养。然而，由于学生的大部分时间都在校园中度过，国家课程的学时占据学生大多数的校内时间，要想让学生真正提高阅读能力，强化阅读效果，就不能仅仅在外围开展，而是应该回归国家课程之中，充分利用学生的校内学时，将阅读与国家课程结合，加强课堂教学与阅读教学的深度融合，推动国家课程校本化。通过阅读带动学习方式的变革，在全面提高学生阅读素养的同时，也提高学生自主学习的能力。

为了实现这一目标，回龙观中心小学克服重重困难，采取了一系列有效措施：一方面，学校各学科积极建立"1+X"阅读课程体系，将阅读与大单元教学和大概念教学深度融合，使融合课程更适合本校学情，让学生在课堂学习中体验阅读的乐趣和作用；另一方面，学校集各学科教师之力，精心打磨"导读课＋交流课＋实践课"三大课型，探索"全学科"阅读教学的新路径。此外，学校还注重从学科特征出发，将阅读与学科特色相结合，以阅读带动学习方式变革，促进学校整体育人方式的变革。

（一）立足核心课程，建立"1+X"阅读课程体系

阅读在大单元教学和大概念教学中发挥着举足轻重的作用，既是串联知识点、整合与拓展知识、构建知识体系的桥梁，也是促进学生主动探索、积极思考、变革学习方式的助推器。在大单元教学中，围绕同一主题开展阅读活动，有助于学生通过阅读

获取更广泛的信息，从而拓宽学习视野，提升认知深度，深入学习和理解大单元教学内容，更好地理解和掌握课堂知识，也能激发学生对未知领域的探索欲望，培养自主学习能力。通过大概念教学开展阅读活动，则有助于学生主动构建和拓展知识结构，理解和把握知识的全貌，建立整体性思维，促进跨学科学习和综合能力的发展。

因此，回龙观中心小学在已有整本书阅读课程探索经验和成果的基础上，立足核心课程，建立"1+X"阅读课程体系，"1"指以一个大单元或一个知识体系为中心，"X"指围绕主题的多本书、不同学科的阅读材料。"1+X"阅读课程体系将阅读教育与大单元教学、大概念教学紧密结合，基于国家教材开展大单元和大概念主题下的阅读拓展，让阅读成为助推大单元教学、大概念教学走向纵深的抓手，不仅推动着国家课程校本化实施，也促进了学生自主学习。

1. 语文：结合大单元教学，构建"1+X"阅读课程体系

《义务教育课程标准（2022年版）》提出了"大单元教学"和"单元整体教学设计"改革的要求，立足素养本位的大单元教学是当前教育教学改革的重点领域。大单元教学通过整合相关知识点，构建完整的学习单元，使学生在学习过程中能够建立知识的内在联系，从而更加全面、深入地理解知识、掌握知识、应用知识。大单元教学强调不同学科之间的联系和融合，使学生在学习中能够发现学科之间的相互关系，培养跨学科思维。在学习过程中，学生需要运用不同的思维方式和方法来解决问题，培养综合素养。

早在新课标出台之前，回龙观中心小学语文组就开始了单元主题式教学的尝试。

新课标出台后，语文组更加坚定了这样的探索与尝试。语文组基于国家教材，甄选适合的整本书作为阅读补充，构建"1+X"大单元阅读课程体系，其中"1"指一个单元，"X"指用于拓展的多本书。根据不同单元的特点，教学策略也有所区别。语文学科"1+X"课程体系主要分为两种形式：一种形式是在一些教学单元中，教师先进行单元内几篇课文的阅读教学，然后将甄选的同主题的多本书进行整合阅读，让学生从多个角度深入理解主题；另一种形式是教师将这一单元中的每篇课文分别对接一本书，进行课内外整合阅读，实现课内外阅读的有机结合。

图2.24 学校"葵园朗诵会"海报

以语文一年级上册"探索自然之美"单元的"1+X"阅读课程体系设计为例。为了激发学生的阅读热情，吴晶晶老师结合学校"葵园朗诵会"的活动设计，配合"葵园朗诵会"闯三关的任务链，整合教材内容，共设计了三大任务，共10课时。

任务一为"我会结交新朋友，我要建立新团队"，在这一任务中，吴老师用1课时开展单元导读，发布活动任务，组织学生进行自我介绍，结交新朋友，培养其社交能力和团队意识，以匹配学校"葵园朗诵会"活动的第一关设计。

任务二为"组队朗读大闯关，比赛门票我能赢"，在这一任务中，吴老师巧妙地结合教材中的朗读内容，设计了一系列朗读任务。学生需要组队进行朗读大闯关，用8课时完成"秋天之中寻丽声——学习《秋天》和拓展绘本《在秋天》""星空之中寻丽声——学习《小小的船》""江南之中寻丽声——学习《江南》+识字加油站""四季之中寻丽声——学习《四季》+字词句运用"四个活动，获胜小队将赢得碎片拼出门票，以匹配学校"葵园朗诵会"活动的第二关设计。这种方式增加了活动的趣味性和竞争性，激发了学生的参与热情。

尤其值得一提的是，在任务二中，吴老师结合"探索自然之美"这一单元主题，搭建了单元阅读框架，根据课时安排和教学内容，设计拓展阅读任务，包括六本书和一首古诗。例如，在学习课文《秋天》时，拓展阅读任务为《在秋天》；在学习《小小的船》时，拓展阅读任务为《月亮船》和《月亮和小船》。通过将课内与课外材料的有机整合，深化学生对单元主题的感知与感受，加强对知识的深入学习与理解。

表 2.4 "探索自然之美"单元阅读框架

教材内容	拓展阅读内容
《秋天》	绘本《在秋天》 作者：凯文·汉克斯
《小小的船》	《月亮船》 作者：林海音 《月亮和小船》 作者：沈石溪
《江南》	《忆江南》 作者：白居易 《圆圆的夏天》 作者：刘建华
《四季》	《会唱歌的小鸟》 作者：胡木仁 《寒冷的冬天》 选自《儿童故事画报》2020 年第 48 期

任务三为"我是最佳朗读小达人，我要参加葵园朗诵会"，在这一任务中，吴老师用1课时进行班级朗诵初赛，学生在班级中展示自己的朗读成果，每班前三名获得参加"葵园朗诵会"的决赛名额，以匹配学校"葵园朗诵会"活动的第三关设计。吴老师以比赛的方式，给了每一位学生展示自己的舞台，增强了学生的自信

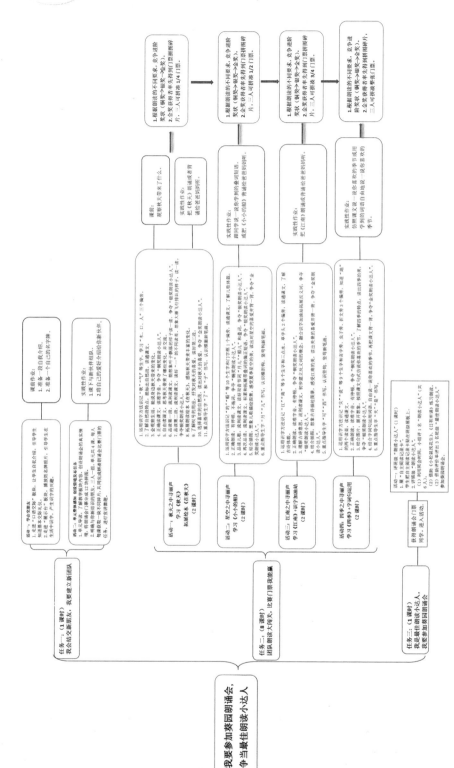

图 2.25 语文一年级上册 "探索自然之美" 单元的 "1+X" 阅读课程体系设计

心，提高了学生的表达能力和成就感。吴老师也始终注重培养学生的团队合作能力和朗读能力，在班级内营造团结奋进、积极向上的学习氛围。

在谈及"探索自然之美"单元的"1+X"阅读课程体系的设计时，吴晶晶老师分享了她的三点深刻感悟：首先，她感受到在整合阅读教学中，不同文本之间的联系对于提升学生理解力的重要作用。例如，通过将《秋天》和绘本《在秋天》进行关联学习，学生能够更全面地理解秋天的意象和主题。其次，她注意到当学生有机会表达自己对阅读材料的感受时，他们的学习兴趣和参与度会有显著提升，这种互动有助于促进深层次思考和有效学习。最后，吴老师意识到采用多样化的教学方法，如小组讨论、竞赛朗读、绘画等，不仅可以激发学生的想象力和创造力，还能帮助他们更好地理解和吸收阅读材料。这些宝贵的教学实践不仅加深了教师对于课程与教学的反思，也丰富了学生的学习体验，促进了他们批判性思维、创造性思维和表达能力的发展。

再以三年级上册第四单元的"1+X"阅读课程体系为例。语文学科赵娜老师巧妙地结合《总也倒不了的老屋》《胡萝卜先生的长胡子》和《小狗学叫》这三篇课文，深入挖掘课文间的整合点，构建了一个系统化的"1+X"阅读课程体系。这种整合不仅有助于学生从不同角度理解文本，还促进了他们对单元主题的全面把握。

同时，在阅读任务的设计上，教师精心挑选了与课文内容紧密相关的绘本，探索了内容、阅读方法和情感体验等方面的联系点，通过引导学生运用各种阅读方法，快速把握绘本的主要内容，再与课文进行对照和比较，从而实现课内外阅读的有机结合，帮助学生进一步理解单元主题。

表2.5 语文三年级上册第四单元的"1+X"阅读课程体系阅读任务设计

课文	绘本	课文与绘本的联系点	
		内容	方法
《总也倒不了的老屋》	《爱心树》	都有一个无私奉献的人	根据封面上的题目和图画预测
			顺着故事情节猜想，学习预测的方法
			抓住人物特点，感受品质
《胡萝卜先生的长胡子》	《小真的长头发》	事物的特点都是"长"	运用预测的方法推想故事情节，能说出依据，学习修正预测内容
			抓住"长"的特点，感受故事情节
《小狗学叫》	《桃花鱼婆婆》	都有一个开放性结尾	顺着故事情节预测，及时修正预测内容
			学习多角度预测故事结局

以课文《总也倒不了的老屋》为例。教师巧妙地以"都有一个无私奉献的人"为核心整合点，选择《爱心树》作为拓展阅读任务。在这一过程中，学生被引导根据封面上的题目和图画进行预测，学习预测的方法，并在故事情节的推动中，抓住人物特点，感受其无私的品质。

同样，在《胡萝卜先生的长胡子》的教学中，教师以"事物的特点都是'长'"为整合点，引入了《小真的长头发》作为拓展阅读。学生在此过程中不仅运用预测的方法推想故事情节，还能根据故事发展学习修正预测内容，并深刻感受到"长"这一特点带来的神奇魅力。

对于课文《小狗学叫》，教师则以"都有一个开放性结尾"为整合点，设计了《桃花鱼婆婆》的拓展阅读任务。学生在阅读中学习如何顺着故事情节进行预测，并及时修正自己的预测内容，同时练习从多角度预测故事结局。

这种整合阅读的方式不仅拓宽了学生的视野，还激发了他们的阅读兴趣。学生在阅读过程中，能够更加深入地理解每篇课文的内涵，欣赏到与单元主题相关的绘本的独特魅力。这一过程不仅培养了学生的阅读兴趣和习惯，还锻炼了他们的综合能力，如批判性思维、创造性思维和情感共鸣。

2. 数学：基于大概念教学，构建"1+X"阅读课程体系

大概念教学作为重构知识的重要桥梁，强调建立知识网络和认知框架，超越了对零散知识点的记忆和掌握。在数学学科中，核心概念是构建知识体系的基石，它们不仅是学生学习数学的基础，也是深入理解数学原理和方法的关键。通过围绕这些核心概念展开学习，学生能够深入理解概念的内涵，掌握其本质特征，并在此基础上综合运用多个概念、原理和方法来解决实际问题。

大概念教学有助于学生建立系统的知识网络，提高综合运用能力，这对于数学学习尤为重要。数学不仅是一系列抽象的概念和公式，它还与现实世界紧密相连，有着广泛的应用。因此，数学教学不仅要传授知识，还要引导学生发现数学与现实世界的联系，激发他们对数学的兴趣和热爱。

回龙观中心小学数学学科的"1+X"阅读课程体系正是基于这样的理念设计的。在这个体系中，"1"代表一个完整的知识体系，它是课程的核心和基础，涵盖了数学概念、定理、方法以及知识之间的关系等内容。而"X"则代表多本与这一知识体系紧密相关的书籍，包括科普读物、数学绘本、数学人物传记等。这些书籍能够从不同的角度和层面，丰富和拓展学生对知识体系的理解。

通过阅读这些相关书籍，学生不仅能够深入了解数学知识的背景、发展历程以及在实际生活中的应用，还能够认识数学知识的连贯性和系统性。这种综合性的学习方式，使学生得以构建一个结构化和互联的数学知识网络，从而加深对数学学科的兴趣和热爱，提高数学素养和综合能力。

此外，这种教学方法还鼓励学生发展批判性思维和解决问题的能力。学生在阅读过程中被引导去质疑、分析和评估信息，这些技能对于他们未来无论是在数学还是其他学科领域的学习都至关重要。同时，随着"1+X"阅读课程体系的深入实施，学生的主动性得到了显著提升，他们开始展现出更强的自主学习能力，这也是终身学习习惯形成的重要标志。

以三年级下册"数据整理"单元为例。统计与概率是小学阶段数学学习的重要领域之一，包括"数据分类""数据的收集、整理与表达""随机现象发生的可能性"三个主题。数据分类的教学，鼓励学生在亲身参与的动手活动中感悟分类的价值，在分类的过程中认识事物的共性与区别，学会分类的方法；鼓励学生用文字、图画或表格等方式记录并描述分类的结果，体会如何用数学语言表达现实世界，形成初步的数据意识，为后续学习统计中的数据分类打好基础。结合单元主题，曾冉老师在"数据整理"单元教学中用4课时设计了四个任务，形成了单元任务框架。

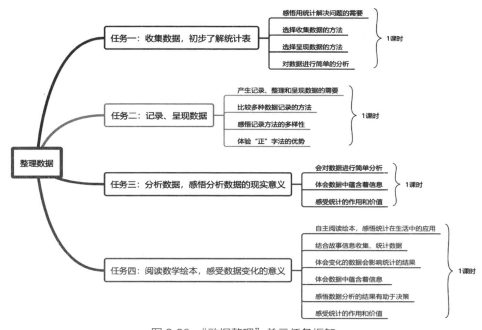

图 2.26 "数据整理"单元任务框架

任务一是"收集数据，初步了解统计表"，旨在帮助学生理解利用统计解决实际问题的优势，学习收集和呈现数据的基本方法，并能够进行简单的数据分析，为后续学习打下坚实的基础。

任务二是"记录、呈现数据"，进一步引导学生掌握记录和呈现数据的技巧，培养他们整理数据的能力。

任务三是"分析数据，感悟分析数据的现实意义"，鼓励学生通过数据分析，探索数据背后的深层含义和规律，增强他们的数据意识，并理解数据分析在现实生活中的重要性。

任务四是"阅读数学绘本，感受数据变化的意义"，通过数学绘本的阅读，学生感受统计在日常生活中的应用和数据变化的深远意义，拓宽数学视野，增强对数学学习的兴趣。

在任务四中，教师精心挑选了《恼人的水痘》这本绘本作为拓展阅读材料。绘本中，主人公齐普被老师选为音乐剧的主唱，原本他对此充满期待，然而随着音乐节的临近，同学们却陆续得了水痘，齐普非常担心演出人数不足会影响音乐节的正常进行。为了了解同学们出水痘的情况，并对音乐节能否如期举行进行预测，齐普进行了一个调查，并利用数据图表来记录和展示同学们出水痘的情况。通过这种方式，他试图找出可能的解决方案来确保音乐节的顺利进行。这一过程不仅展示了数据统计的实际应用，也体现了主人公面对问题时的积极态度和解决问题的能力。

教师引导学生关注绘本中的细节，观察事件发生的顺序，让学生了解数据统计在现实生活中的用途。通过自读、小组读、全班齐读以及重复阅读等多样化的阅读方式，教师引导学生在阅读中思考，经历统计的完整过程，积累数据整理的经验，同时加深对绘本故事的理解。

此外，教师在数学阅读教学中还注重培养学生的阅读能力和综合素养。通过阅读主人公齐普的故事，教师引导学生感受他面对生活挑战时的乐观和勇气，鼓励学生学习齐普不轻易放弃的精神。围绕齐普发现自己出水痘的情节，教师引导学生深入讨论，体会他的心情变化，从而培养学生树立正确的价值观。通过分析同学们互相鼓励、共同克服困难的情节，教师注重培养学生的团结协作精神和乐观积极的心态。这样的阅读课堂不仅能够帮助学生建立数学与现实世界的联系，还对他们的情感态度和价值观产生了积极的影响，为学生的全面发展奠定了基础。

图 2.27 《恼人的水痘》数学阅读课堂

　　将数学绘本阅读与教材知识点有机结合，让学生在轻松愉快的氛围中学习数学，学生不仅能够掌握数学知识，还能够培养综合分析能力，提高数学素养。同时，数学绘本的阅读也为学生提供了更多了解数学、感受数学魅力的机会，让学生更加喜欢数学，更加愿意探索数学的奥秘。

　　再以一年级数学为例。在一年级数学教学中，多个单元都涉及"数的认识"这一知识体系，王俊娜老师在教学中发现教材在讲解"10"以内数的认识时，对于"0"在十进制中的重要作用涉及不足。为了弥补这一空白，帮助学生深入理解数的概念，做到知其然，知其所以然，王老师巧妙地将教材学习与绘本阅读结合，整体设计了"数的认识"单元的"1+X"阅读课程体系，共 6 课时，分为两大任务。

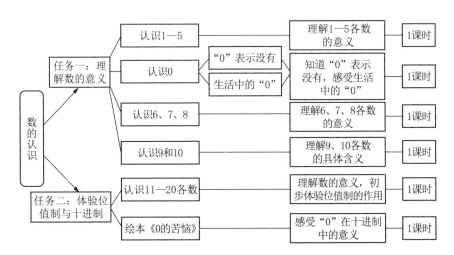

图 2.28 "数的认识"单元的"1+X"阅读课程体系

任务一是"理解数的意义",共4课时。教师通过对"0"到"10"的数字讲解，不仅让学生掌握了基础数字，还引导他们深入理解了数的实际意义和应用价值，为日后的数学学习打下了坚实的基础。

任务二是"体验位值制与十进制"，共2课时。教师通过介绍数字"11"到"20"，让学生理解数的意义，初步体验位值制的作用；还引入绘本《0的苦恼》，增加学习的趣味性，让学生在轻松愉快的阅读中拓展学习内容，提高数学学习兴趣和阅读兴趣。

《0的苦恼》一书由美国作家安杰利·斯帕瑞戈娜·洛帕斯特所著，故事描写了"0"在十进制加法和乘法中的经历，让读者重新认识"0"，知道"0"在数学中的用途和重要意义。这本想象力丰富、妙趣横生的绘本不仅赢得众多小读者的喜爱，也曾荣获美国广播公司最佳儿童图书奖、美国《学习杂志》教师推荐儿童读物奖和美国科学促进会最佳儿童图书奖。

在阅读教学中，由于《0的苦恼》绘本故事中文字较多，考虑到学生年龄和识字量的差异，王老师在课前安排了亲子阅读，让学生初步理解故事大意后，简单绘制出故事的情节图。在课上，王老师对故事情节进行细致剖析，选取重要情节图。例如，先选择呈现"0"最开始的样子和最后的样子的图片，然后提问："'0'最开始是这个样子的，它很难过，后来怎么就变得这么神气了呢？中间它到底经历了什么事呢？"教师以图片对比和提问相结合的方式，激发学生的探究欲望。然后，王老师将静态的图片转为动态的画面，生动活泼地展示了数字生产器生产数字的过程，以及满十进一的计数方法，帮助学生直观理解同一个数字在不同位置上表示的数值不同。最后，结合故事发展趋势，王老师又抽取情节图，根据重要事件形成匹

图2.29 《0的苦恼》阅读课堂

配情节梯，如"制造了 1""生产了 0""组合出了 10""创造了 100"，引导学生将繁多、复杂的文字描述梳理成清晰、简单的情节梯，帮助学生减轻阅读负担，实现轻松且深入的阅读。

王老师的教学实践体现了学校数学学科探索构建"1+X"阅读课程体系的关键点。首先，要确保所选书籍与教材知识点紧密相关，能够形成有效的补充和拓展；其次，要精心设计教学任务，引导学生掌握正确的阅读方法和技巧，帮助学生更好地理解和吸收书中的知识；最后，还要注重评价与反馈，及时了解学生的学习情况和阅读效果，从而对课程进行不断优化和完善。

在谈及整个"1+X"阅读课程体系的设计时，王俊娜老师说："绘本就是画出来的书，它不仅可以讲述故事、传达知识，还可以帮助学生丰富精神世界，培养多元智能。选择一本好的绘本，巧妙设计教学任务，不仅达到了数学学习的教学目标，提高了学生的阅读能力，也实现了数学教学与德育的融合。"

"1+X"阅读课程体系的构建，是一种将阅读自然而然地融入单元整体教学中的创新教学模式。这种模式打破了传统教学中将阅读视为单独环节的做法，将阅读贯穿在整个教学过程中，使其成为教学的有机组成部分。这样的改革不仅让阅读在课堂上找到了真正的立足之地，也使教学过程更加丰富和立体。"1+X"阅读课程体系的构建使阅读真正成为学生拓宽视野、获取知识、提升素养、激发创造力的重要途径。

（二）打磨三大课型，构建阅读课程实施路径

课型是指根据教学任务或活动类型而划分的课堂教学结构或模式，它体现了不同的教学目的、教学内容、教学方法和教学组织形式。通过打磨课型，教师对教学内容不断深入研究、探索和实践，反复修改、完善和优化，积累教学研究经验，有利于提高教学质量和教学效果。

回龙观中心小学根据不同年级学生的阅读需求、阅读能力和课标要求，将整本书阅读课程的实施路径分为导读课、实践课和交流课三种课型。导读课旨在激发学生的阅读兴趣，引导学生理解阅读内容，为阅读实践和交流打好基础。实践课通过丰富多彩的实践活动，让学生在实践中进一步激发阅读兴趣，梳理阅读成

果。交流课鼓励学生以多种方式分享阅读心得，交流阅读感悟，提高创新表达能力。

1. 课型一：导读课，激发学生的阅读兴趣

导读课作为阅读课程的起始环节，是阅读教学的重要组成部分。教师的导读介绍和学习任务设计，能够激发学生的阅读主动性，引导学生开展自主阅读和自主学习，帮助学生更好地理解书籍的主题、背景、情节等信息，明确阅读的目的。

在导读课上，教师会向学生介绍适合学生年龄段的优秀读物，并进行富有启发性的引导。教师首先引导学生关注封面、封底、环衬、扉页等书的装帧设计，以此为参考，预测书中的主要内容。随后，教师带领学生进入绘本的世界，通过设计丰富多样的学习任务，开展图文结合的阅读方式，启发学生展开合理想象，引导学生边阅读边有意识地预测接下来的情节发展，并以画情节图或思维导图等方式梳理文章脉络，对故事情节进行归纳总结。在学生理解绘本内容的基础上，教师还会抓住整本书的特点，引导学生领悟其中蕴含的哲理或主题，提高学生的思维活跃度和阅读理解能力，培养学生成为积极主动的阅读者。

以语文学科三年级下第二单元的大单元设计为例。这一单元的主题是"寓言故事"，围绕这一单元任务，语文组的教师将《中国古代寓言故事》整本书阅读与该单元的教学进行融合设计，形成了包括"导读课、实践课、交流课"在内的完整的整本书阅读框架。教师通过不同课型课程的系统推进，引导学生掌握寓言故事的阅读方法，再从课内迁移到课外，让学生初步学会读寓言，感受其蕴含的道理。

在刘紫薇老师的《中国古代寓言故事》导读课上，为了让学生掌握阅读寓言故事的基本方法，为后续的深入阅读打下坚实的基础，刘老师设计了五个学习活动：活动一"看一看"，旨在激发学生对课堂及寓言故事的兴趣；活动二"找一找"，旨在引导学生先读懂故事，初步体会道理，再联系自己的生活，深入理解寓言故事中蕴含的道理，进而找到读寓言故事的基本方法；活动三"读一读"，旨在让学生学会理解寓言故事中的道理；活动四"以点带面，迁移阅读"，旨在以选"点"导读的方式，引导学生学以致用，熟练掌握阅读寓言故事的方法；活动五"制订计划，

持续阅读"，旨在师生共同制订阅读计划表，引导学生学会规划整本书的阅读过程，激发学生的阅读兴趣，培养学生良好的阅读习惯。

《中国古代寓言故事》导读课教学设计（部分）

活动一：看一看——激趣学习

（一）播放经典寓言故事视频

播放经典寓言故事视频。

（二）本课引入

借助导语"寓言是生活的一面镜子"，引出课题。

▶ 设计意图 观看经典寓言故事视频，激发学生学习寓言故事的兴趣。

活动二：找一找——明确方法

借助"快乐读书吧"，找到读寓言故事的基本方法。

（一）出示要求，自主学习

（二）交流汇报，明确方法

小结：读懂故事，初步体会道理；联系生活，深入理解道理。

▶ 设计意图 引导学生明确读寓言故事的基本方法，为后续阅读打好基础。

活动三：读一读——理解道理

运用基本方法，一起读读《叶公好龙》这则寓言。

（一）读懂故事，体会故事蕴含的道理

1.自主阅读：概括故事的主要内容。

叶公非常喜欢_____，感动了_____。但是_____现身去见叶公时，叶公_____。

2.同桌交流：假如你是这条龙，你会对叶公说什么呢？

3.全班交流：你明白了什么道理？

（二）联系生活，深入理解故事道理

1.小组交流：生活中，你见过这样的人或事吗？

2.分享交流。

（三）趣味评价

我们应该怎样读寓言故事呢？一起做个评价单吧！

评价标准	星 级
能读懂故事内容	☆☆☆
能说出寓言故事中蕴含的道理	☆☆☆
能联系生活实际，深入理解故事道理	☆☆☆

小结：寓言是生活的一面镜子，对照着镜子，我们联系自己的生活，才能真正读懂寓言，并从中获得启迪。

⊙ 设计意图 运用所学方法，结合单元要素"读寓言故事，明白其中的道理"，进一步激发学生自主阅读寓言故事的兴趣，并联系生活实际，明白其中的道理。

活动四：以点带面，迁移阅读

像《叶公好龙》这样的故事还有很多，它们都收录在《中国古代寓言故事》这本书里，大家想看吗？赶紧把书拿出来吧！

（一）看封面，找信息

1.请仔细观察封面，说一说：你关注到了哪些信息？

2.指名汇报。

（二）看目录，知内容

1.目录就像一个"小导游"，告诉我们书里藏了哪些小故事，我们可以看目录，选自己喜欢的读，也可以按顺序读。

2.目录里有你熟悉的"老朋友"吗？请你根据评价单推荐故事，并说明理由。

⊙ 设计意图 通过观察封面、目录，学生对整本书有了初步了解。推荐故事，激发阅读兴趣。

活动五：制订计划，持续阅读

（一）制订阅读计划

同学们，《中国古代寓言故事》一共有76篇寓言故事，分为六个部分，内容非常丰富！我们需要制订一个合理的阅读计划，每天坚持阅读不少于一小时，每天阅读一组寓言，预留出一天时间调整阅读进程。自主阅读时间定为一周。

（二）完成整本书阅读进度卡

在课后阅读过程中，充分利用评价单进行自我评价，并如实完成阅读进度卡。

（如范例所示）

<table>
<tr><th colspan="6">《中国古代寓言故事》整本书阅读进度卡
小书虫：＿＿＿＿＿</th></tr>
<tr><td>日　期</td><td>阅读进度（涂色）</td><td>阅读篇数</td><td>阅读时长</td><td>自我评价</td></tr>
<tr><td>月　日</td><td></td><td>共读（8）篇</td><td></td><td>☆☆☆</td></tr>
<tr><td>月　日</td><td></td><td>共读（9）篇</td><td></td><td>☆☆☆</td></tr>
<tr><td>月　日</td><td></td><td>共读（　）篇</td><td></td><td>☆☆☆</td></tr>
<tr><td>月　日</td><td></td><td>共读（　）篇</td><td></td><td>☆☆☆</td></tr>
<tr><td>月　日</td><td></td><td>共读（　）篇</td><td></td><td>☆☆☆</td></tr>
<tr><td>月　日</td><td></td><td>共读（　）篇</td><td></td><td>☆☆☆</td></tr>
<tr><td>月　日</td><td></td><td>共读（　）篇</td><td></td><td>☆☆☆</td></tr>
</table>

　　小结：《中国古代寓言故事》是先人留给我们的一个"魔袋"，每一个故事都很精彩，让我们一起探寻"魔袋"中的神奇魔力，收获做人、做事、学习、生活的智慧！

　▶ **设计意图**　制订阅读计划是长期阅读的重要一步，旨在引导学生有目的地阅读，培养良好的阅读习惯。

板书设计

《中国古代寓言故事》

小故事——大道理

封面　　　　目录

读懂故事，初步体会道理

联系生活，深入理解道理

　　导读课是培养学生阅读兴趣和能力的重要环节，在阅读教学中扮演着至关重要的角色。通过导读课，学生在阅读的起始阶段就能够明确阅读的目标，理解书籍的核心内容，并在教师的引导下，学会如何自主阅读，深入理解书籍内容。通过这样的教学，学生在阅读的旅途上迈出了坚实的第一步。它不仅激发了学生的阅读兴趣，还培养了他们的自主学习能力，更为学生养成终身阅读的习惯奠定了基础。

2. 课型二：实践课，培养学生的创意表达能力

阅读不仅仅是对文字的解读，更是知识与生活的连接，是思维与情感的碰撞。通过实践活动，学生能够将阅读所得与实际生活相结合，深化对文本的理解，提升阅读的实效性。同时，实践活动还能培养学生的动手能力和解决问题的能力，使其在阅读过程中形成更加全面、深入的认识。在回龙观中心小学，实践课是整本书阅读课程中不可或缺的一部分，它旨在引导学生将阅读与生活紧密结合，深化学生对文本的理解，同时提高他们的实践能力。

教师精心设计了一系列阅读任务，如绘本创编、剧本创作、朗读、角色扮演、情景模拟等，让学生在丰富的实践活动中深入体验阅读的内涵。这些活动不仅激发了学生的创新意识，提高了阅读理解能力，还锻炼了他们的团队合作和沟通技巧。

绘本创编作为实践课的一种形式，主要通过两种主要方式开展：一是阅读后的创编任务，可以巩固学生对内容的理解，激发创作欲望；二是结合生活实际的创作，强化作品与生活的联系。这一综合性实践任务让学生在创作中加深对文本的理解，锻炼写作、绘画、设计等能力，同时培养阅读表达、创新思维和审美情趣。

仍以三年级下第二单元"寓言故事"的大单元设计为例。在《中国古代寓言故事》整本书阅读实践课中，邱彩灵老师针对学生的学情，以学生熟悉的故事为剧本创编的素材，降低创作难度，使学生将关注重点放在创作剧本必须掌握的各项知识与技能上。邱老师还通过情境任务的引领，带领学生通过比较、推断、质疑和讨论等方式，深入研读和理解故事，再以《皇帝的新装》为例，系统了解剧本的特点，进而进行初步创编。通过班级分享和反馈，学生不断改进剧本，为参加"寓言故事推荐会"做好准备。

《中国古代寓言故事》实践课教学设计（部分）

活动一：明确活动任务，争当小小编剧

同学们，我们在《中国古代寓言故事》里读了很多有趣的寓言故事，故事情节曲折生动，故事中的人物形象鲜活立体，蕴含着许多道理。如果我们在理解故事、准确把握人物性格的基础上再创造，把它编成课本剧进行表演，使故事人物再现，将是很有意义的。今天就让我们一起成为小编剧，把喜欢的故事创编成剧本吧！

▶ **设计意图** 通过活动，激发学生的创作欲望，调动学生参与创作的积极性。

活动二：小组选定故事，深入理解故事

（一）选定故事

学生小组讨论，从读过的寓言故事中选出一个最喜欢的进行创编。

（二）深入理解故事

1. 教师指导小组考虑故事的教育意义、情节趣味性和人物性格的丰富性。

2. 学生小组内分析选定故事的内容、关键情节、人物性格及蕴含的道理。

3. 教师巡回指导。

小组	故事题目	故事内容 （关键情节）	人物性格	道理或启示
第一组	《客套误事》	于啴子跟朋友烤火，朋友的衣服着火了，他还在说客套话，结果朋友的长衫被烧掉了好大一块	讲究客套，行事迂腐	现实生活中，我们说话做事要分清主次，该缓则缓，该急则急，过于迂腐死板，容易坏事
第二组	《买椟还珠》	郑国人的眼睛只盯着那只精美的盒子，结果丢掉了真正有价值的珠宝	办事主次颠倒，不辨轻重，只看重外表而忽略实质	我们看待事物不应太过注重外表，以免忽略了事物的本质
第三组	《自相矛盾》	楚国有个商人夸自己的盾是世界上最坚固的盾，多锋利的兵器都刺不穿；又夸自己的矛是世界上最尖利的矛，再坚硬的东西都能刺穿，于是，有人让他用他的矛去刺他的盾	说话夸张，没有考虑清楚逻辑关系	我们平时说话的时候要实事求是，不能没有根据、不负责任地随口乱说
第四组	《滥竽充数》	南郭先生弄虚作假，没有真才实学，最终现出原形	弄虚作假，没有真才实学	我们要想成功，需要勤奋学习，只有练就一身过硬的真本领，才能经受考验
第五组	《塞翁失马》	边塞老翁丢了马，马后来却带回来一匹胡马，老翁儿子骑胡马摔断了腿，后来免于当兵，保全了性命	保持良好心态，遇事不悲观，也不盲目乐观	在我们的生活和学习中，不管遇到好事还是坏事，都要保持好的心态，既不能过于悲观，也不能盲目乐观
第六组	《掩耳盗铃》	有个爱占小便宜的人，他不管走到哪里都要顺便偷点儿东西，有一次，他看到一户人家门上挂着一只漂亮的大铃铛，就捂住自己的耳朵想把铃铛偷走	爱占便宜，自作聪明	做人做事切不可自作聪明，自欺欺人，否则到头来吃苦的还是自己

设计意图 通过活动，引导学生了解寓言故事的内容，学会分析故事中的人物形象，明白其中的道理或启示。

活动三：学习《皇帝的新装》，了解剧本的特点

（一）共研《皇帝的新装》剧本

1.师生共同研究《皇帝的新装》剧本，了解课本剧的特点和编写要求。

2.教师出示《皇帝的新装》剧本。

题目：《皇帝的新装》

人物：皇帝、老大臣、诚实的官员、骗子二人

时间：很久很久以前

地点：皇宫

道具：新衣服、镜子、银子

背景：皇帝爱新装

正文（略）

（二）讨论课本剧的特点

1.编写剧本，要注意剧本的格式。

2.剧本的语言主要指台词，台词包括对话、独白、旁白等。

3.考虑舞台道具和背景。

4.编写时，还要注意舞台说明和舞台提示。

设计意图 通过活动，引导学生了解课本剧的特点和创编要求。

活动四：小组初步创编，全班分享与反馈

（一）小组初步创编

1.学生根据剧本格式开始初步创编，包括角色分配、对话编写和动作设计。

2.教师提供示例剧本，指导学生注意对话的精练和动作的具象化。

（二）小组分享

1.每个小组选派代表分享初步创编的成果。

2.教师和其他小组提供建议和反馈，鼓励学生完善剧本。

设计意图 通过活动，学生运用习得的方法创编课本剧。在汇报交流中引导学生提建议，完善剧本。

活动五：布置作业，不断完善剧本

任务一：学生根据第一课时的反馈，对剧本进行修改和完善。

任务二：我们可以用课后服务时间去排练，在排练的过程中发现剧本有不合理的地方再修改。

▶ **设计意图** 通过活动，学生继续修改完善剧本。

板书设计

读《中国古代寓言故事》

——学习创编课本剧

故事情节　　人物特点　　道理启示

剧本特点：格式　　舞台空间　　台词（对话、独白、旁白）　　道具

在回龙观中心小学，实践课的融入为阅读教学注入了活力，不仅加深了学生对文本的理解，还促进了他们实践能力的提高。通过绘本创编、剧本创作等多样化活动，学生得以将阅读与生活紧密相连，动手能力、解决问题的能力以及团队合作和沟通技巧均得到了锻炼。这些实践活动不仅丰富了学生的阅读体验，也为他们提供了展示自我和创新表达的舞台，使阅读成为一种积极的互动和创造性的学习过程。通过这样的教学实践，学生在享受阅读乐趣的同时，也在知识与生活、思维与情感之间有所联系，为他们的全面发展奠定了坚实的基础。

3. 课型三：交流课，实现学生对文本的深度阅读

在阅读教学中，交流具有不可忽视的重要作用。通过交流，教师可以引导学生深入理解文本，发现文本中的深层含义；学生可以分享自己的阅读感受和理解，形成多元的阅读体验，促进学生之间的沟通与合作。同时，交流还能激发学生的阅读兴趣，培养学生的批判性思维和表达能力，提升阅读教学效果。

在回龙观中心小学，交流课是整本书阅读课程中的重要课型之一。交流课为学生提供了一个展示阅读成果、分享阅读体验和收获的平台。在交流课上，学生基于特定主题和阅读任务，畅所欲言，分享自己的阅读感受和理解。通过思维的碰撞和交流，学生不仅可以相互学习、相互启发，不断深化对整本书阅读内容的理解，还能进一步拓宽阅读视野，培养批判性思维、表达能力和沟通能力，增强团队合作意识。

仍以三年级下第二单元"寓言故事"的大单元设计为例。在《中国古代寓言故事》整本书阅读交流课中，为了让学生充分表达阅读的所思所想，李宏珊老师共设计了四大学习活动：活动一"猜一猜"，旨在引导学生通过猜测、讨论的方法，调动学生交流的积极性，共同总结寓言故事的特点；活动二"讲一讲"，旨在让学生运用多种阅读方法进行阅读，并以讲、演等不同的方式来演绎故事，表达自己的阅读感悟，体会故事背后蕴含的道理；活动三"联一联"，旨在让学生理解寓言故事在生活中的作用，培养学生的思辨能力；活动四"比一比"，旨在让学生在剧本创作的过程中，深入讨论故事情节和深层次的含义、启示。

图 2.30 《中国古代寓言故事》阅读交流课堂

《中国古代寓言故事》交流课教学设计（部分）

活动一：猜一猜——寓言故事知多少

（一）齐读书题

（二）根据线索猜故事

（三）小组讨论

共同讨论：寓言故事有什么共同的特点？

▶ **设计意图** 通过活动，学生了解寓言故事的特点，增强参与阅读交流的积极性。

活动二：讲一讲——感悟寓言故事特点

寓言就是"小故事，大道理"。

（一）学生讲故事

1. 指名讲故事，说道理。

2. 你是怎么感悟这个道理的？

3. 你为什么选择这个故事？

小结：抓关键词句、联系生活实际读故事，是很好的阅读方法。

（二）学生演故事

1. 学生表演《买椟还珠》。

（1）猜故事题目。

（2）你有什么话想对剧中的人物说？

（3）生活中的你或身边的人遇到过这样的事吗？

2. 学生表演《客套误事》。

（1）猜故事题目。

（2）你有什么话想对剧中的人物说的？

3. 两个故事有什么相同点？

4. 不同故事，相同道理，还有哪些故事是这样的？

5. 那为什么要用不同的故事说明相同的道理？

小结：是的，这也在告诉我们，寓言就是生活的一面镜子，寓言故事蕴含的道理也会在真实的生活情境中体现。

▷ 设计意图 用不同的形式讲故事，巩固阅读寓言故事的方法，深刻体会故事蕴含的道理。

活动三：联一联——体会寓言故事的魅力

（一）借助《螳螂捕蝉》，理解寓言故事的作用

1. 回顾故事内容。

2. 为什么要讲"蝉""螳螂""黄雀"之间的故事，而不是直接告诉吴王道理？

小结：寓言故事其实就是古人为了劝说他人而使用的有效方法。

3. 这些寓言故事都出自哪里？

（1）关注书后拓展资料。

（2）简单了解作品价值。

小结：这些都是在我国历史长河中意义深远、影响巨大的作品，是中华民族的宝藏,你能把从故事中获取的经验和智慧应用到生活中吗?

(二)设计真实情境,用寓言故事解决问题

情境1:明明想掌握一技之长却总是坚持不住。

情境2:网上流行的游戏,我总是想要跟风玩耍。

小结:书中虽然都是古代的故事,但道理在现代社会依然适用。因为这些故事大都来源于生活,是智慧的结晶。

设计意图 联系生活中的真实情景,引导学生学以致用。

活动四:比一比——感受中西方寓言的异同

(一)对比目录

(二)对比故事

1.对比《狐狸和乌鸦》与《乌鸦和蜀鸡》两个故事的内容。

2.同样都是乌鸦,为什么在两个故事中有不同的形象呢?

设计意图 通过对比中西方寓言故事,学生的思维能力得到发展,增强阅读不同国家寓言的兴趣。

板书设计

《中国古代寓言故事》

小	大	抓关键语句
故	道	
事	理	联系生活

用寓言解决问题　悟中西方异同

谈及交流课的设计,李宏珊老师说:"寓言故事在我国传统文化中有着重要地位,与我国古代的历史以及现实社会环境有着密切关联。通过设计有意义、有吸引力的学习任务,持续调动学生的参与热情,学生深入阅读和交流这些故事,能够更好地了解中国传统文化和历史。同时,寓言故事具有丰富的想象力和深刻的道理,可以帮助学生更好地理解世界。通过读别人的故事,想自己的人生,提高解决问题的能力,实现精神世界的成长。"

再以语文五年级下册第二单元"走近中国古典名著"单元设计为例。围绕这一单元任务,语文组的教师将《西游记》整本书阅读与该单元的教学进行融合设计,形成了包括"导读课、实践课、交流课"在内的完整的整本书阅读框架，激发学生的阅读兴趣，引导学生了解古典名著的常见体裁，掌握阅读方法，学会感受精彩曲折的故事情节，理解人物形象和情感的变化，体会人物的成长。

在《西游记》的整本书阅读交流中，任欣月老师巧妙地设计了一系列活动，旨在引导学生深入理解和感受这部古典名著的丰富内涵。在交流课前，任老师让学生以自己喜欢的方式为书中人物制作"名片"，这一创意活动不仅激发了学生的参与热情，而且帮助他们初步感知人物形象和特点。在交流课上，任老师通过活动一"结合目录，梳理人物经历"，引导学生从多角度感受人物特点，学习阅读长篇章回体小说的方法；通过活动二"根据情节，评价人物形象"，进一步引导学生深入探讨孙悟空的成长历程，通过评价孙悟空不同阶段的名字和经历，让学生能够更深刻地感受到孙悟空的成长和变化；通过活动三"讨论话题，引发思辨"，提出"在孙悟空的人生经历中，始终没变的是什么？变化的是什么？"等问题，引导学生联系相关情节进行深入探讨，发现孙悟空不变的美好品质，以及随着经历而变化的处理问题的方式；通过活动四"关联其他人物，布置作业"，帮助学生学会迁移分析人物形象的方法，加深对故事内容的理解，感受古典名著的魅力。通过这一系列的活动设计，任欣月老师不仅帮助学生走近古典名著，更引导他们深入思考人物形象，领悟成长的智慧，从而更深刻地理解和感受《西游记》这部文学巨著。

《西游记》整本书阅读课教学设计（部分）

活动一：结合目录，梳理人物经历

（一）人物推荐

大家围绕师徒四人制作了人物推荐卡，请把你喜欢的人物介绍给大家。

小结：同学们为自己喜欢的人物绘制了非常精美的形象，也写了带有个人观点的推荐词，看来大家都抓住了人物形象的特点。这节课我们就先聊一聊孙悟空。

（二）名字里的经历

1.孙悟空有多少个名字，按照时间顺序说一说。

预设：石猴、美猴王、孙悟空、弼马温、齐天大圣、孙行者、斗战胜佛。

2.结合这些名字，读读回目，思考他的人生经历可以分为哪几个阶段。

预设：取经前—取经—成佛

小结：小说的前七回写的是孙悟空从出世到大闹天宫的事；第八到第十二回交代了取经的缘起；从第十三回到最后，写的是孙悟空被迫皈依佛门和八戒、沙僧一起护送唐僧，一路斩妖除魔，历经九九八十一难，最终到西天取得真经，加升大职正果，被封为斗战胜佛的事。

⊙ **设计意图** 通过人物推荐引出书中主要人物——孙悟空，引导学生根据孙悟空的名字和书的目录，梳理人物经历，学习整体读大部头章回体小说。

活动二：根据情节，评价人物形象

学习活动：每个阶段的孙悟空分别给你留下了怎样的印象？请结合名字和孙悟空的经历说一说。小组交流。

（一）取经前的形象

在取经前，孙悟空就有这么多名字。在他刚出世时，我们结合课文《猴王出世》，抓住"那猴在山中行走跳跃，食草木，饮涧泉，采山花，觅树果"等语句，感受到他无拘无束的特点。现在请同学们结合孙悟空取经前的另外几个名字和经历，说一说他分别给你留下了怎样的印象。

预设1：美猴王：有领导力、目光长远。

预设2：孙悟空：结合学艺时的表现，感受孙悟空的聪明伶俐和重情重义；结合在龙宫索要兵器时的表现，感受孙悟空的本领高强。

预设3：弼马温：结合在得知弼马温官职很小时的表现，感受他的脾气暴躁。

预设4：齐天大圣：结合在天宫的表现，感受他的生性顽劣和神通广大。

小结：取经前，我们能够看到孙悟空从出世时的简单、无拘无束到拜师学艺时的坚持不懈、重情重义，再到大闹天宫时的本领高强、神通广大，我们就是这样一边阅读，一边走近孙悟空，感受他的变化。

（二）取经时的形象

取经路上，唐僧给孙悟空取了译名"孙行者"，在这个阶段，他又给你留下了怎样的印象？

1. 结合《三打白骨精》

（1）围绕《尸魔三戏唐三藏 圣僧恨逐美猴王》这一回，简要说说故事内容。

小结：整本书都像这个故事，可以看成反复叙事。在情节设计上，八十一个历险故事有着大致相同的模式：遇到妖魔鬼怪后唐僧被抓，悟空与妖魔斗智斗勇，失败时向上界求助，最终妖怪被降伏，唐僧获救，整本书就这样将一个个情节串联在一起，令读者回味无穷。

（2）围绕《三打白骨精》这一取经路上的关键事件，说说孙行者给你留下的印象。

> "它是个妖精，是来骗你的。"说着，就朝妖精劈脸一棒。
>
> 悟空见又是那妖精变的，也不说话，当头就是一棒。
>
> "你瞒得了别人，瞒不过我！我认得你这个妖精。"悟空抽出金箍棒，怕师父念咒语，没有立刻动手，暗中叫来众神，吩咐道："这妖精三番两次来蒙骗我师父，这一次定要打死它。你们在半空中作证。"众神都在云端看着。悟空抡起金箍棒，一棒打死了妖精。

小结：从三打白骨精的表现，我们就能看出孙行者疾恶如仇、聪明机智的形象特点。谁来再读读描写孙行者"三打白骨精"的句子？

（3）围绕为什么"三打"，感受故事的戏剧性。

（4）和"三"相关的故事情节有哪些？

小结：看来"三"真是一个神奇的数字。"三次反复"是一种有趣的写作手法，既恰到好处地表现故事情节的曲折，又带给读者丰富的阅读体验。

2. 结合《三调芭蕉扇》

小结：在《三调芭蕉扇》这一故事中，孙行者聪明机智、神通广大的形象鲜活地出现在我们眼前。

3. 结合《三探无底洞》

小结：其实，在取经路上，孙行者多次请神仙收服妖怪，从中我们能感受到他聪明机智、善于交际的形象。

（三）成佛时的形象

斗战胜佛——《径回东土　五圣成真》

> 孙悟空，汝因大闹天宫，吾以甚深法力，压在五行山下，幸天灾满足，归于释教；且喜汝隐恶扬善，在途中炼魔降怪有功，全终全始，加升大职正果，汝为斗战胜佛。

小结：孙悟空因大闹天宫被压在五行山下，取经路上因炼魔降怪有功，加升大职正果，被封为斗战胜佛。我们感受到了孙悟空这一路上的成长与变化。

▶ 设计意图　引导学生围绕孙悟空不同阶段的名字和经历，评价人物形象，感受孙悟空的成长。

活动三：讨论话题，引发思辨

（一）围绕"变"与"不变"，引发思辨

学习活动：在孙悟空的人生经历中，始终不变的是什么？变化的又是什么？结合故事内容，说一说。

1. 不变的方面。

2. 变的方面。

小结：孙悟空不变的是他内心对美好品质的坚守，变的是处理问题的方式，不忘初心，不断修行，方得成长。

（二）关联自身，引发思考

读小说就像照镜子，我们也要学习故事中的主人公，坚守心中的信念，改进身上的不足，一步一个脚印，在变化中慢慢成长。

▶ 设计意图　引导学生围绕孙悟空人生经历中的"变"与"不变"，引发思辨，进而关联自身的成长，思考什么可以变，什么不能变。

活动四：关联其他人物，布置作业

（一）唐僧、猪八戒、沙僧的多个名字

小结：我们惊喜地发现，其实不只孙悟空，成长变化的还有唐僧、猪八戒、沙僧等，原来《西游记》是一部师徒四人的成长史呀！

（二）布置作业

课后用读孙悟空人生经历的方法再读读《西游记》中唐僧、猪八戒、沙僧中任意一人的经历，他又给你留下怎样的印象呢？课后和同学交流。

▶ 设计意图　关联书中其他人物的名字，引导学生发现《西游记》是一部师徒四人的成长史，进而鼓励学生用读孙悟空人生经历的方法继续深入走进《西游记》，感悟书中人物形象。

板书设计

《西游记》

聪明机智　　重情重义　　生性顽劣　　神通广大　　疾恶如仇

石猴　　美猴王　　孙悟空　　弼马温　　齐天大圣　　孙行者　　斗战胜佛

取经前—取经—成佛

成长

在回龙观中心小学，交流课作为整本书阅读课程的关键组成部分，发挥着至关重要的作用。它不仅是学生展示阅读成果的舞台，更是一个思想碰撞和交流的平台，让阅读变得更加生动和深入。在交流课上，学生围绕特定主题和任务，自由地分享自己的阅读体验和见解，通过对话和讨论，相互启发、深化理解，进而形成自己独特的观点。这种交流的过程不仅促进了学生之间的沟通与合作，还激发了他们的阅读兴趣，培养了批判性思维和表达能力。通过交流课，学生的视野得以拓宽，团队合作的意识得到了加强，阅读教学的效果也得到了显著提升。

回龙观中心小学通过导读课、实践课和交流课三大课型的设计，系统构建阅读课程的实施路径。导读课作为阅读旅程的起点，成功点燃了学生的阅读兴趣，并为他们理解内容打下了坚实的基础；实践课通过多样化的实践活动，让学生在体验中深化对内容的理解，同时锻炼了他们的实践能力，培养了创新精神；交流课则为学生提供了一个展示和分享的平台，他们在分享阅读心得的过程中，不仅提高了表达能力，也增进了彼此之间的理解和共鸣。通过这三种课型的有机结合，学校阅读课程为学生的阅读搭建了阶梯，有效提高了他们的阅读能力。

（三）从学科特征出发，以阅读带动学习方式变革

每个学科都有其独特的研究方法和理论体系。阅读作为获取知识的重要途径，不仅有助于学生更全面地理解和掌握学科的研究方法和理论体系，促进对知识的深度理解和应用，建立起扎实的学科基础，还能够激发学生的好奇心和探索欲，培养他们的创新思维和问题解决能力。同时，阅读还能够引领学生跨越学科的边界，进入更广阔的知识领域，拓宽视野，提升综合素养。以阅读为驱动的学习方式有助于激发学生的学习兴趣，培养自主学习的习惯，推动形成终身学习的理念，为学生的

全面发展提供有力支持。

在回龙观中心小学，语文和数学作为将阅读融入国家课程实施的先行学科，在教学上已经取得了丰硕的成果。学校通过创新的教学设计和丰富的阅读活动，让学生在阅读中体验到学习的乐趣，提升了学生的语文和数学素养。当然，阅读是所有学科的事情。回龙观中心小学各学科教师从学生的实际需求出发，基于有代表意义的典型课例，积极探索本学科教学与整本书阅读相融合的实施途径，挖掘教材中的阅读元素，设计有针对性的阅读任务，真正以整本书阅读推动国家课程校本化，实现学科教学与阅读教学的有机结合。

1.科学：在阅读中实现"现象—理论—现象"的深入

科学是一门以实验为基础、注重实践与探究的学科。回龙观中心小学科学教师积极探索和尝试，总结了适合科学学科整本书阅读的教学实施途径的三个大步骤，实现"现象—理论—现象"的不断深入，为回龙观中心小学科学学科的教学实施提供了一种全新的途径。

第一步，整体阅读，提出科学知识点。在这一阶段，教师引导学生阅读整本科学绘本或相关科学书籍，使学生整体了解书中的内容，鼓励学生从阅读材料中提炼出关键的科学知识点，如重要概念、科学原理和理论体系等，这些知识点将成为后续实验或实践观察的基础。同时，教师也鼓励学生提出自己的疑问和想法，为后续的教学活动提供方向和思路。这一步骤旨在培养学生的阅读能力和信息提取能力，整体把握科普类阅读材料的内容。

第二步，根据知识点设计相应实验或实践观察。教师参考学生的年龄特点和认知水平，根据提取出的科学知识点，设计一系列具有启发性、探究性、挑战性的实验或实践观察活动，激发学生的学习兴趣和积极性，引导学生通过亲身实践，观察、记录科学现象，总结科学原理，验证和巩固所学的科学知识，加深对科学知识点的理解和掌握，激发科学思维，培养科学探究能力。

第三步，运用已学知识，掌握科学结论或观点，实现对绘本内容的再理解。在完成实验或实践观察后，学生已经对科学知识点有了更深入的理解和掌握。教师引导学生运用所学的科学知识和方法，对绘本中的科学结论或观点进行再理解和验证。通过对绘本内容的再理解，学生不仅能够巩固科学知识，还可以将所学的科学知识与实际生活联系，形成对科学现象和规律的深刻认识。同时，教师还鼓励学生进行拓展阅读和思考，进一步拓宽科学视野和思维空间，培养其批判性思维和创新精神。

通过以上三个步骤的教学实施途径，学生在理解现象的基础上，将认识上升到理论层面，最终能够运用所学知识解决实际问题。学生在阅读中探索科学，在实践中掌握科学，在理解中深化科学，形成对科学现象和规律的深刻认识，实现"现象——理论——现象"的不断深入，提升科学素养，锻炼实践能力。

以四年级下册"电"单元为例。"电"单元围绕"点亮小灯泡""控制电路的通

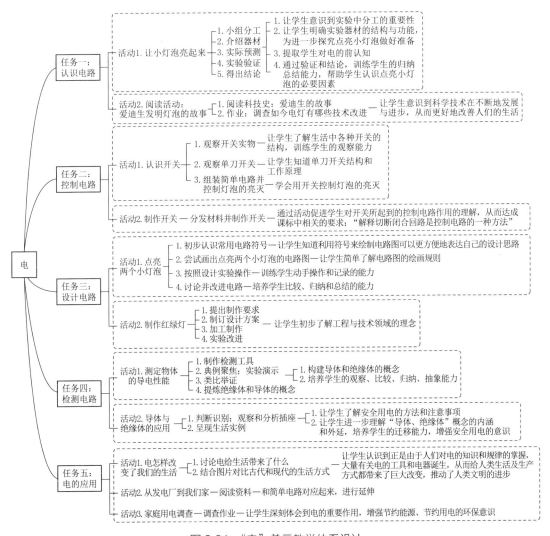

图 2.31 "电"单元教学体系设计

断""设计电路""导体和绝缘体""电和我们的生活"五个方面的内容,设计了认识电路、控制电路、设计电路、检测电路、电的应用五大任务。课程从学生的知识背景和认知发展规律出发,从认识电荷开始,到认识电路、电流、开关、导体、绝缘体,一步步帮助学生建立有关电的初步概念,促进学生对科学探究的理解和探究能力的发展。

为了使学生更全面地了解人类对电的认识及电的发展史,陈宝楠老师在"电是怎样来的"一课中,将教材中"电的应用"与拓展阅读材料《给孩子的科技史》结合,帮助学生了解人类的科技发展和我们现在的生活都得益于前人的付出和努力。

《给孩子的科技史》是一本以儿童为受众的科技类科普图书,作者从科技视角串联历史,从人类最初使用石头和火开始,到农业、工业革命的兴起,再到现代电子科技、信息技术和生物科技的飞速发展,详细描述了人类文明的演进过程中,每一个科技节点的人物、事件及意义,均展现了科技推动历史的漫长历程。图书带领孩子不知不觉走进一个神奇的科学世界,鼓励孩子用科学的眼光去看待世界,去探索科技发展的奥秘,培养孩子对科学的学习兴趣,养成科学思维。

在教学实践中,陈老师将教材内容与拓展阅读资料进行整合,开展课内外整合阅读。通过课前预习导读单,引导学生有目的地阅读,了解人类对电的认识以及电的发展史,并对实验进行初步设计。在此过程中,培养学生科学思维。

在课上,陈老师围绕"现象—理论—现象"的过程,将拓展阅读材料《给孩子的科技史》与教材内容相互补充,有效地拓展了学生的知识面。通过活动一和活动二,陈老师引导学生从现象入手,学会从不同视角思考问

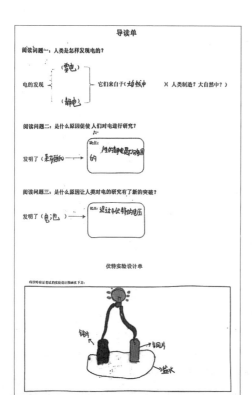

图2.32 课前导读单

题，深入了解电的历史、用途和原理，全面掌握电的发展史和相关理论知识。这不仅帮助学生建立起对电的全面认识，还培养了他们的批判性思维和综合分析能力。

通过活动三的问题设计，陈老师引导学生积极参与课堂讨论，分享自己的观点和心得，促进学生之间的交流与合作。在活动三中，学生自己动手做盐水发电实验，将理论知识应用于实践，通过观察和记录实验现象，体验科学家探究的过程。这种亲身实践不仅提高了学生的合作能力、实践能力，培养了他们的探究意识，更让他们感受到人类的科技发展和当今生活的便利。

图 2.33 《电是怎样来的》交流课堂

通过这样的教学活动，学生不仅能够更深刻地理解科学知识，还能够体会到科学探究的乐趣和价值。陈老师的教学实践充分展示了如何将阅读与科学教学结合，激发学生的学习兴趣，培养他们的科学素养和综合能力。这种教学方法有助于学生建立起理论与实践之间的联系，为学生未来的学习和生活奠定了坚实的基础。

表 2.6 《电是怎样来的》教学设计（部分）

教师活动	学生活动
活动一：新闻引入，明确学习内容	
教师活动 **一、导入** 1. 提问：生活中，哪里用到了电？ 2. 观看"停电造成的重大事故"新闻，带领学生讨论电对我们的重要性，引出本节课主题——通过《给孩子的科技史》，了解电是怎样来的。	**学生活动** 1. 学生根据生活经验举手回答。 2. 根据新闻内容，讨论"生活中没有电，我们的生活会怎样"话题，学生讨论、交流并汇报自己的想法。

教师活动	学生活动

设计意图：通过提问，从学生视角出发，了解学生对电的认识，再通过新闻视频，让学生感受电能在当今时代对人类的重要性。

活动二：阅读活动——了解人类用电的发展史

<table>
<tr><td>

教师活动
二、阅读活动
（一）第一次小组阅读交流

最初，人类是怎样发现电的？

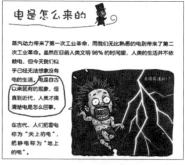

1.根据前期阅读记录，回答人类是什么时候、在哪里发现的电。

2.小结：古时候，人类在天上发现了雷电、在生活中发现了静电。

（二）第二次小组阅读交流

从发现到认识，人类遇到了什么困难？后来又通过什么方法开始认识了电？

1.引出话题：书中有这样一段话："电是自古以来就有的现象，但直到近代，人类才搞清楚是怎么回事。"人类从发现电到认识电，这么长的时间里都经历了什么？遇到了哪些困难？通过什么方法人类才对电开始有了认识？

</td><td>

学生活动
1.学生小组内交流阅读预习单，将自己的预习成果进行汇总，初次归纳总结并汇报。

问题1	人类最开始是在哪里发现电的？
你的想法	
书中内容	我从书中第（ ）页了解到：
问题2	最初看到电，人类为什么没有利用？
你的想法	
书中内容	我从书中第（ ）页了解到：

</td></tr>
</table>

续表

教师活动	学生活动
2. 小组通过阅读和阅读记录进行交流并完成阅读任务单。 3. 教师将每组的汇报结果进行归纳总结，梳理后板书在黑板上。 **（三）第三次小组阅读交流** 从认识到使用电，人类遇到了什么困难？又是通过什么方法人类开始对电进行深入研究和使用的？ 1. 谈话：因为莱顿瓶的发明，当时的人可以将静电储存起来用于研究，人类对电终于有了初步的认识，但要想利用电能，当时的技术还远远不够。接下来我们继续交流，从认识电到能够利用电的这段科技史中，人类又遇到了哪些问题，是怎样解决的？ 2. 小组再次通过阅读和阅读记录进行交流，并完成阅读任务单。	2. 学生再次阅读，并根据书中的信息，在小组内按照时间轴将阅读到的碎片化信息进行梳理和整合，完成阅读单并汇报成果。 人们认识了电以后并不能使用电，人们遇到了什么问题？怎样解决的？ 电的认识———————▶电的使用 3. 学生第三次阅读，并根据书中的信息，在小组内按照时间轴将阅读到的碎片化信息进行梳理和整合，完成阅读单并汇报成果。

3. 小结：从莱顿瓶开始，人类找到了储存电能的方法，我们终于可以对电进行研究，对电开始有了认识。但因为莱顿瓶中储存的电量很少，所以我们还不能够利用它。伏特电池的发明让人类解决了这个问题，进而促进了人类走向电力时代！ 学生小结，教师引导、补充。	

设计意图： 通过阅读，学生梳理"人类从认识电到研究电再到深入研究"的发展过程，培养在阅读科学资料时提取重要信息和发现前后信息之间逻辑关系的能力。

活动三：感受伏特电池发电

教师活动	学生活动
教师活动 1. 谈话：伏特电池的发明为人类如今的用电技术奠定了基础，书中简单地提到了伏特是怎样通过伽伐尼的发现，发明伏特电池的，老师也给大家带来了一段视频，我们看一看伏特和伽伐尼之间的故事。 2. 播放伏特发明电池的故事。 3. 提问：伏特怎样证明伽伐尼的理论是错误的？ 4. 讲解实验注意事项。 5. 带领学生按照伏特的方法点亮二极管。 6. 发现问题并改进发电装置。	**学生活动** 1. 学生带着思考观看科技故事视频。组内交流，通过推理回答问题。 2. 学生将伏特电池与现代电池进行比较，发现发电的必要因素。 3. 根据发现，利用实验器材制作发电装置并点亮二极管。 4. 学生根据实验总结，并尝试说出改进方法。

续表

教师活动	学生活动
设计意图： 学生了解电池的工作原理和能量转换过程，增强对科学技术的兴趣，培养实践能力和创新思维，为学生未来的学习和工作打下坚实的基础。	
活动四：回顾总结	
教师活动 　　总结：我们人类从发现电到认识电再到使用电，每个阶段都在不停地探索，通过不断解决遇到的问题，我们的科技水平不断进步。我希望同学们也能具有科学家的思想，遇到问题要多思考、多实践，即使失败也没有关系。课下同学们可以继续阅读这本书，继续了解我们人类的科技是怎样发展的。	**学生活动** 　　学生总结归纳，按照时间轴梳理人类用电的发展史。
设计意图： 回顾人类用电的发展史，经历解决问题的过程，帮助学生树立正确的科学观和价值观。	

　　课后，学生围绕"电是怎样来的"这一主题，用心完成思维导图作业，展示自己的所学与所思。这些思维导图内容丰富，通过直观的图形和简洁的文字，将关于电的理论知识和实践内容条理清晰地展示出来，逻辑清晰，使科学教学中"现象—理论—现象"不断深入的过程跃然纸上。

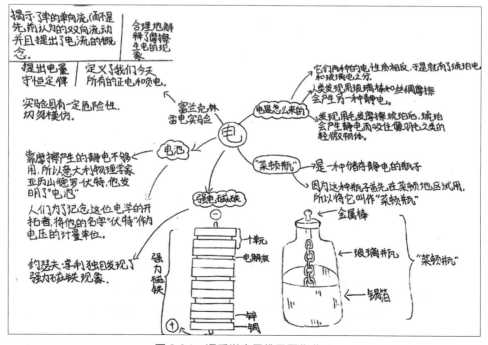

图 2.34　课后学生思维导图作业 1

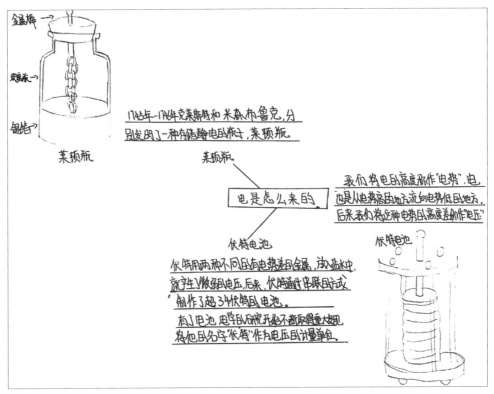

图2.35　课后学生思维导图作业2

陈宝楠老师深有感触地指出阅读给课堂带来的积极变化："学生对阅读充满热情，尤其对人类科技史表现出浓厚兴趣。科普阅读不仅丰富了他们的科学知识和历史认识，还激发了他们的学习动力，拓展了阅读视野。"展望未来，陈老师计划深化和拓展课程内容，引入更多阅读资源，尤其重视科学概念和历史事件的教学，旨在让学生理解科学发展的内在规律。"我希望通过这样的教学方法，不仅丰富学生的学术体验，而且帮助他们构建一个更全面、深入的科学知识体系，从而有效提升他们的科学素养。"陈老师如是说。

2. 体育：让阅读覆盖课前、课中和课后

作为一门重视实践和身体锻炼的学科，体育的教学目标在于激发学生的运动热情，倡导健康生活，并在运动中塑造学生的品格。对于体育学科而言，将整本书阅读与学科教学结合可能会面临一些难点。体育课程的户外活动特性与阅读所需的静谧环境有所冲突，且体育教学的核心在于通过身体活动来提升技能与体能，而阅读

似乎在这一过程中的作用并不显著。

面对这些难点，回龙观中心小学的体育教师团队并未气馁，而是积极寻找创新的融合途径，力图将阅读与体育教学有效结合。学科组的教师深知，尽管阅读对于提升运动技能的直接帮助有限，但它能够为学生提供丰富的背景知识、技术解析等，这些都是理解体育精神、深化体育认知的重要维度。

经过深入探索，体育教师开发了一套结合阅读的创新模式，该模式分为三个阶段：一是课前阅读，画出思维导图；二是课中验证，思考动作是否规范；三是引发思考，继续阅读求证。

课前，教师精选与体育项目紧密相关的书籍，这些书籍可能涉及体育项目的起源、发展、技术要点等方面。教师以任务单的形式引导学生阅读，学生通过阅读这些资料，绘制思维导图，将书中的知识点进行梳理和归纳，从而在理论上对体育知识形成系统的认识，为课堂学习打下坚实的基础。

课中，教师结合学生课前阅读的内容，进行针对性的动作示范和讲解，学生则需要根据阅读所得和教师的示范，尝试进行动作练习。在练习过程中，学生不断结合课前阅读知识，反思自己的动作是否规范，及时自我纠正或向教师请教后纠正。这个过程将阅读与实践紧密结合起来，让学生在实践中深化对理论知识的理解，提高运动技能和纠错能力。

课后，在阅读求证环节，教师根据课堂生成的内容，提出挑战性问题，鼓励学生继续深入探究。这一过程不仅培养了学生的探究精神和解决问题的能力，也让他们对体育有了更深入的了解和认识。

通过这三个步骤的连贯实施，学生在阅读中找到了乐趣，知识体系得到了丰富，对体育的热爱和理解也得到了提升。他们在实践中提高了运动技能，同时培养了思维品质和探究精神。这种教学方法不仅响应了新时代教育改革的号召，还成功地将阅读与体育教学结合，实现了知识与技能的双重提升，取得了显著的成效。

以范文博、王亚龙两位体育老师执教的五年级第三章"跑"单元为例。体育组教师共同策划了以"科学跑步，健康你我"为主题的体育节长跑活动，面向全校召集"科学跑步推广者""我是跑步小达人"和"跑步积极参与者"。五年级立足教材第三章"跑"单元，结合单元教学内容和体育节主题，以"'科学跑步，健康你我'争做跑步小达人"活动为主题，设计"奔跑前的准备""跑起来吧""跑步嘉年华"

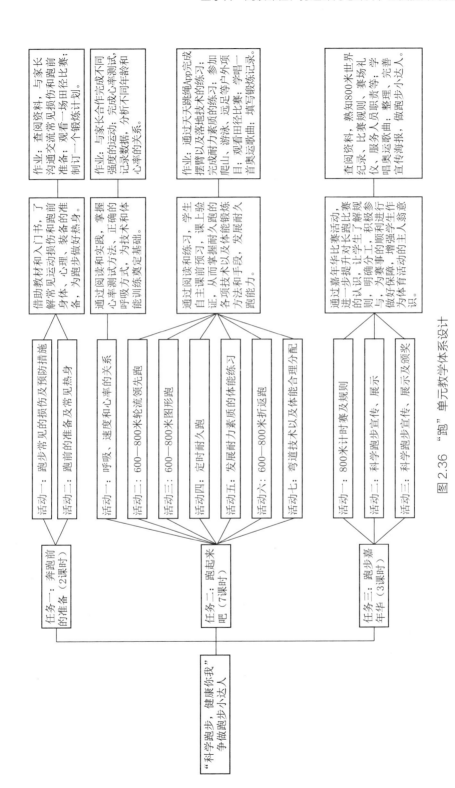

图 2.36 "跑"单元教学体系设计

三大任务，引导学生学会通过课外阅读和课堂实践，掌握科学跑步理念，形成正确的跑步方式和科学的锻炼习惯，积极参加体育节比赛。

围绕单元主题，体育教师选择《你的第一本跑步入门书》作为课前阅读的整本书阅读材料。书中讲述了人类跑步的本能、跑步带来的伤害、病患跑法解读、跑步的各项准备、跑步注意事项和小窍门等内容，与单元主题教学要求相符，且内容通俗易懂，图文并茂，适合五年级学生阅读。

课前预习的重要性不言而喻，教师通过课前发布预习单任务，一方面让学生自主阅读教材与拓展书籍，完成自主阅读任务，帮助学生深入了解课程主题，拓宽阅读视野；另一方面以小组讨论、任务分工的形式，交流阅读中获得的信息，互相取长补短。同时，通过课前预习单，教师还要求学生尝试提取、整合信息，共同完成思维导图，形成系统化的认识结构，从而帮助学生养成自主学习的习惯，培养独立思考、分析问题和协作学习的能力。教师也可以根据学生的预习成果，及时调整课堂教学策略，以更好地满足学生的学习需求。

表 2.7　课前预习单

阅读教材	我已读了（　　）遍教材，我能读通句子，了解文中意思
	明确本单元学习目标
	了解耐久跑的部分练习方法和手段
阅读《你的第一本跑步入门书》	了解安静心率和运动心率
	了解心率的测试方法
	了解常见的运动呼吸方式
	了解跑步速度与呼吸的关系
小组讨论	小组长组织组员分别阐述预习结果
	听众提问和答疑
	组员针对困惑进行讨论，并得出最终结果
绘制思维导图	小组长对组员进行分工，明确整理结果、绘图、宣讲、补充等任务
	小组长组织绘图、审核、练习阐述、补充准备等

各小组按照课前预习单的任务提示，在完成教材阅读、整本书阅读和小组讨论后，分工绘制思维导图，将阅读中获得的知识进行梳理和归纳，形成系统化的认识结构。一份份用心绘就的思维导图，展现了学生的思考过程，提高了他们的学习效率和思维能力。

图 2.37　学生课前阅读作业

　　在课中验证环节，通过安静心率测试、不同运动强度下的心率测试以及运动后心率恢复测试、实践检验跑步与呼吸的关系三个教学活动，教师带领学生找到自己的颈动脉，测脉搏，测心率，结合体验呼吸与跑步的关系，与书中的结论进行对比和验证，引导学生理解应根据自身当前身体发育水平和能力选择适合自己的跑步方式与呼吸方式，掌握科学运动的理论和方法。

图 2.38　体育阅读课堂

　　在阅读求证环节，教师根据课堂验证情况，进一步扩大测试与验证范围，引导学生与家长一起做不同强度的运动，教会家长心率测试方法并记录数据，分析在同等强度下，心率与年龄的关系，培养学生的探究精神和解决问题的能力。

表 2.8 《呼吸、速度和心率的关系》教学设计（部分）

教师活动	学生活动
活动一：明确学习内容，小组预习成果展示	
教师活动 1. 谈话导入：这学期我们阅读了《你的第一本跑步入门书》，今天我们就来探讨一下呼吸、速度和心率这部分的内容，哪组同学来讲一讲呼吸、速度和心率的关系？ 2. 教师组织各组进行海报展示并阐述思维导图。 3. 教师进行评价与表扬。	**学生活动** 1. 各组派代表进行海报展示，阐述小组预习及讨论结果。 2. 学生认真倾听，积极思考并质疑。 3. 阐述组成员答疑解惑。
设计意图： 小组通过探究、思考，将书中的知识点进行总结、归纳；引导学生理解、掌握书中重点是重要环节，但对证据仍要进行分析，培养其质疑的精神。	
活动二：安静心率测试	
教师活动 1. 质疑：我们从阅读中学到的内容科学准确吗？"呼吸加快时，心脏跳动往往也会加快"，是这样吗？咱们来试一下。 2. 静止实践：伸出右手，红线上面的是"指肚"，把指肚放在脖子上，轻轻按一下，你感受到了什么？学习测试心率的方法。 3. 统计学生安静心率：这就是我们的颈动脉，我们开始测试 10 秒钟的心率，听口令，准备、开始、停，记录你测到的数据。 4. 通过测试，统计学生静止状态下平均心跳为70—80 次 / 分钟。	**学生活动** 1. 学生根据老师的示范讲解，学习用手指测试颈动脉脉搏的方法。 2. 学生积极参与并回答问题。学生认真听讲，学会心率测试方法。 3. 学生尝试测试 10 秒安静心率并计算 1 分钟安静心率。
设计意图： 通过实践，教会学生测试心率的方法，引导学生理解：实验是验证问题的途径之一。	
活动三：不同运动强度下的心率测试以及运动后心率恢复测试	
教师活动 1. 教师提出问题，引发学生思考：呼吸快，心率会快吗？我们一起来验证一下。 2. 统计学生运动后心率：老师听到你们急促的呼吸，把手放在颈动脉上，准备测心率，准备、开始、停，记录你测到的数据。 3. 通过测试，统计学生平均心跳为 120—140 次 / 分钟。 4. 教师加大难度，验证加大难度时心率的变化。 5. 统计学生运动后心率：老师听到你们急促的呼吸，把手放在颈动脉上，准备测心率，准备、开始、停，记录你测到的数据。	**学生活动** 1. 学生认真听教师安排，积极回答问题。 2. 学生停止运动，立刻进行测试，得出准确数据。 3. 学生按照教师要求做动作，保持相应的运动强度。 4. 学生之间互相鼓励，客观评价。 5. 保持间距，注意安全。

续表

教师活动	学生活动
6. 通过测试，统计学生平均心跳为 160—180 次 / 分钟。 7. 小结：通过验证，我们得出了结论——呼吸加快时，心脏跳动往往也会加快。这验证了我们阅读内容的准确性。	6. 组织队形如下：

设计意图：让学生亲身体验不同运动强度下的心率变化，以及运动后心率的恢复情况；明确呼吸加快时，心脏跳动往往也会加快。

活动四：小组展示跑步与呼吸的关系思维导图

教师活动	学生活动
1. 教师导入：我们经常跑步，呼吸和跑步之间有什么关系？请小组跟大家一起分享。 2. 教师组织各组进行海报展示并阐述思维导图。 3. 教师进行评价与鼓励。	1. 小组讲解书中内容：胸式呼吸和腹式呼吸以及呼吸的"三步一呼、三步一吸"的节奏。 2. 学生认真倾听，积极思考并质疑。 3. 阐述组成员答疑解惑。

设计意图：小组通过探究、思考，对书中的知识点进行总结、归纳。

活动五：实践检验跑步与呼吸的关系

教师活动	学生活动
1. 引导学生体验：分为前后两组体验 10 次胸式呼吸和腹式呼吸。 2. 教师巡视指导并给出评价。 3. 以大课间的跑步音乐 6 分钟为节奏，教师带领学生体会跑步与呼吸的关系，体会不同节奏的呼吸方法。 4. 教师提示重、难点。 5. 教师边跑边指导学生，加油打气。	1. 学生认真体验两种不同的呼吸方式的区别。 2. 学生分组练习，进行互评。 3. 学生根据图形路线进行 6 分钟耐久跑，体会速度变化与呼吸节奏的关系。 4. 保持队形，注意安全。 5. 相互鼓励，相互评价。 6. 组织队形如下： 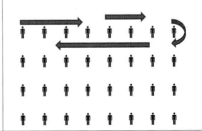

续表

教师活动	学生活动
设计意图：通过实践，学生切身体验不同的跑步速度和呼吸节奏的关系，学会如何将书本知识转化为运动能力，学会阅读。	
活动六：与家长一起运动，记录心率并分析	
教师活动 1. 教师布置家庭作业内容。 2. 教师提出作业要求及评价标准。 3. 教师提出回收作业时间。	**学生活动** 学生与家长一起做不同强度的运动，教会家长心率测试方法并记录数据，分析同等强度下，心率与年龄的关系。
设计意图：巩固课上所学知识与技能，拓展知识面，分析年龄与运动心率的关系，为后续的课堂任务奠定基础。	

在这种创新的体育阅读课上，教师巧妙地将理论知识与实践技能结合，让学生在阅读与实践中体验学习的全过程。通过选择与学生日常生活紧密相关的主题，教师激发了学生对运动理论的兴趣，并运用实践来验证理论，帮助学生将抽象的运动理论转化为具体的运动技能。这种结合整本书阅读与体育教学的方法，为学生提供了一个全面而深入的学习途径，不仅培养了学生的自主学习能力，还提高了他们的科学运动技巧。这样的教学模式为学校体育教育带来了新的活力，开启了一个全新的篇章。

3. 道德与法治：将阅读材料作为预习的重要任务，设计有针对性的预习任务单

道德与法治是一门极具综合性和实践性的课程，它覆盖了学生日常生活中的多个方面，致力于培养学生正确的道德观和法治意识。对于道德与法治学科来说，阅读材料是宝贵的学习资源，蕴含丰富的道德理念和法律知识，对学生的学习至关重要。

回龙观中心小学道德与法治学科教师将阅读各类主题的材料作为预习的重要任务，结合有针对性的预习任务单，明确预习的目标，引导学生针对性地阅读和学习，注重启发学生的思考和探究，培养学生的自主学习能力和探究精神。

通过预习任务单，学生主动阅读和积极思考，大大提高了预习的效率。预习任务单中的练习题帮助学生巩固知识，并提高了他们的应用能力，为课堂教学打下了坚实的基础。将阅读材料作为预习的重要部分，不仅提高了学生的阅读和自主学习能力，还为道德与法治的学科教学提供了更丰富的资源，有助于促进学生的全面发展。

以道德与法治学科六年级下学期"爱护地球，共同责任"单元为例。杨晴晴老师设计了"地球——我们的家园"和"应对自然灾害"两课学习任务，并将教材中的"自然灾害知多少"与拓展阅读的一系列自然灾害类科普绘本结合。这些自然灾害类科普绘本生动地展现了自然灾害的成因、过程和影响，对本单元的学习起到很好的补充效果。

杨老师将这些自然灾害类科普绘本作为学生课前预习的阅读材料，发布预习任务单。任务单包括回顾旧知和拓展阅读两部分：通过回顾旧知，学生熟练掌握如何从地图中提取关键信息，理解灾害发生的地理位置和分布情况，更好地理解自然灾害与人类活动之间的关联，提高地理空间思维能力；通过拓展阅读，学生对灾害带来的损失进行深入的分析和思考，自主探索书本中未提到的其他影响，培养信息搜集和处理能力以及批判性思维和创新精神。

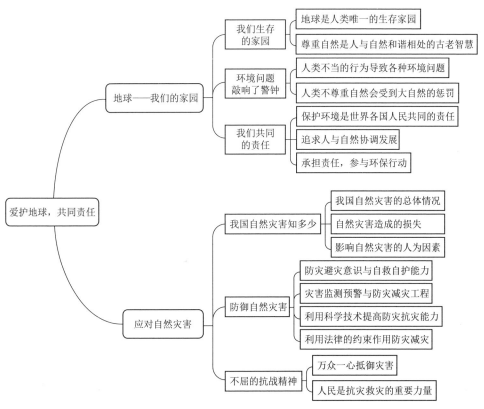

图2.39 "爱护地球，共同责任"单元教学体系设计

表 2.9 "应对自然灾害"预习单

类别	任务
回顾旧知	回顾阅读地图的方法
	回顾阅读统计图的方法
拓展阅读	阅读自然灾害科普绘本,通过阅读绘本,你发现自然灾害还会带来哪些损失?除了书中呈现的影响,你还想到哪些影响?

围绕"应对自然灾害"预习单,学生针对性地开展自主学习,阅读相关主题绘本,搜集相关资料,了解自然灾害的类型、自然灾害的历史和现状、对环境和人类生活的影响,以及科学家为应对自然灾害所做的努力和成果,并将自己的阅读成果以思维导图的方式呈现。这种以阅读为基础的学习方式,不仅丰富了学生的知识储备,还激发了学生对自然灾害问题的关注和思考,提升了社会责任感。

图 2.40 学生预习成果 1

图 2.41 学生预习成果 2

在课堂教学中,杨老师还结合学生的预习成果,拓展和深化自然灾害的相关知识,通过学习和交流,引导学生掌握自然灾害的类型和特点,了解自然灾害对人类生产生活的影响,并从多个角度思考我国自然灾害的特点和成因,加深对自然灾害问题的理解,让学生进一步意识到这些自然灾害与人类活动的关系密切,培养他们的环保意识和责任感。

表2.10 "应对自然灾害"教学设计（部分）

教师活动	学生活动
活动一：知概念	
教师活动 老师给大家带来几张图片，我们一起看看，它们呈现的都是什么？它们都有一个共同的名字——自然灾害。 1. 提问：什么是自然灾害？让我们带着这个问题来看一看下面的图片中呈现的现象，这些是不是自然灾害？ 2. 为什么家庭火灾和病毒不是自然灾害？ 3. 通过我们刚刚的辨识和你的了解，你认为什么是自然灾害？ 4. 小结：自然灾害是给人类生活带来危害或损害人类生活环境的自然现象。	**学生活动** 1. 龙卷风、干旱、海啸。 2. 地震是自然灾害；洪涝是自然灾害；火灾不是自然灾害，属于人为原因或意外原因；病毒不是自然灾害。 3. 大自然中发生的，而且会给人类生活带来影响。
设计意图：通过阅读图片、辨识图片，学生知道什么是自然灾害，初步感知自然灾害给人们生产生活带来的危害。	
活动二：知自然灾害特点	
教师活动 **（一）种类多，分布广** 过渡：你都知道哪些自然灾害？ 1. 我国发生过哪些自然灾害？它们又有什么特点呢？接下来就让我们一起学习探究。这是一张中国地图，谁先带着大家回忆一下阅读地图的方法？ 2. 学习活动 请同学们仔细观察地图，找一找我国自然灾害具有哪些特点，和小组同学交流你的发现。探究时间：3分钟。 3. 学生交流 4. 总结：你们小组观察得很仔细，通过几位同学的交流，我们发现在我国的自然灾害中，地震西多东少，洪涝东多西少，洪涝灾区集中在南方；台风发生在沿海地区，旱灾集中分布在华北和西北地区；自然灾害分布较广的特点。 **（二）频率高** 1. 我国自然灾害除了有种类多、分布广的特点，还有什么特点呢？老师又带来一张统计图，你们还记得阅读统计图的方法吗？	**学生活动** 1. 地震、洪涝、干旱、寒潮、台风、泥石流等。 2. 学生回顾阅读地图的方法：面对一张地图，首先看地图的名称，这是一张中国地质灾害图；其次确定方向，地图一般都标注方向，像这张地图没标方向的话，就默认上北、下南、左西、右东；再次看图例都表示什么；最后根据问题观察地图。 3. 学生观察地图，小组交流发现。 预设： 学生1：我发现我国自然灾害有种类多的特点，地图的图例中就有很多灾害，地图上不同的颜色表示不同的灾害，我国地图上有这么多的颜色，说明我国自然灾害种类多。 学生2：我发现自然灾害有分布广的特点。我通过观察图例发现地震几乎哪儿都有，但西多东少；洪涝灾害就是东多西少，集中分布在南方；旱灾分布广，集中分布在华北和西北地区；台风主要发生在沿海地区，全国各地都有自然灾害，由此我们组得出自然灾害分布广的特点。

教师活动	学生活动
过渡：就按这种方法，我们仔细观察这张图，找一找：你们又发现了什么特点？ 2.大家通过观察统计图还发现了我国自然灾害发生得较为频繁，也就是频率高的特点。 3.小结：刚刚我们通过阅读地图和统计图，发现了我国自然灾害种类多、分布广、发生频率高。	4.学生回顾阅读统计图的方法。 预设：在阅读统计图时我们还是先看图的名称，这张图的名称是：2021—2022年中国部分自然灾害发生次数统计图，接着看横轴和纵轴分别表示什么，然后看图例代表什么，最后根据老师的问题在图中查找。 5.学生观察图表，并说一说发现。 预设： 学生1：我发现灾害的次数很多，我从这个森林火灾和中小型地质灾害的数字，知道了这两种自然灾害发生的次数都是几百次或者几千次了。 学生2：我通过标题知道，这两年里部分地区自然灾害发生的次数就已经这么多了，要是所有的都统计上就更多了。 学生3：我还从这张表知道这只是中小型地质灾害的发生次数，如果再加上大型灾害的次数就会更多了。

设计意图：在观察地图和统计图之前回顾方法，学生运用所学知识，观察地图，阅读统计图和文字资料，知道我国发生过多种自然灾害，了解我国自然灾害种类多、分布广、发生频率高的特点，体会阅读在生活中随处可见，明确阅读是获取信息的重要渠道。

活动三：感受自然灾害的危害

教师活动	学生活动
（一）直接损失 这些自然灾害又会给我们带来哪些危害呢？这里有一张2022年我国自然灾害损失统计表，你们有什么新发现？ **（二）间接损失** 1.这些数据，让我们一目了然地看到自然灾害带给人类的巨大损失，那自然灾害还带来了哪些其他损失呢？ 课前我们一起阅读了有关自然灾害的绘本，通过阅读绘本，你发现自然灾害还带来了哪些损失？除了书中呈现的影响，你还想到了哪些影响？ 2.请小组交流自己阅读绘本后的感受。 3.看来自然灾害带来的损失不仅仅是我们当时能看到的，还有很多看不到的持续性影响，甚至对我们的心理都会造成伤害。 4.在我们生活的北京，又经常发生哪些自然灾害呢？	1.学生观察损失统计表，交流自己的发现。 预设： 学生1：损失非常大，受灾人数是1.12亿人，其他方面的损失也差不多都是以亿、万为单位。 学生2：通过文字我还知道，这些这么大的数值和近5年相比还下降30.8%、63.3%、25.3%，可见自然灾害带来的危害非常大。 2.学生以小组为代表交流阅读绘本的感受。 预设：冰雹、暴雨、大风、沙尘暴、寒潮等。 3.学生分享自己搜集的照片和视频。 预设：暴雨、沙尘暴、冰雹。 4.学生交流感受。 预设：面对自然灾害我们是没有办法的，应该及时躲避。

续表

教师活动	学生活动
5.课前大家都搜集了有关北京自然灾害的相关图片，我们一起看看：这是哪位同学搜集的照片？请你来跟大家分享。 6.通过刚才的交流，你有什么感受？ 7.生活中面对这些自然灾害，我们应该注意什么？ 8.通过阅读统计表、交流阅读感受等方式，我们知道了自然灾害不仅会造成直接损失，还会带来各种间接损失，甚至会影响社会稳定和可持续发展，我们要更加敬畏自然。	5.学生总结注意事项。 预设： 学生1：提前看天气预报，遇到不好的天气，没有重要的事情应尽量不出门；如果在室外，要尽量快速找到能躲避的地方，及时躲避。 学生2：得知有极端天气出现时，应该提前做好准备工作，尽量避免或降低可能的损失。

设计意图：通过2022年我国自然灾害损失统计表，学生直观感受自然灾害带来的巨大损失。课前阅读有关自然灾害的书籍、交流感受，以联系生活实际等方式，让学生明白自然灾害不仅有直接损失还有间接损失，影响是多方面的。

活动四：自然灾害产生的原因

教师活动	学生活动
1.我们知道了自然灾害会带来巨大损失，那么诱发或加重自然灾害的原因又有哪些呢？这里有两份自然灾害的相关资料，请同学们仔细阅读，用你自己喜欢的方式梳理。 2.总结：是啊，当我们粗暴地掠夺自然时，自然也会无情地惩罚我们。只有我们友好地保护自然，自然才会慷慨地给予我们回报。 3.播放视频：抗灾宣传教育片段。 4.总结：我们应谨记教诲，深怀对自然的敬畏之心，尊重自然、顺应自然、保护自然，构建人与自然和谐共生的地球家园。	1.学生梳理自然灾害产生的原因。 2.学生交流绘制的思维导图，知道人类的乱砍滥伐等行为会导致沙尘暴和洪水的加剧。

设计意图：通过以多样化的方式阅读不同的资料，学生知道自然灾害的特点、危害以及诱发或加重的原因。

从学科特征出发，将整本书阅读与学科教学整合，极大地丰富了学生的学习内容，使他们能够更全面、深入地了解学科知识和文化内涵，拓宽学科视野，培养跨学科学习的意识和能力。在提高阅读能力的同时，引导学生在阅读中学会思考、分析和判断，提高思辨能力和解决问题的能力。更重要的是，通过学习任务的设计和引导，学生不再被动地接受知识，而能够主动地参与学习过程，积极探索、发现、总结、实践，增强了学习兴趣、学习动力，培养了创新精神和实践能力，引导他们从被动学习走向主动学习，在主动学习中不断成长和进步。

　　回龙观中心小学的阅读课程改革，成功地将阅读融入国家课程，提升了学生的阅读素养，并促进了学生自主学习能力的提高。通过创新的"1+X"阅读课程体系，学校将阅读与语文、数学等学科深度融合，并通过大单元、大主题教学设计，使得阅读成为学生课堂学习的一部分，让学生在享受阅读乐趣的同时，也能感受到阅读在学科学习中的实际应用。导读课、交流课、实践课三大课型的梳理，探索了"全学科"阅读教学的新路径，这不仅丰富了学生的阅读体验，也为他们提供了多元化的学习方式。此外，学校注重从学科特征出发，将阅读与学科特色结合，进一步推动了学校育人方式的变革。

　　总之，回龙观中心小学的"全学科"阅读课程不仅为学生提供了一个全方位、多层次的阅读学习平台，也为其他学校提供了宝贵的经验和启示。通过将阅读与国家课程结合，学校成功地推动了学习方式的变革，有效培养学生的自主学习能力，为学生的全面发展奠定坚实的基础。

第三章

"全空间"阅读场域：穿越校内与校外，让阅读无限延伸

　　阅读空间建设是开展阅读教育的重要基础工作，是让阅读融入校园、家庭和社会的关键环节，推进阅读空间建设，有利于提升校园环境品质，拓展家庭和社会的阅读新场景，让学生充分体验多维度的阅读资源，激发学生的阅读兴趣，更好地服务于学生的发展。自 2020 年开始，回龙观中心小学以"去中心化"的友善教育理念为指导，基于"全学科"阅读实践，全面构建"全阅读生态"，将校园、家庭和社会紧密联系起来，构建"家校社"协同的"全空间"阅读场域，让学生充分利用多维度的阅读资源，让阅读随时、随地、随心发生。

一、提升学校阅读空间，打造时时处处可读的书香校园

　　学校是学生每天活动的主要空间，学校阅读空间作为塑造学校阅读文化、养成学生阅读习惯、提高学生阅读素养的关键场所，不仅需要提升美感，为学生提供丰富的藏书，也要注重为学生创设更加高品质、多样化的阅读场域，激发学生阅读的主动性，形成学校的阅读氛围，让阅读成为学生在校的生活方式。

　　回龙观中心小学目前公用图书共计五万五千余册，主要包括教材教辅、文学、科普、工具书、趣味图书、哲学与社会科学、艺术、传统文化、心理健康、生活技

能和综合性图书等十一大类别。为了让书籍真正进入学生的生活，学校结合校园环境特征，分析学生的心理需求和日常活动习惯，从空间设计的角度出发，打破常规意义的"图书馆"概念和校园空间限制，建设葵园书苑、阅读空间、班级图书角、门卫等候区等多个公共阅读区，在合适的位置摆放适合各年级学生阅读的书籍，为学生提供多样化的阅读选择，让图书"无处不在"，让阅读"触手可及"。为了营造更加良好的校园阅读氛围，学校还打造了以蓝海操场、森林探险走廊、艺术长廊等为代表的特色非正式学习空间，让校园处处洋溢着浓浓的书香气息。同时，学校珍惜学生宝贵的在校时间，利用"晨阅课程"、课间等时段，引导学生利用碎片化时间开展高效的自主阅读，从而逐步养成爱阅读、会阅读的好习惯。通过整体的环境设计，回龙观中心小学将校园打造成一座"图书馆"，让学生无论身处校园的哪个角落，都能遇到书和读书人的身影，让阅读随时、随地、随心、自然发生。

（一）建设公共阅读区，让专有空间成为阅读聚集地

苏霍姆林斯基在"书香校园"理论中提出："学校应该是书籍的王国。"建设学校阅读空间，应该让学生时时处处都能找到阅读的公共区域，将图书馆巧妙地搬进学校的各个角落，将阅读与原有空间的功能结合，做到因地制宜，让阅读无处不在。

回龙观中心小学着力建设公共阅读空间，为阅读打造一方天地，为学生提供丰富的藏书和舒适的环境，让学生放松身心地沉浸到书的世界，尽情领略阅读之美。学校建有葵园书苑和阅读空间两处大型综合阅读区，结合学生在校学习和生活场景，打造以班级图书角和门卫等候区为代表的小微空间，为学生阅读提供种种便利，成为让学生随处可读书、随处读好书的阅读聚焦地，将浓郁的阅读氛围延伸到校园的每一个角落，提高学生阅读的积极性和主动性。

1. 葵园书苑：一个充满人文气息的阅读聚集地

葵园书苑作为学校的大型阅读聚集地之一，建筑风格古色古香、肃穆雅致，藏书总数量近两万册。书苑分南北两间，南间大厅放置木桌和木椅，两侧书架上整齐地摆放着各类书籍，涉及绘本、杂志、童书等各种类别，供教师和学生自由阅读。在房间内侧，摆放着几张茶几，不同的阅读环境，带给师生别样的阅读体验。穿过

圆弧门，便来到了书苑北间，四周书架同样整齐地摆满了书籍，还有干净明亮的书桌、宽敞舒适的沙发，为师生营造了一个温暖的阅读空间。而墙壁的小篆印章、鼓楼式的钟表、20世纪70年代的教师合影、各式字体的"书"，则让书苑处处彰显浓浓的历史气息。身处葵园书苑，每个人都会被书苑的环境感染，为自己寻找一个宁静舒适的角落，度过愉快的阅读时光。

图 3.1　葵园书苑环境

图 3.2　学生在葵园书苑阅读

在回龙观中心小学，教师经常在课余时间到书苑去潜心阅读，也经常鼓励学生到葵园书苑中享受阅读的乐趣。张燕老师说："我通常在中午带领孩子们来到书苑阅读。来到这里，他们说话的音量自然而然地降低，动作自然而然地放轻，很快找到各自的位置，安静地开始阅读。'孟母三迁''蓬生麻中'无不告诉我们环境的重

要性，书苑成为葵娃们享受阅读、展示文采的空间。一间书苑，一缕书香，一杯清茶，一抹悠闲，浸润心灵便于此开始。"

很多学生也非常喜欢葵园书苑中式的建筑风格、舒适的阅读环境和丰富的图书资源。四年级3班杨欣瑶说："每次到葵园书苑读书，我都抛开一切杂念，一心沉浸在那丰富多彩的世界里，一本本有趣的、神奇的书，一个个值得思考的问题……葵园书苑给了我许多欢乐、许多知识，让我在美好的故事中快乐成长，那里是我童真的乐园。"四年级5班李昱欣则说："读书是一种享受，也是一种责任，书苑的每一寸空间，都弥漫着浓浓的书香，我在这个神圣的知识殿堂探索着宝藏。我翻开书页，仿佛穿越到了一个个神奇的年代，每一句话、每一个字都充满了智慧和力量，让我对生活有了更深刻的理解。在书院的宁静氛围里，我从书中汲取着无尽的智慧与力量。"

"脚步到不了的地方，阅读可以到达；眼睛看不到的远方，阅读可以带你看到；自身未曾经有过的那些经历，阅读也可以带你感受。"在葵园书苑，每个人都在书海中尽情遨游，在广阔的天空中自由飞翔，在无边的大地上自在奔跑，每个人都在阅读中"阅"来"阅"美好。

2. 阅读空间：一个可自主寻找答案的阅读场域

结合教学楼回字形设计、中心区域面积比较大的特点，回龙观中心小学将中心区域功能进一步拓展，设计成师生的阅读空间，这是学校另一处大型的阅读聚集地。推开阅读空间的大门，纵向一层挑高达到十米，在近二十多米的横向跨幅中，两面墙印满了书籍的图片，让人感觉豁然开朗。下面摆放着三层书架，放有上千册师生喜欢的图书，有教育、科普、文学、动漫、艺术、数学、信息等种类，供师生按需选择。另外一面墙上印有我国科技、文化、历史相关的图片，有四大发明、机器人、宇航员、月相图、从猿到人的发展过程等，引导学生体会科技的进步与时代的发展，信息的传播和人类进化的演变。门旁边的大柱子上盘绕着一棵粗壮的基因树。房顶用蓝色钢化玻璃进行采光，下方坠着高低错落的朵朵白云，从最里面的楼梯拾级而上，仿佛即将触摸到白云，给师生梦幻般的阅读环境。

书架前的平台更是造型别样，高低不同，形似波浪，上面铺着毛茸茸的不同颜色的大垫子，还有小凳子和藤椅。这些个性化的阅览座位，让师生能够以自己喜欢的姿势阅读、思考。

图 3.3　阅读空间环境设计

图 3.4　学生在阅读空间阅读

　　每到课间，学生三五成群在阅读空间中跟随作者一起去经历、去体验、去感受、去收获。当课上遇到困惑或自己感兴趣的内容时，有的学生中午就会来到阅读空间，查阅相关图书，在书中寻找答案，在阅读中完善认知、增长才干。杨晴晴老师说："阅读空间对我们班学生的改变非常大。记得有学生问我刘慈欣的《三体》里边的内容，这个问题一下子问倒了我，这时旁边的同学说在阅读空间里看到过，不过没记住，希望下课大家一起去寻找。这句话给了我灵感，我带领学生把课堂转移到阅读空间，学生带着问题默默阅读、低声交流、快速记录，大家都沉浸在自主阅读和自主学习中，最终学生通过自己的努力找到了问题的答案。从那以后，学生更喜欢去阅读空间寻找答案了，他们深深地感受到，原来学习不仅可以跟着老师学，还可以跟着书籍学。"

如今，学生遇到问题时，不再依赖于等结果、等答案，他们会第一时间走进阅读空间，在一次次主动寻找、讨论、实践中，养成了独立思考和自主学习的好习惯。阅读空间将人与书融合为一个整体，书自由地放置于空间的每一处，学生随时随地拿取，坐下来就能享受阅读。阅读空间已成为学生学习成长的重要场域，使学生得到精神的滋养。

3. 班级图书角：一个学生身边的便捷阅读空间

苏霍姆林斯基说："只有创造一个教育人的环境，教育才能收到预期的效果。"图书角作为班级文化建设的重要载体和校园中阅读场域构成的重要部分，对学生阅读兴趣的培养和阅读习惯的养成起到重要作用。

回龙观中心小学从学生的实际需求出发，以借阅方便、占地合理和功能完备为设计方向，创设新颖活泼的阅读环境，构建班级阅读场域。班级图书角的布局具有位置明显突出、收纳容量大、便于图书分类、空间使用较小等特点，因设置在讲台位置，使得学生借阅更为方便，不会出现借阅过程影响其他学生阅读的情况。同时，因图书都摆放在黑板附近，位置醒目，有利于潜移默化地培养学生对图书的向往和喜爱之情，提高班级阅读空间的能效。

图 3.5　班级图书角

在回龙观中心小学，每位班主任都非常重视班级图书角的设计和利用，精心打造图书角。有的班级采用民主讨论的方式探讨图书角的布局和书目，定期更新书籍，便于学生选择；有的班级用张贴书中插画或精彩片段、绘制图书思维导图或手抄报等方式装扮图书角，营造浓郁的阅读氛围；还有的班级采用学生自治的方式做图书管理，由学生自主负责图书的借还、整理等工作，这些举措都起到了促进学生阅读、提高学生阅读兴趣的作用。

现在，各班级都已经形成了一套完整的借阅流程和图书更新标准。以图书借阅为例，各班级建立了图书借阅管理制度和借阅档案卡，借书者要详细填写借阅档案，写明借阅时间、借阅图书名称、归还时间、图书状况，并安排组长作为检查员进行监督管理；再通过设置图书角值日组长职务，充分发挥值日组长的领导作用，协调处理好图书角的各项管理工作，让班级图书角持续运营与发展。

为了促进学生读书习惯的养成，各班级还搭建了有特色的读书成果展示平台，例如举办好书推荐会、开展讲故事比赛、开展读书专栏分享阅读体会、评选读书笔记等。徐娇老师说："我鼓励学生在晨读、课间、午饭后、自习课等时间去图书角选取喜欢的书籍阅读，并鼓励学生在书签中记录自己的阅读感受。为了提高学生的阅读兴趣，也会定期举办阅读分享会活动，其中最受学生欢迎的是'我是图书推荐官'活动，学生可以绘制手抄报、写推荐语或推荐分享等，分享心中最爱的图书。班主任与学科教师积极参与其中，以身作则，发挥示范带动作用。"

班级图书角发挥学生的主体作用，引导学生充分利用课余时间主动参与阅读活动，自主选择感兴趣的书籍阅读。班级图书角受到了学生的广泛喜爱，到班级图书角选书、读书，已成为学生课余时间热衷参与的活动之一。

五年级3班的汤栩然同学说："我们班图书角的书籍分类清晰多样，只要你想阅读了，一定能选到一本你感兴趣的书。有了图书角，我们的课间生活变得更有趣了，同学们常常喜欢聚在一起，讨论书中的人物和情节，或者互相推荐自己喜欢的书，那场景别提有多热闹了！就连老师批完作业后，也会到图书角去选书、读书。"

班级图书角虽然只是小小一隅，但却是集各班级师生的集体智慧，由各班级师生共同精心策划、用心布置而成。各有特色的班级图书角构成了每个班级一道亮丽的风景线，不仅促进了班级文化建设，也推动着良好的班风、学风的形成。

4. 门卫等候区：一个自主生发的阅读小天地

在回龙观中心小学，经常有一群学生，坐在门卫室安安静静地阅读，而这个设计的灵感也正源于学生。原来，每当放学时，有一些不能及时被接走的学生会在门卫室等待家长。学校浓郁的阅读氛围，让学生早已习惯了利用一切可利用的时间阅读。于是，在门卫室安静阅读的学生成为学校独有的风景线。

为了让学生拥有更舒服的阅读环境，学校将门卫室进行功能再设计，这里也成为一个学生自主生发的阅读小天地。学校从门卫室开辟出一个约 12 平方米的小空间，三扇落地的大窗拉近了校内和校外的距离，一组"BOOK"字样的异形小书架上摆满了学生们喜爱的读物，还设有一组典雅的转角小沙发，两个小圆茶几。

有了这样的一个阅读小天地，每当放学时，不能及时被接走的学生不再焦急地在校门口等待，他们会在门卫室等候区安心休息、阅读，也让急于赶路的家长少了一些匆忙，多了一些踏实。当听到窗外家长喊到自己的名字时，他们便将手中的书整齐地放回书架，再和家长一起离开学校。

图 3.6　门卫等候区

这处暖心的门卫等候区虽然面积不大，只用桌椅和书籍就构成了学生的小小阅读乐园，却受到师生和家长的欢迎。三年级 1 班的学生吴硕说："门卫等候区里有各种各样的书籍，有科普书、童话书等，种类丰富极了。有了等候区，爷爷不能准时来接我放学，我也不再紧张了。在这里我还学到了许多知识，我曾经看过一本叫《谁是达尔文》的书，里面详细介绍了他是怎样观察动物的，非常有趣。我很喜欢这个既能学到知识又很温暖的门卫等候区。"对于学生来说，在干净整洁的小小等候室里阅读的过程，不但是一次摄取知识的过程，而且是一次滋润心灵的过程，让学生和家长都能感受到学校对学生浓浓的爱与关怀。

学校阅读空间的建设，为学生提供了一个自由、舒适的阅读环境。充满人文气息的阅读书苑，宽敞明亮的阅读空间，温馨便捷的班级图书角，暖心安静的门卫等候区……为学生随时随地阅读提供了便利。建设校园阅读空间，让阅读变得触手可及，让校园处处都弥漫着自然而温馨的阅读氛围，让学生可以随时随地在知识的海洋中畅游，探索未知的世界，从而享受阅读的乐趣。

（二）用好校园每一个角落，让校园遍布书香

苏霍姆林斯基曾说："孩子在他周围——在学校走廊的墙壁上、教室里、活动室里经常看到的一切，对于他精神风貌的形成具有重大的意义。"校园文化环境的优劣对人的成长有着不可忽视的影响。回龙观中心小学秉承环境育人的理念，巧妙地将学校的环境特色与阅读文化建设结合，精心打造蓝海操场、森林探秘走廊和艺术长廊等各个校园角落，营造一个充满活力、富有创意的阅读氛围，持续激发学生对知识的好奇心和探索欲，引导学生带着问题去阅读、思考、交流，不断提升阅读能力和综合素养。

1. 蓝海操场：打造户外阅读和交流的蓝色沉静空间

宽阔的操场往往是一所学校最热闹的地方，洒满学生的欢声笑语，犹如一片欢乐的海洋。自 2020 年开始，回龙观中心小学独具匠心地将操场打造成一片"蓝色之海"，不仅为学生提供一个充满活力的运动场所，更将阅读的种子播撒在学生的心田。

蓝色是一个让人冷静、使人心绪稳定的颜色，给人以安心和愉快的印象，让人进入一种身心平静的状态。"蓝海操场"以蓝色为主色调，以红、黄、蓝三种色素进行点缀，灵感来源于蒙德里安创作于 1930 年的世界著名油画《红、黄、蓝的构成》，这幅画主要表达了反对个人主义、宣扬和平团结的内涵。同时，红色、黄色、蓝色作为三原色，还能通过混合产生其他所有颜色，寓意着阅读让每个人都能够拥有无限可能。

"蓝海操场"运用大面积的蓝色，给人以极高的安全感、放松感和"色引力"，在这个宽敞、舒适的户外活动空间，学生能够放松下来，在蓝天白云下奔跑、嬉戏，或者享受自由的阅读和交流，促进自主学习和合作学习能力的发展。蓝色的跑道环绕着操场，仿佛知识的纽带，将学生与阅读紧密地连接在一起。

图 3.7　蓝海操场

"在山的那一边，是海！"这句话不仅是对自然景观的描绘，更是对人们追求知识、勇攀高峰的生动诠释。书山陪伴着学生攀登的脚步，学生徜徉在蓝色的海洋中，仿佛已经跨越了重重高山，来到心中的那片海，在阅读中尽情享受海的浩瀚、宁静。

2. 森林探秘走廊：打造寻宝式的阅读互动空间

在回龙观中心小学，有这样一条神秘的森林探秘走廊，这里是学生的乐园。学校通过精美的插画，为他们营造沉浸式的森林环境，再以画面提问和寻找答案的游戏化方式，将阅读融入环境，寓教于乐，带领学生一起认识森林里的植物和动物，学习观察自然环境的方法，探索大自然与地球的奥秘。

置身于这片神秘的森林探秘走廊，左右两侧与地面的景象共同构筑了一个充满奇幻与探索的空间。地面被巧妙地设计成一个精致的森林景观，仿佛踏入了另一个世界。脚下是一片水的世界，一座座绿意盎然的生态小岛悬浮其上，沿着小岛之间的通道，每走一步仿佛都能感受到大自然的呼唤和生命的律动。

走廊左侧有各种植物，右侧间或隐藏着一些可爱的小动物，为这片静谧的森林增添了几分生动与活力。在这里，学生变身为"探险家"，每一步都充满了未知和惊喜。走廊的两侧还摆放着多把彩色的椅子。坐在这些椅子上，学生可以尽情地欣赏周围的景色，感受大自然的魅力，学生有时也会三五成群地聚在椅子周围讨论森林的奥秘，享受一段难忘的探秘之旅。

图 3.8　森林探秘走廊

为了让学生认识到生态环境的重要性，学校结合森林探秘走廊开设了专门的"森林探秘走廊"课程，课程内容涉及动物脚印识别、植物的分类、树木的分类、不同的年轮、野外生存的准备、树屋的种类、3D 动物展示、各种菌类等多个主题，设置了许多趣味盎然的问题，启发学生深入思考。学校提供大量的自然科学书籍，供学生从书中探寻奥秘，而答案也隐藏在长廊附近。这种寻宝式的学习方式，激发了学生学习的积极性和主动性，引导学生在主动学习中学会思考和分析。

有学生说："在这样的走廊里上课，我对森林有了更大的兴趣和更深的思考：森林覆盖率有多少？森林与我们人类有什么关系？森林深处有多少我们不了解的奥秘？带着这些疑问，我查找了很多关于森林的资料，在大兴安岭这个我国著名的森林区域，我学到了许多关于树木、菌类、苔藓等生物的知识。我还尝试将所学知识运用到实践中，我制作了一款关于森林的益智游戏，希望通过游戏的形式让更多人了解森林的重要性，为保护生态环境贡献自己的力量。"

森林探秘走廊不仅是一个阅读的空间，更是一个连接人与自然的桥梁。它鼓励学生走出教室，走进自然，通过观察、探索和阅读，了解地球的奥秘，培养对大自然的敬畏和热爱。在这里，学生可以尽情地发挥自己的想象力和创造力，与书籍和自然建立深厚的联系，享受收获的乐趣和喜悦。

3. 艺术长廊：打造连接艺术大师的"时间隧道"

在中国古代建筑中，长廊是重要的一个组成部分，雕梁画栋、美不胜收，许多长廊成为我国古代建筑中的瑰宝。回龙观中心小学也有一条美丽的艺术长廊。它紧邻校门口，是师生进出校园的必经之路，师生每天行走其间，像穿行在一条长长的

"时间隧道",在感受美中探究美、追求美。

2021年,回龙观中心小学开发了"葵娃对话经典艺术长廊"课程,共甄选了卡拉瓦乔、德加、塞尚、莫奈、卢梭、梵·高、乔治·修拉、蒙克等25位艺术大师的画作装扮学校艺术长廊的南侧,这些经典作品彰显着艺术的魅力,让人流连忘返。比如长廊中展示了法国画家、野兽派创始人与主要代表人物马蒂斯的作品,通过文字介绍,学生可以了解到野兽派的起源、发展、特点,以及马蒂斯的代表作品、绘画风格等内容,激发他们的好奇心,引发他们对作品和画家的关注与思考,从而通过主动阅读去了解更多信息。

图3.9 艺术长廊

图3.10 艺术长廊部分大师作品

艺术长廊北侧由用中国传统五色（青、赤、黄、白、黑）描绘的极具中国特色的作品构成，画作中山、水、花、鸟等元素互相衬托。学生在惊叹于这些作品的独特笔触与色彩的同时，也能感受到画家内心的情思和意趣，了解到东西方不同的艺术风格。

在这些名画旁边，还展示了很多学校学生的作品。这些作品丰富多彩，主题鲜明，有的画作展现了校园的一角，让人感受到了浓厚的校园文化气息，有的画作描绘了北京"三山五园"的美景，将我国悠久的历史和美丽的自然景观融为一体，展现了学生们的家国情怀，还有一些是学生在各类艺术比赛中获奖的作品，为这条每日必经的艺术长廊增添魅力。

图 3.11　艺术长廊北侧

"艺术长廊"不仅具有展示的功能，烘托出学校浓厚的文化氛围，还是促进阅读的有效载体，让学生在这种多样化、立体化的课程中感受到艺术的魅力，激发他们对真善美的思考和创作热情，拓宽审美视野，提升艺术素养。

六年级 2 班林语辰说："我最感兴趣的艺术家就是塞尚。原来我一直认为画得逼真的作品才是好作品，但是塞尚却认为，绘画并不意味着盲目地复制现实，它意味着寻求各种关系的和谐。这改变了我欣赏绘画的单一标准，让我能从更多作品中发现美，感受到艺术作品中表达的思想。"六年级 2 班原蔓熙说："太巧了，我也最喜欢塞尚，我查阅了他的成长经历，发现我的梦想和他小时候的一样，我们都想当画家，我

要向他学习。"

这条充满艺术气息的艺术长廊成为师生漫步艺林的一条通道,走过艺术长廊,就像翻阅一本中西合璧、图文交织的精美书籍,能够帮助学生拓宽艺术视野,提高审美能力,发展创造性思维,培养独特的艺术素养。艺术长廊是学生艺术梦想的开端,引发学生对美的好奇和追求。随着更多学生参与艺术创作,这条艺术长廊将继续丰富和完善,成为展示学生艺术才华的舞台。

在回龙观中心小学的校园里,随处可见在蓝海操场阅读和交流、在森林探秘走廊探索自然的奥秘、在艺术长廊感受名家名作魅力的学生。一个个别具匠心的校园角落,不仅让校园遍布书香,也让学生在这样的环境中情不自禁地去深入阅读和思考。

(三)用好校园每一个时段,引导学生自主阅读

好习惯的培养在于点滴积累和长期坚持,阅读习惯同样如此。儿童时期是帮助学生养成终身阅读习惯的最佳时期。因此,回龙观中心小学充分利用校园内可利用的时段,引导学生自主阅读,帮助学生建立良好的阅读习惯。从早晨入校开始,学校结合早晨这个黄金记忆时段和一天学习活动的开始,开设"晨阅课程"。同时,学校还结合学生每天都能多次听到的铃声,开发十二套"葵娃对话'经典'铃声——葵园'艺术大师'课程",帮助学生迅速调整学习状态,持续激发对阅读的兴趣。当阅读兴趣逐步扎根,阅读时间自然地延伸到课间休息、午休等时段,学生不再只是闲聊、嬉戏,而是选择捧起一本书,静静地享受阅读的乐趣。阅读由兴趣开始,在自然而然中融入学生的日常生活,学生也逐步养成自主阅读习惯。

1. 晨阅课程:在晨读中开启一天,静享"晨阅时光"

一日之计在于晨。清晨的校园,书声琅琅,阳光洒进教室,悄然映射在教师和学生专注的面庞上。在这个宁静的晨间时光里,教师和学生每个人都手捧一本书,他们正在静静地享受"晨阅时光",在晨读中开启崭新的一天。

回龙观中心小学依据学段要求、课程内容和学生实际学情,利用早晨到校的时间,打造"晨阅课程",为学生创设安静润泽和有教师陪伴的自主阅读氛围。学生进入班级后,从班级书架上挑选自己喜爱的图书,再回到座位上安静地阅读,教师也坐下来陪伴学生阅读。师生可以自己定义阅读的内容、节奏和进度,让每个人都

能够在阅读中有所思考、有所收获。

图 3.12 师生在"晨阅课程"中阅读

"晨阅课程"是学校"全阅读生态"的组成部分，经过学校语文教师的慎重对比、评选，基于《中文分级阅读文库》具有分级科学、儿童性、经典性和母语性等特点，最终确定中文阅读书目全部选自《中文分级阅读文库》，用这套书链接教材，链接传统文化，链接经典名作，给学生的精神成长提供丰富、适当的养料。同时，在每周五的"晨阅课程"中，各年级也要阅读英文原版书籍。经统计，仅 2023 年 9 月，学生在"晨阅课程"中的自主阅读量已非常惊人，学生甚至只用"晨阅"时间就能完成新课标对小学各学段的任务要求。

表 3.1 "晨阅课程"各年级阅读数据统计

年　　级	阅读数据统计
一年级	人均读绘本 28 本，人均 5000 字，年级共计 127.5 万字
二年级	人均读绘本 35 本，人均 7000 字，年级共计 196 万字
三年级	人均读整本书 1 本，人均 10 万字，年级共计 2700 万字
四年级	人均读整本书 1.5 本，人均 14.7 万字，年级共计 3969 万字
五年级	人均读整本书 2 本，人均 20 万字，年级共计 5100 万字
六年级	人均读整本书 4.7 本，人均 31.3362 万字，年级共计 5639 万字

"晨阅课程"保证了学生有更多时间阅读，也为教师的自主阅读提供了时间保障，陪伴学生读完六年的推荐书目的过程，也是教师自我丰盈的过程。焦子涵老师说："通过'晨阅课程'，我更加深刻地理解了孩子的世界，每个故事背后都蕴含着深刻的道理，每一个角色都在无声地影响着孩子的成长。我们一起讨论故事中的情节，分享彼此的感受，这不仅增进了我们之间的沟通，也让孩子学会了表达和交

流，我们互相影响、互相学习、共同进步。'晨阅课程'打开了与平时上课不一样的天地，这是一个与他们共同成长的开始。"

晨光熹微，透过玻璃斜射在正沉浸于读书的学生的脸上，这是静谧而又美好的晨读时光。他们在阅读中开启了蓬勃向上的一天，书中那些充满奇思妙想的故事和观点，让学生的思维插上翅膀，翱翔在知识的海洋中。在这美好的晨间时光里，一颗热爱阅读的种子也在他们的心间悄然深种。

2.校园铃声：对话"经典"，在潜移默化中润泽学生心灵

"情动于中，故形于声。"声音是情感的表达，也是"有声"阅读的载体。声音可以帮助人们感悟它所蕴含的情感，从而汲取丰富的精神食粮。铃声是学校日常运行的重要组成部分，铃声的响起和停止为学生的在校生活规定了明确的时间段，帮助学生养成规律的生活习惯，培养学生的时间观念和自律能力。结合学生每天都能多次听到的铃声，回龙观中心小学融合中外经典音乐之作，以小学十二个学期为一个循环，开发了十二套"葵娃对话'经典'铃声——葵园'艺术大师'"课程，涵盖十三个主题，包括上百首中外大师经典名曲，作为学生从入校到离校的铃声提醒。

每一首"经典"铃声，都代表着学校音乐教师的高度共识和共同努力。教师从世界各地的音乐作品中，精心挑选和编辑，以确保这些铃声既具有丰富的文化底蕴，又能满足现代校园生活的需求。这些铃声涵盖了西方古典主义时期的庄严工整，浪漫主义的飘逸醉人，以及中华民族音乐的韵味悠远。通过对不同时期、不同风格的音乐作品进行整合，铃声的曲风变幻丰富，文化内涵深厚。这种多元化的音乐体验，为学生营造了一个充满音乐氛围的学习环境，使学生在日常生活中能够感受到世界各地的音乐魅力，极大地拓宽了艺术视野。

铃声的安排顺序也经过精心设计。入校铃声都是悠扬、颇具舞蹈性的圆舞曲，伴着学生快乐地走进校园；课间操铃声是激昂的进行曲，与学生的步伐一样整齐有力；午休则有舒缓的《高山流水》《思乡曲》《在银色的月光下》等佳作陪伴。以第一套"葵娃对话'经典'铃声——葵园'艺术大师'"课程为例，入校铃声为管弦乐合奏《蓝色多瑙河圆舞曲》，第一节课铃声是民族管弦乐合奏《喜洋洋》，第二节课铃声为管弦乐合奏《爱的礼赞》，课间操铃声为管弦乐合奏《威廉·退尔序曲》和贝多芬的《G大调小步舞曲》，第三节课铃声为小提琴协奏曲《春》，第四节课铃声为管弦乐合奏《快乐的女战士》……这些乐曲有的激昂，有的舒缓，有的欢乐，有的优雅，每首乐曲都堪称传世经典，这样的"有声"阅读潜移默化地改变着学生的精神面貌。

图3.13　第一套"葵娃对话'经典'铃声——葵园'艺术大师'"课程

图 3.14　第二套 "葵娃对话'经典'铃声——葵园'艺术大师'"课程

　　铃声覆盖了学生从入校到离校的每一个声音提醒，学生平均每天能听到十四首不同的名曲铃声，一个学期能听到近千次经典音乐。学校每学期更换一套名曲铃声，每个学生在六年的小学生活中能够听到、了解上百首中外大师的经典名曲。十二套"经典"铃声课程兼顾审美与学生的年龄特点，广受欢迎。有学生说："葵园铃声全部选用了风格不同、独具特色的世界名曲，如《调皮的小闹钟》，它提醒我们下课啦，开始尽情玩耍吧！当庄严的《狮王进行曲》响起时，它告诉我们该认真上课了。"

　　聆听带来的是听觉上的感知，而阅读能够从文化的角度，更深入地理解音乐。为了让学生进一步了解这些"经典"铃声，学校利用"葵园广播站"的"每周一支名曲"板块，由音乐老师和学生共同准备、录制，利用午餐时间，向全校师生介绍经典铃声背后的故事。学校通过在音乐课堂设置"课前 3 分钟"环节，教师组织从经典铃声的作者、创作背景、风格等多个方面的主题演讲，学生从曲目选取到演讲准备，再到 PPT 制作等多个环节进行深度参与，教师也会结合课程内容引领学生进一步探究，激发学生的阅读兴趣，提高学生的阅读素养。

　　有学生说："最令我印象深刻的是《蓝色多瑙河》这首乐曲。在一次午间校园广播时介绍了这首乐曲，我就对它产生了浓厚的兴趣。通过听广播和阅读相关资料、书籍，我把有关这首乐曲的内容读了一篇又一篇。我不禁产生了一个疑问：这和入校铃声《蓝色多瑙河圆舞曲》有什么关联之处呢？我迫切想要知道答案，于是我继续翻阅书籍资料，在阅读中寻找答案。原来，两首音乐作品虽然在曲作者、调式上不同，但都是为了赞美美丽的多瑙河以及河岸边的人们。音乐给我们的生活添上了色彩，音乐也激发了我的阅读兴趣，增长了我的知识。我想，这也是音乐的魅力所在吧！"

图 3.15　学生介绍"经典"铃声

音乐是一种语言，音乐也是一种阅读方式。铃声不仅仅是一种时间管理的工具，还是充满文化内涵和艺术魅力的"有声"阅读方式，更是激发学生阅读兴趣的重要媒介。当一首首经典名曲铃声响彻校园，师生的听觉感官被触动，探究兴趣被激发，他们共同探秘音乐背后的文化和历史，开启了一场特殊的阅读之旅。在经典铃声课程的熏陶下，学生更加深入地了解了音乐背后的文化和历史，也更加热爱阅读和探索未知的世界，他们学会了欣赏美、理解美、感受美、追求美，从而领略丰富多彩的世界。

从教室到校园，从晨间到黄昏，从视觉到听觉……回龙观中心小学巧心设计公共阅读区，充分用好校园的每一个角落、每一个时段，为师生打造一个时时处处可阅读的书香校园氛围，让阅读成为一种自然而然的行为。学校的阅读空间的内涵得到了极大的提升。随着空间的延展，学生的阅读习惯也在自然而然地养成，阅读的能力也在逐级提高，校园"悦读"蔚然成风。

二、建设家庭阅读空间，营造浓厚的家庭阅读氛围

2021 年，中宣部办公厅印发的《关于做好 2021 年全民阅读工作的通知》强调，"加大服务力度，倡导家庭阅读、亲子阅读"。2023 年 3 月，教育部等八部门印发《全国青少年学生读书行动实施方案》，提出实施家庭亲子阅读行动，引导家长重视阅读并提高阅读指导能力，传播亲子阅读理念，帮助儿童从小养成阅读习惯，涵育家庭阅读风尚。2023 年 4 月，全国妇联等五部门部署实施"书香飘万家"全国家庭亲子阅读行动，助力全民阅读从家庭做起、从娃娃抓起。

家庭作为孩子的第一所学校，对孩子的健康成长起到至关重要的作用。在家庭阅读越来越受到关注的当下，家庭阅读氛围建设已成为培养孩子阅读兴趣的重要途径。但因家长的文化水平、对阅读的重视程度、阅读指导的经验和方法等因素的影响，不同地区甚至不同家庭的父母在阅读理念方面都存在着较大差异，因此，家庭阅读环境的创设，既需要家长自身的努力，也离不开相关组织的指导。

回龙观中心小学将家庭阅读空间建设作为点亮家庭阅读梦、建设书香家庭的抓手，指导家庭打造以阅读体验为核心的阅读空间。家庭阅读空间的建设让阅读成为家庭生活的一部分。家长积极参与，为孩子打造了一个个温馨、舒适的阅读空间。

在这个空间里，孩子可以和父母一起阅读，分享阅读的快乐，增进亲子关系，同时培养孩子的阅读习惯。

（一）家人齐动手，设计家庭阅读空间

家庭阅读空间是开展家庭阅读活动的场所，随着时代的发展，家庭阅读空间也不再局限于书房这样的特定场所，利用好家中的公共活动区，比如客厅或阳台一角，也可以开辟家庭成员共同阅读和交流的空间。

回龙观中心小学将家庭阅读空间建设的基础设施总结为五个方面：一是位置安静，适合静心阅读，减少不必要的干扰；二是摆放各类书籍的书架或书桌，书架高度适中，符合孩子的身高特点，书籍丰富多样，便于拿取；三是提供舒适度高的座位或坐垫，供孩子或家长安心地沉浸于阅读之中；四是营造能够保护眼睛的照明环境，光线适中，减少对眼睛的负担，预防近视的发生与发展；五是摆放可以放松身心的或与阅读相关的装饰品，可以是一盆绿植、一句标语、一幅画等，这些摆件有助于增强阅读氛围，优化阅读环境。

为了帮助家长更有效地引导孩子阅读，学校通过组织培训、讲座、读书交流、提供不同年龄段的参考书目等方式予以支持。同时，考虑到家庭阅读与学校阅读的差异，学校鼓励家长根据孩子兴趣、年龄特点、知识技能、价值引领等因素，持续丰富家庭阅读书目，为孩子提供更加多样化和综合性的阅读选择。

在学校的指导下，全校各班级的家长纷纷行动起来，和孩子一起打造独具特色的家庭阅读空间。三年级 2 班侯宇桐妈妈说："我们想让孩子有一个区别于书房和学习桌的环境，哪怕躺着、趴着都可以，还要光线充足，阳光洒进来暖暖的。书架上的黄金区域读完就换新的书，保证孩子阅读兴趣高涨。我们还预留了超大地垫，她和她的猫可以随意滚。阅读空间还配置一张小矮桌，让她可以做心爱的手工。这也是和孩子共同讨论的结果，我们一起营造一个快乐阅读和娱乐的氛围，让阅读像玩一样简单。在书籍选择方面，除了与孩子一起商量，我们也有所侧重，一、二年级时我们为孩子提供广泛的阅读资源，从三年级开始，更加重视增加非虚构书籍，比如时事新闻、科普百科等，拓宽孩子的阅读视野。"

孩子也用画笔记录了自己对家庭阅读空间的喜爱之情。侯宇桐画出了自己在阅读空间中想象的未来世界，她说："我在这里度过了许多愉快的时光。我会读书、做手工、写作，甚至和朋友们一起分享阅读体验。这个空间不仅为我提供了一个安

静舒适的学习环境，还见证了我成长的点点滴滴。我非常喜欢这个阅读空间，它是我家中的宝藏。"

图 3.16　侯宇桐同学的家庭阅读空间

三年 2 班李蒴的妈妈在引导孩子自主阅读方面也有自己的心得："我选择了一个不高的落地书架，孩子很容易拿取，并且书是按孩子的喜好排列：比较爱看的书会放置在孩子最容易拿放的地方，依次是兴趣稍微弱些的书，最后就是不太感兴趣的书。我偶尔还把孩子兴趣不浓但比较好的书放置在显眼的地方，这样可能孩子哪天就想打开看看，他说不定就有了兴趣。"

李蒴也画出了自己的阅读空间，他开心地说："我非常喜欢我的书架，也非常喜欢我的沙发，我更喜欢坐在沙发上阅读着我喜欢的书。由于第二天要上学，我要早睡，我总是不能很尽兴地看书，所以我非常期待周末，到了周末，我就可以不受时间限制地在我的阅读空间里尽情享受阅读啦！"

图 3.17　李蒴同学的家庭阅读空间

三年级 1 班谭又祎家里的阅读空间也随家庭环境做了特别的安排。谭又祎妈妈说："我们在家里给孩子布置了一个家庭阅读空间，是沿着通往阁楼的楼梯而设，拾级而上，满满的都是书。我们会把绘本、漫画等一类书籍放在台阶最下方，随着孩子长高、长大，就可以踩着台阶，拿到越来越深奥的书。对于孩子的阅读书目，我们不做太大设限，孩子的学校做得非常好，重视阅读习惯，有一些推荐书目，家长之间也互相交流买书心得，为我们在相应年龄段上的书籍挑选省下了不少时间和精力。另外，在日常工作和生活中看到觉得适合孩子阅读的书，即便对他们的年龄来说可能有一些超纲，我们也会买回家里，提前准备好，方便他们随时翻阅。很多时候这种无心的安排，却成了孩子特别喜欢的选择。"

图 3.18　谭又祎同学的家庭阅读空间

四年级 1 班谢雨桦家长鼓励孩子将自己的阅读体验转化为创作灵感和素材。谢雨桦妈妈说："通过阅读不同类型的书籍，孩子能够了解不同的文化、历史和人生故事，增加知识储备，拓宽视野。而随着孩子年级的升高，阅读也应更加注重理解、迁移和转化。我们给孩子配备了小黑板、各种绘画工具和阅读笔记等方便拿取的用具，她可以随时记录读到的精彩瞬间，通过写作、绘画等方式表达自己的思想和情感。这种创作过程不仅培养了孩子的观察力和表达能力，更让她体验到成就感，自信心也有所增强。我们相信，通过阅读和创作，孩子将成为有思想、有创意、有情感的独立个体，在未来的人生道路上行走得更加自信和坚定。"

图 3.19　谢雨桦同学的家庭阅读空间

五年级 3 班刘致宁妈妈说："孩子天生对未知世界充满了好奇心，经常会问一些'奇怪'的问题，针对孩子这种天性，我们在家里建立了属于孩子的'课外书架'，书架上都是一些与学校学习无关的课外书，孩子在这里可以尽情探索'奇怪'的知识，小到几纳米的分子，大到难以测量的宇宙，还有绚烂多彩的声、光、电等。孩子无数次在阅读之后跟我们讨论外星人乘坐光波飞船从外太空飞到地球看到的景色，孩子的描述也慢慢从我们能听得懂的简单照搬书本，变成了各种我们听不懂的名词，这个书架也成为孩子最好的朋友和成长的见证。"

刘致宁说："每读完一本'课外书架'上的书，我觉得就像是发现了宇宙中的一颗星星，读书的过程也像看到星星从暗到明的过程，我每次读完都会迫不及待地想发现书架中的另一颗'星星'，我特别喜欢在'课外书架'漫游的过程。"

图 3.20　刘致宁同学的家庭阅读空间

五年级 4 班周闵婉的家长认为给孩子创造阅读空间有很多好处，周闵婉妈妈说："为孩子提供一个舒适的阅读空间，让孩子感受到阅读的乐趣，培养孩子的阅读兴趣和专注力。通过阅读不同类型的书籍，孩子可以学习新的词汇、语法和表达方式，提高阅读能力和表达能力。我也希望通过孩子和朋友们的阅读交流，让家庭阅读空间成为孩子们分享知识、增进友谊的温馨场所和成长乐园。"

周闵婉说："我的小书屋不仅是我阅读的好伙伴，也是我生活中的一个小天地。教学辅导类的书籍是我学习的得力助手，让我在知识的海洋中畅游；推理小说让我仿佛置身于一个个迷案之中；历史类书籍和百科全书让我更多地了解这个世界；杂志和画册丰富了我的课余生活，给我带来了无尽的乐趣。我喜欢这个充满知识和乐趣的地方。"

图 3.21　周闵婉同学的家庭阅读空间

亲子共同设计阅读空间，不仅能让孩子参与其中，更能加深他们对阅读的兴趣和热爱。在一个舒适、愉悦的阅读氛围中，孩子更愿意主动阅读，感受阅读的乐趣和价值，在自由自在的阅读中去品鉴、思考，培养受益一生的阅读习惯。

（二）亲子共阅读，合力培养终身阅读者

小学阶段是孩子行为习惯养成的关键时期，阅读习惯作为一种非常重要的学习习惯，对孩子未来的学习和职业发展都有着重要的意义。家庭是孩子成长的摇篮，父母是孩子最好的导师，孩子总是在有意无意中模仿父母，父母的言传身教是让孩

子养成良好的阅读习惯的好方法，也是加深亲子关系的情感纽带，更是培养孩子成为终身阅读者的有效途径。

在动员家庭积极打造适宜的家庭阅读空间之后，回龙观中心小学在家庭教育指导活动中，将家长如何开展阅读陪伴和阅读指导作为重要的工作内容，鼓励每个家庭积极参与亲子陪伴阅读、亲子共读、亲子讨论活动。在亲子陪伴阅读过程中，学校鼓励家长放下手机、家务或工作，每天尽可能设置固定时间，和孩子一起静享阅读时光，为孩子树立好榜样，共同营造热爱阅读的家庭氛围，同时促进家长自我成长。

在亲子共读过程中，学校鼓励家长引导孩子深入理解故事情节，感受文字的魅力，从而激发孩子对阅读的兴趣和热爱，向孩子传递正确的价值观、人生观和世界观。亲子讨论是亲子共读的延伸和拓展，学校也鼓励家长提前预设几个问题，在阅读中或阅读后，与孩子共同探讨书中的主题、人物性格、情节发展等过程中，有意识地引导孩子深入思考、发表见解，提高孩子的思维能力和表达能力。通过持续的亲子陪伴阅读、亲子共读和亲子讨论，家长帮助孩子逐渐养成良好的阅读习惯，形成自主学习的能力。

在学校的指导下，各班级开展了如火如荼的亲子阅读活动，做到了全员参与，活动效果令人欣慰。三年级 1 班周子路妈妈说："我本人是比较喜欢读书的，深知读书的乐趣和益处，所以也一直注意培养孩子的读书兴趣。在孩子还不识字的时候，只要我有时间，就会给孩子读绘本，孩子非常喜欢书里的人物和情节，每天缠着我给他讲睡前故事。随着孩子长大，认识的字也越来越多，我也开始培养孩子的自主阅读习惯。我家有两个阅读空间，一个专属于孩子自己，另一个属于我们一家人，我和爸爸每天会利用 30 分钟陪孩子一起阅读，既能帮助孩子养成坚持阅读的好习惯，也是我们家的幸福瞬间。"

周子路同学说："爸爸妈妈会陪我一起读书，这让我非常开心，特别是有一些比较深奥的书，有了爸爸妈妈的帮助，我就能理解得更清楚。比如《我的第一本化学启蒙书》，书里有很多奇妙的原理，遇到我不太懂的地方，爸爸就耐心地给我讲解，有时还和我一起做实验。看到书里的知识在现实中得到验证，我觉得非常神奇，也更有兴趣继续读下去了。妈妈还给我读过《世界 100 名人成长纪录》，书里的每一个人都很伟大，我要向他们学习，将来也成为对社会有用的人。"

图 3.22　周子路同学的家庭阅读空间

四年级 2 班徐梓宸妈妈说："在我们家中，书籍随手可及，餐桌旁、沙发边、床头的书桌上，都有为孩子建立的阅读区，分类堆满了各种各样的书籍，涉及天文地理、自然科学、法律常识、科幻等内容，方便孩子随时随地接触书，生活在四周都是书的氛围里。客厅角落里的这个阅读角，是我们全家人的心灵港湾，在这里，我们可以分别捧书阅读，独自安好；我们也可以互相陪伴，一起学习。我们不刻意要求孩子每天必须读多少页，只在乎孩子读这本书是否带来了内在的成长和思想上的快乐，这样孩子才能真正地享受阅读。"

图 3.23　徐梓宸同学的家庭阅读空间

四年级 4 班麻谦奕家长说："每天临睡前或者餐前、餐后，我们都会抽出一点时间陪伴孩子阅读，给他的阅读时光添点儿乐趣。有时我是他的搭档，充当故事中的角色，与他共同完成精彩的表演；有时我是听众，静静聆听孩子讲述精彩的故事，并及时地鼓励他；有时我是老师，我会在听完故事后，提出几个问题考考孩子；有时我还是讨论者，和孩子一起讨论故事中的疑问。亲子共读是我们和孩子最喜欢的事情，也是我们最快乐的时光。"

麻谦奕同学说："在我们家，除了书房，卧室床头、客厅沙发、阳台飘窗都有书本的身影，它是我们最忠实的朋友。从我牙牙学语开始，每天晚上睡觉前，爸爸妈妈都会讲绘本故事给我听。到了小学，随着我识字量的增加，我们一家人共读《小王子》《朗读者》《中国诗词大会》等好书，爸爸妈妈还给我布置了专属于我的阅读空间，这里有许多我喜欢的书籍，我很享受阅读的过程，书中古今中外的文化故事令我收获颇丰。"

图 3.24　麻谦奕同学的家庭阅读空间

亲子共读是一种独特的陪伴方式，在共读的过程中，亲子之间亲密无间，共同度过生活中最美好的时光。孩子不仅能从阅读中获得知识，更能感受到父母的关爱与陪伴，从而培养对阅读的浓厚兴趣。家长在过程中发挥陪伴者和指导者的作用，帮助孩子在阅读的路上越走越远，自己也能有所收获和成长。

作家毕淑敏曾说："让孩子爱上阅读，必将成为父母这一生最划算的教育。"在回龙观中心小学教师与家长的共同努力下，越来越多的家庭在家中为孩子营造了一方阅读天地，父母用爱与智慧陪伴孩子成长，让阅读成为孩子自己和全家共同的自觉行动，成为伴随家庭每个成员未来学习和生活的宝贵财富，让家庭在书香声韵中收获快乐、收获成长，让每个家庭成员都成为热爱阅读、善于思考的终身阅读者，在与书为伴中书写更加美好的未来。

三、拓展社区阅读空间，在阅读中走进社会与生活

2021 年 9 月，国家发改委等 23 部门发布《关于推进儿童友好城市建设的指导意见》，提出"拓展儿童阅读空间，在公共图书馆设置儿童阅览区，鼓励设置少儿图书馆，提供适宜残疾儿童的阅读资源，开展儿童友好图书馆建设。扩充儿童美育资源，鼓励学校与美术馆、博物馆、音乐厅等共建校外教育基地。建设社区儿童之家等公共空间，为儿童提供文体活动和阅读娱乐场所"。近年来，拓展儿童阅读空间、改善儿童阅读环境的各项举措逐渐融入大众生活，不但更好地满足了儿童阅读的需求，也提升了城市公共文化服务水平。

为了充分利用社会资源，推动阅读向更深层次发展，回龙观中心小学在做好学校阅读空间和家庭阅读空间建设的同时，也在探索拓展社区阅读空间的路径和模式，学校与周边乃至市内文化服务场所合作，为学生提供更丰富的阅读资源，扩大阅读视野。社区阅读空间的建设，将阅读的触角延伸到了社会的各个角落，学校还通过开展形式多样的阅读活动，引导更多少年儿童从书中的世界走进真实的世界，让生活因阅读更美好。

（一）拓宽学习场域，连接身边的阅读空间

习近平总书记在首届全民阅读大会开幕时的贺信中写道："希望孩子们养成阅读习惯，快乐阅读，健康成长；希望全社会都参与到阅读中来，形成爱读书、读好书、善读书的浓厚氛围。"

全民阅读需要政府、学校、家庭和社会各界力量的持续努力，学校作为培养儿童阅读素养的主阵地，理应充分发挥学校的影响力和教育作用。城市书店、图书

馆、少年宫等社会公共资源都是重要的城市阅读空间,是对校园学习空间的补充,也是学生的学习场域。回龙观中心小学以阅读为媒介,探索学习场域的变革,让学生走出教室、走出校园,走进城市书店、图书馆等真实的学习场域之中去学习和研究,在真实而生动的学习环境中,带动学生转变学习方式,以更积极主动的态度去阅读和学习,成为更好的阅读者。

一方面,学校鼓励学生自愿走进这些书香四溢、文化气息浓厚的场所,感受阅读文化的熏陶。一排排整齐的书架,犹如知识的海洋,等待着学生主动探索。以"寻找最美书店,尽享假日悦读时光"活动为例,学校鼓励学生在周末和假期走进自己喜欢的书店,开展自主阅读。学生在假期中和家人一起,走进纸老虎书店、钟书阁、西西弗书店、王府井书店、"一个书店 A BOOK"、北京图书大厦等书店,这让每个学生的假期生活也能与好书相遇,让每个家庭弥漫书的芳香。

谈及自己最喜爱的书店,周钰茗同学说:"北京图书大厦三楼是小朋友的精神乐园,各种绘本和儿童读物让人目不暇接,读书的氛围特别好,大家席地而坐,选择自己喜欢的书来阅读。我特别喜欢这里,在这里我总能找到自己喜欢的书,能够静静地看书是很快乐的事情。"

图 3.25　学生走进书店自主阅读

对张国钊同学来说，在周末和假期走进书店则是最好的放松方式。他说："一个人的阅历是十分有限的，世界那么大，国家、民族那么多，知识那么丰富，我不可能每个地方都去看看，也不可能什么事情都自己去尝试。但是，我可以从书本上获得很多知识，看到很多风景。我喜欢周末和假期去书店坐一坐，挑选一本自己喜欢的书，开启一段属于我自己的独特旅程。"

另一方面，学校还积极同周边的三联书店、昌平图书馆、海淀图书馆等社会机构建立联系，组织学生走进不同的城市阅读空间开展阅读活动，推动社会资源力量参与阅读课程建设，帮助学生跨越书本，丰富真实的阅读体验，养成良好的阅读习惯。

以"我和三联书店有个约会"活动为例。这一活动始于 2019 年 12 月，学校与三联书店合作，共同举办了阅读主题活动。活动由学生自主报名，活动一经发布，学生和家长积极参与、踊跃报名，活动名额在短时间内就被一抢而空。

在这次活动中，学校语文、数学、英语三门学科教师精心准备了三节阅读课程。由于活动面向的是二年级学生，因此语文学科胡欣雨老师准备的是绘本《爷爷一定有办法》，这个故事难度适中，非常适合二年级的学生阅读。故事采取循环、重复的结构：每当约瑟东西旧了的时候，就来找爷爷想办法，爷爷也一定能想出好办法。胡老师选择通过这个绘本教学，引导学生大胆猜测，激发创新思维。绘本中还有着许多奇妙的设计，比如在书下方的小老鼠一家、约瑟一家房子的构造、妹妹的出现等，这些都体现在绘本的重点画面中，胡老师通过提问，引导学生观察画面，培养学生的观察能力、探究能力和思考能力。

表 3.2 《爷爷一定有办法》教学设计

课题名称	绘本《爷爷一定有办法》
授课教师	胡欣雨
绘本内容	《爷爷一定有办法》是 2013 年 4 月由明天出版社出版的图书，作者是加拿大作家菲比·吉尔曼，由宋珮翻译成中文。本书写的是一个充满智慧的老爷爷用巧思把孙子心爱的破毯子变成外套、背心、领带、手帕、纽扣……它原本是一个流传已久的民间故事，作者用重复而富有节奏的文字讲述，既温馨又朗朗上口。
学情分析	在完成一年级学业的基础上，二年级学生已具备基本的阅读能力。该年龄段学生的思维以形象思维为主，能够洞察反复现象中的规律。
教学目标	1. 引导学生阅读绘本，享受阅读乐趣，激发学生对绘本的阅读兴趣。 2. 在赏读中，欣赏画面和朗读，让学生感受绘本精美传神的图画和富有节奏感的文字，发现图画的秘密，体验读图书书的乐趣。（重点） 3. 欣赏故事，感受爷爷和约瑟之间浓浓的亲情。（难点）

续表

教学过程	一、导入 　　同学们，你遇到了困难，第一时间会想找谁帮忙？有一位名叫约瑟的小朋友，他遇到了困难，第一个想到的是爷爷，他经常会脱口而出一句"爷爷一定有办法"。 　　二、观察封面、环衬 　　1. 从封面中你看到了什么？ 　　2. 从环衬中你看到了什么？再看看第一页，你发现了什么？ 　　三、讲绘本 　　（一）师生共同看绘本 　　1. 观察图画，你看到了什么？爷爷正在做什么？爷爷是怀着怎样的心情去缝这条毯子的？为什么说是奇妙的毯子呢？我们往下看。 　　2. 他们在干什么？心情怎么样？ 　　3. 听妈妈这样说，约瑟愿意吗？你从哪儿看出来的？如果你是约瑟，你会说些什么？ 　　4. 约瑟会怎么说呢？为什么约瑟会脱口而出这句话呢？这句话应该用怎样的语气去说呢？ 　　5. 小约瑟拿着毯子去找爷爷了。观察约瑟的家，你发现了什么？学生读句子。老师读句子，学生演一演。你感觉到什么？还能做什么呢？谁来猜一猜？ 　　6. "一件奇妙的外套"。我们又遇到了"奇妙"，刚才的毯子好奇妙，因为它又舒服，又保暖，还能把噩梦赶跑，那外套又奇妙在哪呢？它又_____又_____，还能_____。约瑟穿上这件奇妙的外套，会去干什么？心情怎么样？学生读句子。 　　7. 全班读句子，演一演。还能做什么呢？谁来猜一猜？ 　　8. "一件奇妙的背心"。他是背对我们大家的，他可能是什么表情？会说些什么？ 　　9. 全班读句子，演一演。还能做什么呢？谁来猜一猜？从毯子到背心，你发现布料有什么变化？ 　　10. 教师读，学生猜妈妈的话。 　　11. 全班读，演一演。还能做什么呢？谁来猜一猜？ 　　12. 个人读，观察图画，你看到了什么？妈妈说得没错，手帕真该丢了，小约瑟听了会怎么样？ 　　13. 全班读句子，演一演。这时还能做什么呢？谁来猜一猜？ 　　14. 个人读，约瑟的表情是什么样的？ 　　15. 读句子，再看看约瑟的表情。约瑟为什么舍不得爷爷为自己做的这些东西呢？ 　　16. 个人读，你看到了什么？ 　　17. 个人读，还能够做什么呢？ 　　（二）学生讨论绘本 　　同学们，这个奇妙的故事已经讲完了，但藏在图画书里的秘密还有许多呢！现在就请同学们再次找一找藏在这个大家庭里的秘密。我们可以从以下角度来寻找： 　　1. 你发现了什么？ 　　2. 他或她的表情是什么样的？ 　　（三）分析重点画面 　　1. 观察图片，小宝宝是突然出现的吗？ 　　2. 读句子，再次观察妈妈的表情，妈妈一开始不是反对吗？怎么到后来也那么紧张起来呢？

续表

教学过程	3. 个人读，你看到了什么？（妹妹把自己心爱的玩具给了哥哥，但一只手却背在后面把蓝色的毯子藏了起来）毯子是什么样的？你猜猜看：这个毯子是哪儿来的？这条毯子其实就代表着爱的传递啊！这个毯子是突然出现的吗？再往前找找看。 4. 我们再回到这个故事里，观察小老鼠一家，找一找：扣子究竟去了哪里？在图的下方，还有小老鼠一家子，看小老鼠的头巾、背心、背带裤，你发现了什么？是啊，两个世界，两个故事，约瑟的布料是由多变少的，而在小老鼠的世界，布料是由少变多的。（板书）老鼠一家也是那样充满智慧，用小布料装点了自己的生活！ **四、总结** 为什么约瑟有问题就会想到爷爷，为什么爷爷每次都能想到这么奇妙的办法？这都源于约瑟和爷爷之间的爱。数一数文中一共出现了几次"奇妙"这个词？（7次）是啊，从奇妙的毯子到奇妙的故事，故事的结尾也是它的开头，开头又是它的结尾，好像一个完美的圆，这可真够奇妙的！而这个奇妙的故事就叫——《爷爷一定有办法》（学生合）。

傍晚时分，在家长的带领下，一群热爱读书的二年级学生纷纷推开三联书店的大门，原来一堂特殊的阅读课正在这里拉开序幕。书店里，柔和的灯光洒在各式各样的书上，让人不禁想立刻捧起一本赶快读起来；笑脸盈盈的书店工作人员也让人倍感亲切。温馨的阅读氛围让学生立刻静下心来，他们走到阅读区，跟随胡老师开启一次令人期待的阅读之旅。

胡老师问大家："孩子们，你遇到了困难想找谁帮忙啊？"

一个小姑娘把手举得高高的，似乎迫不及待地想回答这个问题："当我有不会的问题，我就说爸爸您能帮我解答一下吗？"稚嫩的声音里藏着对爸爸的崇拜。

胡老师说："是啊，有个和你差不多大的小朋友，他遇到了困难第一个想到的是爷爷，他经常会脱口而出一句话——爷爷一定有办法！"

随着学生读出绘本的名字，有意思的故事开始了。胡老师一边绘声绘色地讲故事，一边和学生交流着"接下来还会变成……"奇妙的故事在书香氛围下立刻把他们吸引了，大家都很想知道爷爷又把约瑟的旧东西变成了什么新东西。每次胡老师让学生猜测时，学生都兴致盎然，天马行空，他们一边读"爷爷翻过来，翻过去……"一边做着动作，时而把手比作剪刀，时而假装拿起针开始缝起来，好像自己就是那位技艺精湛的爷爷。当学生跟随胡老师一起观察画面或思考问题时，他们一有新发现都会非常惊奇地向大家分享，探寻的兴趣越来越高，同时也越发喜爱探究绘本。

　　站在一旁的家长也听得津津有味。精彩的阅读课程还吸引了很多来书店阅读的人，他们有的为孩子们的表现而鼓掌，有的露出一脸恍然大悟的表情，感慨绘本的图画里藏着这么多秘密，还有的赶紧拿起手机记录下这精彩的时刻。

　　绘本故事讲完后，大家都给老师的讲解和孩子们的表现报以热烈的掌声，书店的工作人员希望孩子们能经常过来读书，并表示接下来的时间大家可以尽情看书，学生在家长的陪同下选好书后，或亲子共读，或自主阅读，直到21点闭店才意犹未尽地离去。

图 3.26　语文绘本课堂精彩瞬间

图 3.27　学生作业

　　英语学科武琳老师准备的是绘本课《五只小猴子跳上床》(*Five Little Monkeys Jumping On the Bed*)，绘本以诙谐幽默的语言讲述了五只小猴子在睡觉期间发生的故事，特别是猴子医生最后的一句话在绘本中反复出现了五次，趣味性很强。武老师在教学中设计了超级模仿秀的环节，让学生体验、模仿，并表演猴子医生的语气、表情、动作，帮助学生深入理解绘本内容，再小组合作编节奏型儿歌，发挥团队的力量，培养团队合作能力。武老师还从图片入手，充分挖掘图片蕴含的信息，比如读前的活动，通过歌曲、视频或者自由交流的形式导入，培养学生的读图能力。阅读后的问题也经过精心设计，不仅启发学生积极思考，还提高了学生的观察能力、理解能力、思维能力以及语言表达能力。

表 3.3 《五只小猴子跳上床》教学设计

单元	Unit 4	课题名称	Five Little Monkeys Jumping On the Bed	
课时	第五课时	授课类型	新授课□　习题讲评课□　专题复习课□ 单元复习课□　学科实践活动课☑	
学习目标含4C			本节课结束时，学生能够： 1. 会读单词：little, monkey, jump, no more, 理解一些词句的意思：took a bath, put on their pajamas, brushed their teeth, said ... to their mama, fell fast asleep 等。 2. 读懂绘本故事的幽默之处，感受猴子医生的不同语气并且表演。 3. 感受妈妈的辛苦与童心，学会遵守规则，做个有好习惯的孩子。 4. 小组合作，培养学生的看图能力、表演能力以及想象能力，并在这个过程中发展学生的创新思维和协作能力。	
学习重点难点			会读 took a bath, put on their pajamas, brushed their teeth, said ... to their mama, fell fast asleep 等，感受绘本的幽默之处，会模仿表演。	
学习方法			讲授法、讨论法、任务驱动法。	
学习活动设计		教 师 活 动		学 生 活 动
		Pre-reading 1. Free talk T: Hello, boys and girls. Do you like stories? Today, I'll bring you a story *Five Little Monkeys Jumping On the Bed*. 2. Look and say T: Look at the cover, what can you see from the cover? （教学 name, series, writer）		观察封面，提取有关绘本的信息。 S: I can see five monkeys. I can see some letters.
		设计意图：通过图片唤醒学生已知，并观察封面，让学生掌握有关绘本的信息。		
		While-reading 1. Think and guess T: We can get a lot of information from the cover. Look at the monkeys. They are jumping on the bed. Because it was bedtime. （教学 bedtime） T: What can they do before bedtime? Can you guess?		整体浏览绘本内容，并在浏览中找到问题答案。 S: They can..., I think. 学生根据录音排序。 They're good children, they have good habits.

续表

| 学习活动设计 | 2. Let's try
3. Listen and order
A. took a bath
B. put on their pajamas
C. brushed their teeth
D. said ...to their mama
E. fell fast asleep
T: What do you think of these monkeys?
4. Watch and choose
T: Oh, no! Look at their heads!
（教学 head）
T: What happened to them? Let's watch and choose.
T: They fell off and bumped their heads.
（教学 fell off, bump, jump）
T: What did mama do then?
T: The monkeys bumped one by one, the doctor had to repeat 5 times. Listen.
5. Chant
T: Time to chant.
（教师带读两遍）
T: Can you make a chant?
T: What do you think of these monkeys?
T: Poor mama. Now, they fell fast asleep.
T: What does mama say?
T: How does mama feel?
T: What will happen then?
T: Can you draw after class? | Because they jumped on the bed.
Called the doctor.
No more monkeys jumping on the bed!
学生跟读，并加动作。
Work in groups.
学生说，教师演示。
I can go to bed.
Mama was happy. |

设计意图：整体阅读，感知故事内容；通过图片注释，理解动作的含义；通过自读，感知事情发展的顺序和内容；教师使用多种视听方法讲解，加深学生对故事的了解。

| **Post-reading**
Reading card
T: Today we read a story. It was written by Eileen Christelow.
Which places are interesting?
Who's your favourite one? Mama? Doctor? Or little monkeys?
Can you make the reading card now?
Tip: You can write or draw. | 学生通过小组合作回答问题。 |

设计意图：通过绘本回顾，培养学生用所学表达自己的想法，让学生有意识地用真实具体的语言表达。

续表

作业 设计	1. Listen and read the story. 2. Summarize the whole story and finish the story map.
板书 设计	Five Little Monkeys Jumping On the Bed （此处为猴子插图） took a bath　　put on pajamas　　brushed teeth　　bumped head

上课地点由教室变为书店，对教师和学生都是一种新奇的体验，为了能使课堂取得更理想的教学效果，武老师还提前专门去考察了书店的上课环境。阅读课一开始，由李杨老师先讲了《典范英语》中的一个小男孩一家人到宠物店挑选宠物时发生的故事。有趣的故事情节很快吸引了学生的注意力，并让他们快速进入学习状态。接下来，就由武琳老师为学生带来绘本课《五只小猴子跳上床》。在书的海洋里，讲绘本的氛围就更浓了，绘本里的五只小猴子深深地吸引着每一个学生，在教师的引领下，大家积极参与到阅读中，特别是超级模仿秀环节，学生的学习热情非常高涨，课堂气氛十分活跃。在阅读分析时，武老师通过两幅图的鲜明对比，给学生充分想象的空间，让学生猜猜发生了什么；接着，学生再通过看图排序、观看视频感知全文的方式进一步精读。一节课下来，学生的脸上都洋溢着收获的喜悦。

图 3.28　英语绘本课堂精彩瞬间

数学学科苑丹妮老师带来《超级眼镜》的绘本课，这本书和数字规律有关。上课之前，苑老师用一个小游戏导入，不仅激发学生的兴趣，也启发学生不仅要用小眼睛仔细观察，更要用聪明的小脑瓜积极思考。接下来，苑老师和学生分享了姐姐莫莉和弟弟艾迪一家去游乐场的故事，他们在途中发现了好多神奇的数字和图形规律。苑老师准备了一些数字和图形的卡片，让学生以小组讨论的方式给卡片找规律、排排队，各小组讨论得非常热烈。接着，每个小组都带着本组的卡片到前面来给同学们展示，讲一讲他们排列的卡片规律，以及这样排列的依据。最后，学生还在纸上设计了自己的规律，有数字、图形、字母、汉字等，并展示，以此锻炼学生的思维能力和创新能力。

这节别开生面的绘本课，将数学学习与绘本阅读巧妙地结合，让数学学习充满趣味，给学生和家长都带来耳目一新的感受：原来绘本还可以这样读，还可以这样拓展话题和活动。下课后，家长纷纷请苑老师再分享一些绘本，并与苑老师交流绘本阅读的指导方法。

图 3.29　数学绘本课堂精彩瞬间

除了本校教师组织学生参与校外阅读课堂，学校也积极邀请专家、学者在社区阅读空间开展阅读课程。比如，学校组织学生和家长共同到三联书店参加"今夜，我和茅盾文学奖有个约会"系列活动，在现场聆听茅盾文学奖得主、作家周大新的主题演讲"文学的力量"。周大新先生以亲身经历讲述自己如何与写作和经典阅读相伴，自己关于人生与哲学这一命题的感想，以及他怎样展开对这一命题的探寻。同时，周大新先生还结合"如何通过写作与经典的阅读，给人生以精神挺立""文学如何在人生的艰难时刻给予人精神上的力量""如何写下我们脚下这片坚实大地上的故事，开启对中华民族历史与现代、民族轨迹与个体命运的双重探索"等话题深入讲解。

图 3.30 "今夜，我和茅盾文学奖有个约会"阅读交流会

这样诚意满满的阅读活动，不仅深深地吸引了学生和家长，也感染着现场的参与者，大家在这样的书香氛围中自然地享受阅读、积极分享，感受着浓浓的阅读氛围，自己也成为阅读氛围的营造者。一位家长说："这样的阅读活动不仅给孩子们带来新鲜的阅读感受，让孩子们爱上阅读，也让我们家长重新认识了阅读的力量，学到很多亲子阅读的方法，家长们都受益匪浅。"

阅读始于书，又不止于书。回龙观中心小学将阅读课搬到书店、图书馆……让学生在校园之外的阅读空间去阅读、体验、感受，不仅丰富了学生的阅读体验，也拓宽了学生的视野。在阅读的过程中，学生用自己的力量带动更多人参与阅读，也让学校、家长与社区之间建立更紧密的联系，共同助力社会形成良好的阅读氛围，促进社区文化建设。

（二）拓宽学习视野，连接共同生活的城市

明朝画家董其昌在《画禅室随笔》中有云："读万卷书，行万里路。"从书中读到的知识和学到的本领，要应用到社会生活，将读书和实践结合，学为所用，在实践中打开视野、增长才干，才能更好地发挥读书的作用。

我们所在的北京既是首都，也是一座历史文化名城和现代化国际城市，本身就拥有厚重的文化底蕴和独特的资源优势。为了给学生创造更多的阅读机会、更大的阅读场域，回龙观中心小学积极拓展阅读边界，走出昌平区，走向故宫博物院、首

都博物馆、中国科学技术馆、国家大剧院等地，向北京市内更多的知名社会资源单位寻求合作，带领学生在社会生活中去观察、阅读、倾听，引发学生对真实情境中问题的思考和关注，让阅读行为与现实生活紧密相连，拓宽阅读视野，增强实践能力。

以走进故宫博物院阅读为例。故宫博物院是在明清皇宫及其收藏基础上建立起来的集古代建筑群、宫廷收藏、历代文化艺术于一体的大型综合性博物馆，也是中国最大的古代文化艺术博物馆。以故宫博物院为背景所作的《故宫里的大怪兽》是一部儿童魔幻冒险系列童话，讲述了小学生李小雨捡到洞光宝石之后，忽然听到故宫中的守护神兽开口讲话，并由此展开冒险的故事。故事融入了《搜神记》等大量古籍、史书中的神话传说、历史文化知识，以及中华传统节日、传统美食等丰富多彩的优秀传统文化，精彩纷呈。这套书语言通俗易懂，情节生动，深受学生的喜爱。学生在阅读过程中，对故事发生的地点——故宫产生了浓厚的兴趣。

回龙观中心小学五年级教师以学生的阅读兴趣为切入点，巧妙地将《故宫里的大怪兽》系列绘本作为连接书本与共同生活的城市的桥梁，围绕故宫博物院开展了一系列阅读和实地探索活动，为学生提供了一个充满趣味与知识的学习氛围，学生在阅读的过程中，不仅深入了解书中的各种知识，也能够更加深入地了解和热爱自己的城市，培养对中华优秀传统文化的热爱。

各班级内部首先开展多次《故宫里的大怪兽》系列绘本的阅读分享活动。在讲解与交流中，学生深入理解故宫里的大怪兽的原型、特点、象征，以及故宫中很多宫殿的位置、用途、装饰等建筑和文化内涵；在教师的引导下，学生被故宫这座古老建筑群的丰富文化内涵和神秘传说吸引，纷纷投入阅读中，探索故宫里的秘密，为实地探索做好充分的知识储备。

在各班级家长教师协会的协助下，学生走进故宫开展了阅读实践活动，去探索"故宫一共有多少间房？""故宫一扇大门上有多少颗钉子？""故宫门环上能吐泡泡的小怪兽是什么？""太和门前的铜狮子脚踩的是什么？""御花园里的'大怪兽'是谁？"等各种在阅读分享时积累的有趣的问题，那些在书里读到的故事、提到的角色都在这座辉煌的宫殿中找到了原型。麒麟、凤凰、龙、狮子、海马、天马、狎鱼、狻猊、獬豸、斗牛、行什……这些"神奇动物"独特的形态和有趣的传说都深深吸引着他们。与此同时，新的疑问又不断产生。在行走中，他们亲身体验这座皇宫的宏伟壮观，学到了很多关于故宫的历史文化知识，那些问题也在深入阅读和实地探访中一一被解答。

图 3.31　在故宫中开展阅读探索活动

结合新课程标准要求和学生的兴趣点，语文学科李晓璇老师设计了"葵娃逛北京"课程。李老师首先以课本中关于北京市很多景点的内容为切入点，开展非连续文本的综合性实践活动，让学生在亲身实践中了解非连续文本与人们生活的关系，培养他们的观察能力和自主阅读能力。通过实践活动和小组合作的集体探究，学生获得积极的实践体验，形成良好的文化素养，并激发爱北京、爱祖国的思想感情。

"葵娃逛北京"课程方案

一、指导思想和理论依据

《义务教育语文课程标准（2022 年版）》指出：在引导学生开展语文实践活动中，联结课堂内外、学校内外，拓宽语文学习和运用领域；围绕学科学习、社会生活中有意义的话题，展开阅读、梳理、探究、交流等活动；在综合运用多学科知识发现问题、分析问题、解决问题的过程中，提高语言文字运用能力。

二、课程背景

北京是伟大祖国的首都，拥有众多的古迹和人文景观。学生从生活中认识北京，从课本中了解北京，在一篇篇课文的学习中，学生对北京的景点产生了浓厚的兴趣。为了拓宽学生视野，让他们在社会实践中掌握知识、运用知识，课程从学生的兴趣出发，通过活动让学生接触和认识生活，运用知识去发现和解决问题，使学生身心得到愉悦，自我价值得到体验。

三、学情分析

五年级的学生对综合性学习的方式并不陌生，有一定的实践能力，而且从课本中认识了北京的各大景点后，学生对逛北京产生了浓厚的兴趣。

但学生对于线路的路标、景点的介绍牌、匾额、示意图的认识并不深入，亲身实践逛北京有一定的困难。

在完成前期阶段性任务的过程中，学生通过调研、查阅资料、询问他人等方式，对逛北京有了一定的了解。学生通过观察、梳理、交流、体验，感受阅读交通标识、景点介绍牌、匾额、示意图等作用之大，结合游览的几个景点感受北京城市的特点。学生不仅在活动中主动探究、积极思考，运用知识解决生活中的问题，而且强化爱北京、爱祖国的思想感情。

四、课程目标

1. 通过亲身经历、感受现代北京出行的便捷，从政治、文化、历史、建筑等方面了解北京，培养学生热爱北京的思想感情。

2. 围绕日常生活开展综合性学习，锻炼学生处理生活中基本事务的能力，培养学生的自理能力、自立精神和热爱生活的态度。

3. 在老师的指导下，结合生活中的非连续性文本，提出自己感兴趣的问题，并尝试解答。

4. 通过亲身实践，掌握游览方法与技能，学会运用信息技术等方法，解决实际问题，将掌握的方法与技能灵活应用于学习和生活。

五、课程活动方案

（一）选择主题，明确方向

1. 关联教材中的北京

北京是一座美丽的城市，学生从小就对这座古老而又充满现代气息的美丽城市充满了热爱和向往。统编版小学一年级语文教材中编排了《我多想去看看》，讲述了新疆的孩子到北京看天安门广场升旗仪式的故事，寥寥数语抒发了孩子们的美好期盼和对祖国首都的向往之情。随着年龄的增长，学生在课文中还认识了景色宜人的颐和园、著名的皇家园林圆明园、京味十足的长甸庙会，以及我国现存的最大最完整的古代建筑群——故宫博物院。教师以课本中关于北京景点的课文为切入点，采用识路标的形式带领学生逛北京，从而开展实践活动；通过非连续性文本的阅读，让学生在亲身实践中认识交通标识与人们生活的关系，培养他们的观察能力，树立规则意识；通过实践活动和小组合作的集体探究，获得积极的实践体验，形成良好文明素养，激发学生爱北京、爱祖国的思想感情。

2. 了解北京是个怎样的城市

从政治、文化、历史、科技、建筑、艺术等方面深入学习。

（二）成立小组，确定路线

1. 课前调研，了解需求

用问卷进行前测，基于学生的需求和兴趣，了解学生希望去哪、以什么样的形式出行等。

2. 周边考察，认识标识和景点介绍

（1）运用查阅资料的方法，确定线路（课前实践）

先让学生针对路标展开调查，结合本学期学习的搜集资料的方法，初步了解路标的用途，能够根据路标确定游览线路。

（2）认识站牌、线路图等（课前实践）

知道公交站牌的内容及作用，以及线路途经的地点，试着自己阅读地铁线路，对图中的北京景点标记圈画，为实践活动做准备。

（3）了解景点阅读内容

3. 发布任务，明确要求

（1）发布开放性任务

课文带我们逛北京，大大激发了我们走出课本、走出校园、走出昌平去喜欢的景点逛一逛的兴趣。于是五年级时，我们提出了通过阅读非连续文本开展"葵娃逛北京"的活动。

（2）明确活动要求

小组出行

① 阅读路标、站牌，上网查阅有关北京的古今历史文化，设计最优路线。

② 阅读景点介绍、示意图、匾额等，感受北京在政治、文化、历史、科技、建筑、艺术等方面的特点。

4. 成立小组，制订计划

（1）根据选择的主题，确定小组长，招募组员分组要求：

① 每组同学去相同的景点进行实践活动。（3—4个景点为佳）

② 每个小组4—6人。

③ 小组同学选择同一个主题，可以选择不同的景点和出行方式，也可以在小组内继续根据出行方式形成出行小组。

④ 出行小组有具体的任务分工。

（2）初步确定景点

政治：故宫、人民大会堂、北京市政府、中国共产党历史展览馆、北大红楼、北京市政府旧址

文化：前门、大栅栏、天坛、烟袋斜街、故宫博物院、首都博物馆

历史：故宫、天安门、明十三陵、居庸关、圆明园

科技：科技主题公园、中国科学技术馆、中关村、北京科学中心、中国天文馆

建筑：故宫、鸟巢、东交民巷建筑群、钟鼓楼、后海、烟袋斜街、南锣鼓巷

艺术：中国美术馆、北京人民艺术剧院戏剧博物馆、国家大剧院、中国工艺美术馆、798艺术区

例：故宫、人民大会堂、北京市政府

非连续文本·"葵娃逛北京"之"历史的印记"	
组别名称：	
组员：	
分工	
线路	

5.结合分工，进行准备

（1）搜集资料，查找最优路线

（2）预订门票，阅读非连续文本

① 通过故宫等景点的官方网站，按照流程订门票。

② 根据所选景点的地理位置，确定最佳游览路线。

③ 查找景区标识、游览示意图等非连续文本，为游览景点做准备。

（三）小组实践，认识北京

小组同学在家长陪同下开展实践活动，完成下方的学习单，建议用自己喜欢的方式记录实践过程。

小组 成员		出行 方式					
景点	到达用时	费用		标志照片	认识哪些 非连续文本	遇到困难如 何解决	收获和感受
故宫							
人民大会堂							
北京市政府							

（四）手绘地图，拓展体验

以小组为单位，结合本组景点的特色，手绘本组景点的地图。

1.准确记录游览的线路。

2.画出标志性路标（标注用时）。

3.结合小组选择的主题，对景点进行介绍。

（五）交流汇报，认识北京

1.以认识北京的形式贯穿整堂课，学生根据非连续文本的学习，交流自己小组逛北京的收获。

2.学生用自己喜欢的方式汇报交流。

（1）这次活动的收获是什么？

（2）在出行过程中有哪些困难？你是如何解决的？

（3）通过实践体验，你认识了一个怎样的北京？

（六）交流收获，投票选择

1.小组交流——阅读标志，评选最优路线

（1）小组成员结合本组设计的线路，交流设计思路，体现线路的合理性。

（2）介绍游览过程中怎样借助非连续文本逛北京，有哪些收获。

（3）介绍出行方式、用时、沿途体验，以及对北京的认识。

2.投票选择最佳游览小组

回顾整个实践活动的过程，总结逛北京的方式，引导学生用这样的方式认识北京的其他特色，培养学生爱北京、爱祖国的思想感情，也让学生深刻认识非连续文本在生活中的重要性，提高学生观察生活、认识社会的能力。

在明确了"葵娃逛北京"课程方案之后，教师带领学生以小组为单位，前往自己感兴趣的政治、历史、科技、文化等景点或场馆中开展实地阅读与学习，完成相应的任务单。为了让学生的阅读学习更有意义，教师精心设计了"葵娃逛北京"交流课的教学设计，让阅读不局限于个人或一个小团体，而是成为一个充满互动、交流与学习的旅程，不仅拓宽了学生的知识边界，也深化了他们对阅读内容的理解，在分享的过程中，还实现了对阅读内容的再加工和再创造。

"葵娃逛北京"交流课教学设计

一、学习目标

1.阅读非连续文本，理解匾额、楹联、标识等的含义。

2.能够运用多种方式认识北京，进行成果分享交流。

3.通过活动感受北京的魅力，产生热爱北京、热爱祖国的思想感情。

二、学习重难点

1.阅读非连续文本，了解其含义。

2.能够运用多种方式认识北京，分享成果交流。

三、学习过程

活动一：回顾活动准备，明确活动内容

（一）回顾导入

同学们，北京在你眼中是什么样子的呢？从语文教材中，我们也了解了一些景点，作为生活、成长在北京的小学生，应该更加了解北京，于是我们根据大家感兴趣的内容，开展了有趣的活动——葵娃逛北京。

（二）明确活动

1. 在活动中，你们都做了哪些准备？

2. 组长介绍本组活动内容

历史的印记、最美中轴线、百年老字号、胡同四合院等几个小组，从不同方面带领大家领略北京的风貌。

小结：每个小组都根据自己的内容认真计划并游览，接下来就让各小组带我们去逛北京吧！

活动二：跟着葵娃逛北京，感受北京的魅力

（一）历史的印记

1. 我们小组的游览路线是先去故宫，再到人民大会堂。

2. 结合故宫的匾额、楹联，感受古代君王的治国之道。参观人民大会堂，感受人民当家作主的氛围。

（二）最美中轴线

1. 乘坐地铁8号线，游览北京中轴线上的景点。从钟鼓楼的文物中了解古代计时工具、计时方法和背后的历史故事。

2. 了解敲钟、击鼓的典故，体会"晨钟暮鼓"的含义，感受北京的文化。

（三）前门、大栅栏

1. 先了解前门大街的老字号店铺，再游览大栅栏的瑞蚨祥店铺。

2. 通过店铺中的商标、名字的含义等，感受老北京的悠久文化。

（四）胡同、四合院

1. 从南锣鼓巷、烟袋斜街，了解北京的胡同和四合院，再游览东交民巷，感受北京西洋建筑的特点。

2. 了解老北京胡同的布局以及胡同的命名方式。游览齐白石故居，感受四合院建筑风格的特点，体会北京的悠久文化和现代气息。

活动三：再谈北京印象，结合活动反思

（一）根据交流汇报，总结逛北京的方式

通过大家的交流，相信你对北京有了更深入的体会，结合本节课的交流和自己的了解，说说你心中的北京。

（二）结合活动总结

1. 活动过程中遇到了怎样的困难，你是怎样解决的？

2. 通过本次活动，你有什么收获？

3. 你还想在哪些方面有所改进？

总结：通过这样的方式认识北京，我们更深地感受到了北京的独特魅力，希望今后我们可以运用这样的方式去认识更多的地方，也希望大家爱北京，爱家乡，爱祖国，将来为建设家乡、建设祖国贡献自己的力量。

四、板书设计

"葵娃逛北京"

印象？

繁华、美丽……

历史、政治、文化、建筑

这样的阅读课让学生在阅读中实地参观自己感兴趣的场馆、景点，解答了自己心中的疑问，受到学生的广泛欢迎。有学生说："我很喜欢'葵娃逛北京'，它让我把读过的书与现实生活联系一起，把我的想象变为现实，使我对书中的内容有了更深的理解。我现在更喜欢阅读了，特别是关于北京的内容，有些我很感兴趣的地方，在周末时也会和父母一起专门去参观、游览。"

对于陪伴孩子参观的家长来说，他们也有着与平时自己带孩子去景点参观别样的感受。有家长说："看着孩子们通过阅读和推荐，小组合作商讨想去的地点，再通过资料搜索与查询，确定出行方式、路线、游览重点，一边参观一边合作完成任务单，讨论得热火朝天，遇到不懂的问题也能够主动去向工作人员求助。孩子们的成长肉眼可见，我全程没有参与，这让我非常欣慰。通过这门课，孩子们收获的不仅仅是阅读方面，他们的综合能力都得到了提高。现在有时路过一些地点，孩子就会和我说起这里的历史文化，让我也学到很多知识，非常希望学校多开设这样的实地阅读课程。"

兴趣是激发自主学习能动性的催化剂，回龙观中心小学不仅将书籍作为知识的载体，更将其视为通往现实世界的桥梁。学校以阅读为认识世界和汲取智慧的起点，在行走实践中，将阅读与学生的真实生活紧密结合，在思考输出中将阅读与行走的感悟进行深度加工，让学生形成自己独到的见解与思想。学生生活的城市，也变成了一个更大的阅读空间，每一个角落都充满了知识与智慧的气息。在生活的城市这个更大的阅读空间中"阅读"，不仅能帮助学生在阅读中体验更多快乐，也能够帮助学生走向深入、广阔的世界，为学生创建良好的阅读生态。

"全空间"阅读把空间还给学生，倡导将阅读融入生活的每一个角落，让阅读无处不在。通过提升学校阅读空间、建设家庭阅读空间和拓展社区阅读空间，回龙观中心小学为学生提供了一个自由、舒适的阅读环境，构建无限延伸的阅读场域，让学生成为各类阅读空间的主人。在这个空间里，教师不仅是知识的传递者，也是学生学习过程中的引导者和伙伴。"全空间"阅读的理念和实践，让阅读变得更加自然、生动和富有意义。在这个空间里，学生不仅可以畅游书海，还可以感受到阅读的魅力和力量。他们通过阅读，拓宽了视野，增长了知识，提高了素养，为未来的学习和生活打下了坚实的基础。

第四章

"全主体"阅读参与：连接家庭与学校，让阅读自主发生

德国著名哲学家雅斯贝尔斯说："教育的本质是一棵树摇动另一棵树，一朵云推动另一朵云，一个灵魂召唤另一个灵魂。"教育的根本法则应该像树摇动树、云推动云一样，用一个人的精神力量去感召另一个人，从而做出行动的改变。阅读不是孩子个体的行为，一个不爱阅读的家庭很难培养出爱阅读的孩子，阅读氛围的营造需要家庭、学校等多方的合力。因此，在推进儿童阅读教育的过程中，需要倡导"全主体"阅读参与，让学生、教师、家长等各方共同参与，共同推动儿童阅读的发展。

回龙观中心小学倡导"全主体"阅读理念，一方面，通过建立分级阅读书单，引导学生根据自己的实际情况选择适合的阅读材料，逐步提高自主阅读能力；另一方面，学校重点实施教师"阅读工程"，让阅读成为提升教师专业素养的重要路径；此外，学校还注重引导家长阅读，通过阅读提升家长的教育智慧，提升家校共育效果。学生、教师、家长多方参与的阅读共同体的打造，让学生能够在教师和家长的带动和引导下，更好地感受阅读的快乐，逐步激发阅读兴趣，培养良好的阅读习惯，不断提升阅读能力和思维水平，从而为未来发展打下坚实的基础。

一、建立分级阅读书单，为学生打造阅读的阶梯

自 1836 年美国教育家威廉·麦加菲开发第一套供社会广泛运用的分级阅读标准以来，分级阅读理念在欧美国家已有近 200 年的发展历史，英文分级阅读的效果也早已得到欧美各国的广泛认可和推崇，并纳入欧美国家教育发展体系。

在中国，由于中文与英文语言体系有差异、分级阅读理念起步较晚，中文分级阅读书单的研究仍处于探索阶段。为了能够给学生提供合适的阅读内容，通过阅读促进学生健康成长，回龙观中心小学以研究为先导，设计"全学科"分级阅读书单结构，确保书目结构的科学性和实用性；以适切为前提，遵循四大原则遴选书籍，让优质的书籍带给学生直抵心灵的滋养；重视阅读反馈，以"每三年小规模调整、每五年一更换"的更新机制对书单持续迭代；通过问题引导清单的设计，为学生提供阅读指导的工具，给学生及时有效的阅读指导。学校倾力打造"葵园 100+"分级阅读书单，为不同年龄段的学生提供适合其阅读能力和兴趣爱好的多样化书籍，为学生搭建阅读的阶梯，让学生在主动探索中享受阅读乐趣，在阅读中拾级而上、不断成长。

（一）以研究为先导，确保书目结构的科学性和实用性

进入 21 世纪以来，我国少儿图书出版进入繁荣发展的黄金阶段，目前，中国的儿童图书市场规模已经成为世界第一，在年出版几万种图书的背景下，如何帮儿童选书，提升儿童的阅读质量，一度成为困扰家长和学校的难题。

根据学生的阅读能力、理解水平、认知发展规律和成长需求，将书籍分为不同的难度级别，同一级别涵盖各种题材、领域的知识，建立分级阅读书单，学生根据自己的实际情况选择适合的阅读材料，这样既可以避免阅读过于简单或过于复杂的书籍，从而提高阅读效果，也能够满足不同的兴趣爱好、拓宽阅读视野、提高阅读热情，还可以帮助学生更好地掌握学科知识，提高阅读能力、理解水平，增强阅读效果，为未来学习和生活打下坚实的基础。

分级书单还能够解决家长指导孩子阅读的选书、读书需求，避免家长在选择阅读材料时的盲目性和随意性，帮助家长更加科学、有效地指导孩子的阅读，提高家

庭阅读的质量。同时，分级书单也能够为学校开展阅读教学活动提供更加明确、具体的指导，使教学活动更加有针对性和实效性。

自 2007 年起，回龙观中心小学将研制分级书单作为推动学生自主阅读的一项重要工作。学校成立书单评审委员会，遴选具有丰富教育教学经验和阅读指导经验的教育专家、图书馆员、教师、学者，吸纳热爱阅读的学生代表，共同研制适合本校学生的阅读书单。在书单的研制的过程中，书目结构的设计是首位的，因此学校以研究为先导，前期做了大量的准备工作，以确保书目结构的科学性和实用性。

一是以课标为基准，重点对课程标准的相关要求进行专题研究。课程标准是指导学校教育教学工作的重要文件，对语文学科阅读教学提出了明确要求，在制定分级书单标准时，理应充分理解并遵循新课标的精神，确保书单分级标准与学校教育教学目标一致。

二是以国外分级经验为参考。国外在分级阅读方面积累了丰富的经验，形成了较为完善的分级体系，通过借鉴国外分级阅读经验，学校可以了解其分级标准制定的原则和方法，为制定适合本校的书单分级标准提供参考。

三是充分吸收国内相关研究成果。国内许多专家学者、相关机构在分级阅读领域进行了深入研究，提出了许多有益的理论和实践经验，参考国内已有的分级阅读研究理论和成果，有助于分类和筛选图书，形成有重要参考价值的中文分级阅读书单。

经过十几年的持续探索与实践，在对以上内容深入分析和研究的基础上，结合小学阶段的儿童认知发展规律和学校实际情况，回龙观中心小学形成了一份全面、严谨、实用、适合每个年级学生的新书目结构，并在 2023 年提炼形成了具有本校特色、符合本校学情的"葵园 100+"分级书单。该书单充分考虑学校阅读课的课时安排，以"分级阅读"为基本理念，层层严选、量身打造，确保与学生的认知水平相匹配，为学生的阅读之旅提供了精准的指南。

从横向看，书单细分为一至六年级，每个年级的阅读数量和阅读难度都根据学生的身心发展规律和课标要求，进行了适当调整，形成横向的进阶阶梯。从纵向看，书单包含了课内阅读和课外阅读两大类。在课外阅读中，书目又进一步细分为必读书目和选读书目。值得一提的是，图画书以其独特的艺术形式吸引着不同年龄和需求的读者，同时整本书对于系统提高学生的阅读能力至关重要，因此这两类书籍都被纳入了必读书目和选读书目中。此外，学校认识到阅读不应受限于学科，因此，在必读书目中特别增加了全学科阅读书目，遴选综合性强的系列书籍，鼓励学生进行真实、深入的阅读探索。其中，六个年级必读书目合计 158 本，六个年级选读书目合计 192 本，必读和推荐的书目总量为 350 本。

在书目类型上，在图画书书目和整本书书目中，学校重点遴选"文学与语言"和"人文社科"两类书籍。之所以这样设计，是因为考虑到"文学与语言"类书籍通常包含优美的句子、丰富的情节、复杂的角色和深刻的思想，在培养学生的阅读理解能力、语言表达能力、批判性思维能力、情感共鸣、同理心以及审美能力等方面都有着重要的作用；"人文社科"类书籍则通常探讨人类社会的本质、规律和价值，有利于培养学生的思辨能力、分析能力、同理心、沟通表达能力、批判性思维以及社会责任感等。同时，"科学阅读"类书籍在增加学生的科学知识，培养科学思维，激发好奇心和探索欲望，培养逻辑思维、推理能力以及创造力和想象力等方面具有重要作用，也是国家人才培养和个人成长不可或缺的一部分材料。因此，"科学阅读"类书籍也成为全学科阅读书目中的重要类型。

表 4.1　北京市昌平区回龙观中心小学全学科阅读书目结构

年级	课内	必读				选读				必读
		图画书		整本书		图画书		整本书		全学科阅读
		文学与语言	人文社科	文学与语言	人文社科	文学与语言	人文社科	文学与语言	人文社科	
一	1 1	10 （5+5）	10 （5+5）	2 （1+1）	2 （1+1）	12 （6+6）	12 （6+6）	4 （2+2）	4 （2+2）	2 （1+1）
二	1+4 1+3	8 （4+4）	8 （4+4）	4 （2+2）	2 （1+1）	10 （5+5）	10 （5+5）	6 （3+3）	6 （3+3）	2 （1+1）
三	1+2 1+3	8 （4+4）	8 （4+4）	4 （2+2）	2 （1+1）	8 （4+4）	8 （4+4）	8 （4+4）	8 （4+4）	2 （1+1）
四	1+1 1+3	8 （4+4）	8 （4+4）	4 （2+2）	2 （1+1）	8 （4+4）	8 （4+4）	8 （4+4）	8 （4+4）	2 （1+1）
五	1+3 1+3	8 （4+4）	8 （4+4）	4 （2+2）	2 （1+1）	8 （4+4）	8 （4+4）	8 （4+4）	8 （4+4）	2 （1+1）
六	1+2 1+3	8 （4+4）	8 （4+4）	4 （2+2）	2 （1+1）	8 （4+4）	8 （4+4）	8 （4+4）	8 （4+4）	2 （1+1）

阅读是知识的源泉，分级书单就像一把钥匙，帮助学生打开知识宝库的大门。书目结构的研制为学生搭建了一个科学系统的阅读框架，让学生在阅读的过程中有更明确的方向和更全面的认识。

（二）以适切为前提，遵循四大原则遴选书籍

随着社会的进步，人们对儿童阅读的重视程度逐步提高，儿童读物虽然品类繁多，但也存在质量良莠不齐的情况。遴选专业的书目，可以为学生提供适切的优秀书籍，过滤掉那些内容粗制滥造、价值观扭曲的书籍，为儿童提供一个健康、有益的阅读环境，在潜移默化中塑造其品格和正确的价值观。

然而，优质书目遴选的难度也不容忽视。首先，需要在了解儿童的身心发展规律的基础上，了解儿童的阅读需求和兴趣点；其次，需要具备丰富的阅读经验和专业的评判能力，以评估书籍的内容质量、教育价值以及艺术表现力；最后，随着出版业的不断发展，新的优秀作品层出不穷，如何及时将这些作品纳入书目中，也是书目遴选工作的一大挑战。

在具体的书籍选择方面，学校依据"全学科"阅读书目结构表，在分级书单的大框架之下，遵循四大原则，从多角度精心挑选书籍，打磨"葵园100+"分级书单，为学生用心遴选优质读物：

一是所选书目以不同年龄阶段学生的实际需求为基础，紧密结合不同年级学生的认知、情感、思维和未来的发展等需求，确保每一本书都能契合学生的阅读能力和兴趣。对于低年级学生，选取图文并茂、内容浅显易懂的绘本和童话故事，以激发学生的阅读兴趣和想象力。对于中高年级的学生，则挑选更具深度和广度的文学作品，如经典小说、科普读物等，以满足学生对知识和探索的渴望和发展的需求。例如，对于刚入学的一年级新生来说，《大卫上学去》幽默风趣，既是学生日常生活的写照，也是一场精彩不断的发现之路、意味深长的成长之旅。对于三年级的学生来说，《我听见万物的歌唱》让学生在诗意的文字和丰富的画面中走进聋哑人的世界，感受他们对生命和世界的热爱。《孔子的故事》则会让五年级的学生对"君子"的认识更加深刻，激励他们在未来的人生旅途中不管遇到哪些坎坷，都能以热情、正直、坚守美好的状态一路前行。

二是书目所选书籍涵盖文学、数学、地理、历史、经济等多个领域，突破原有

固定思维的藩篱，探索"大语文"理念背景下的全学科阅读模式，帮助学生形成跨学科学习的习惯和意识，实现在文本、自然、生活和自我之间的建构意义。学校将必读书目分为文学与语言、人文社科及"全学科"阅读三类，其中文学与语言类、人文社科类的选书基本按1:1的标准进行，以发展儿童的感性、理性思维，拓展认识范围，提升文学、人文、科学的素养。如《宇宙小子》和《奇妙的数字王国》等教会学生用数学的眼光观察世界，用数学的思维认识世界，用数学的语言表达世界。而三年级的跨学科绘本《北京，中轴线上的城市》涵盖了语文、美术、科学、社会等多学科知识，让学生通过跨学科阅读，认识到事物的多面性和完整性，感受到家乡的美丽与独特，让爱家乡和为家乡自豪的情感真正生发。

三是融合中外经典文学作品，培养有"中国根基"和"世界眼光"的新时代接班人。经典作品历经时间的检验，具有长久的生命力，经典作品蕴含的深厚的文化内涵和艺术价值，让学生跨越时空，了解历史和文化，为学生提供丰富的精神滋养，提升审美情趣和文学素养。同时，经典作品蕴含的积极的价值观和人生智慧，有助于学生从中汲取正能量，树立正确的人生观和价值观。在学校的书目中，既有大家耳熟能详的中外经典童书，也有新出版的中外优秀儿童作品，比如《青蛙与蟾蜍》《柳林风声》《宝葫芦的秘密》《我的妈妈是精灵》《八音的秘密》《给孩子的科技史》《中国的文化：衣食住行器》，这些经典、优秀的童书跨越时空，以人性的光芒照耀着儿童的内心世界。

四是学校高度重视阅读中华优秀传统文化和红色经典书籍，引导学生深入了解中华文化的源远流长、博大精深和独特魅力，了解中国革命历史和党的光辉历程，培养爱国情怀和民族精神，赓续红色血脉，增强文化自信。在学校的书目中，每个年段都有极其丰富的传统文化书籍和红色教育书籍，比如《灶王爷》《百鸟朝凤》《这就是二十四节气》《一条大河》《四合院里的小时候》《五千年良渚王国》，通过阅读，学生在书中汲取先人的智慧与经验，深刻感受到中国精神的伟大力量，认识到中国文化价值的独特性和优越性，培养家国情怀，让爱国主义精神成为他们内心世界不可或缺的一部分。

基于以上四大原则，学校各年级都形成了具有本年级特色、充分匹配学生需求的分级阅读书单，并深受学生和家长的欢迎。以一年级为例，分级阅读书单分为必读和选读两大类，其中必读分级阅读书单细分为课内必读书目、课外必读书目和跨学科必读书目，学校遴选了《大卫上学去》《蚂蚁和西瓜》《0的烦恼》《海底100层的房子》《小巴掌童话》《青蛙与蟾蜍》《很久很久以前》《我们爱汉字》《三十六个字》《好饿的毛毛虫》等近30本图书。

表 4.2　一年级必读分级阅读书单

一年级上册					
课内 必读书目	课外必读书目				跨学科 必读书目
	图画书		整本书		
	文学与语言	人文社科	文学与语言	人文社科	
• "快乐读书吧" • 《日有所诵》	《大卫上学去》 《一园青菜成了精》 《猜猜我有多爱你》 《母鸡萝丝去散步》 《看不见》	《0的烦恼》 《水獭找新家》 《如果你到地球来》 《灶王爷》 《我曾经是一条鱼》	《小巴掌童话》	《很久很久以前》	《三十六个字》
一年级下册					
课内 必读书目	课外必读书目				跨学科 必读书目
	图画书		整本书		
	文学与语言	人文社科	文学与语言	人文社科	
• "快乐读书吧" • 《小刺猬理发》	《百鸟朝凤》 《大大的城市小小的我》 《蜉蝣的一生》 《蚂蚁和西瓜》 《完美橡皮擦》	《宇宙小子》 《一颗莲子的生命旅程》 《然后，然后呢》 《海底100层的房子》 《图瓦人的木房子》	《青蛙与蟾蜍》	《我们爱汉字》	《好饿的毛毛虫》

　　一年级选读分级阅读书单则细分为图画书选读书目和整本书选读书目，学校遴选了《逃家小兔》《小黄和小蓝》《你看起来好像很好吃》《蚯蚓的日记》《湿地的秘密》《小鸟念书》《彼得兔的故事》《哲学鸟飞罗》《神奇校车》等32本图书。

表 4.3　一年级选读分级阅读书单

一年级上册			
图画书选读书目		**整本书选读书目**	
文学与语言	人文社科类	文学与语言	人文社科类
• 《小魔怪去上学》 • 《我爸爸》 • 《逃家小兔》 • 《一寸虫》 • 《小石狮》 • 《今天，大象不开心》	• 《这样的尾巴可以做什么》 • 《我的第一本垃圾分类书》 • 《蚯蚓的日记》 • 《我们去看鹤》 • 《琪琪和贾克斯》 • 《画给儿童的中国地理游戏》	• 《小鸟念书》 • 《慢半拍的小鹅》	• 《哲学鸟飞罗》 • 《第一次去图书馆》
一年级下册			
图画书选读书目		**整本书选读书目**	
文学与语言	人文社科类	文学与语言	人文社科类
• 《小黄和小蓝》 • 《你看起来好像很好吃》 • 《好脏的哈利》 • 《我喜欢书》 • 《鸭子骑车记》 • 《路边花》	• 《湿地的秘密》 • 《镜像》 • 《停，有怪兽》 • 《来喝水吧》 • 《一颗种子的旅行》 • 《爸爸的火车》	• 《君伟上小学·一年级鲜事多》 • 《彼得兔的故事》	• 《神奇校车》 • 《节日的传说》

　　就像种子需要阳光、空气和水一样，人的心灵发育和精神成长离不开经典读物和优秀读物的滋养。这些读物是千百年来人类文明积累与提炼出来的智慧结晶，为我们提供了丰富的精神食粮，引导我们的心灵走向成熟。书籍的遴选让"葵园100+"分级阅读书单丰满、充实。这个书单包含了各种优质的书籍，共同为学生提供了一场知识的盛宴，让学生在阅读中收获成长的喜悦。优质的书籍，更带给学生直抵心灵的滋养。借助分级书单，学生可以有计划、有目的地阅读，让他们在阅读过程中不断成长，逐渐提高自己的认知水平、审美能力和人文素养，为未来的学习和生活打下坚实的基础。

（三）重视阅读反馈，在持续迭代中不断更新

　　书单的持续更迭是回龙观中心小学对学生阅读需求的深度回应，也是学校对教育责任的坚守。学校坚信，一份好的书单能够引导学生走进知识的殿堂，让他们

在阅读中收获成长，提高阅读能力，培养阅读兴趣。为了确保"葵园100+"书单能够与时俱进，适应不同年级学生的阅读需求，为学生持续提供高质量、多样化的优质读物，"葵园100+"书单遵循"以数据和反馈为导向，确保更新决策的准确性；强调包容性和多样性，确保书单内容广泛，涵盖多种文化和观点；保持书单的教育价值，同时不忽视其趣味性"这三大原则，以"每三年小规模调整、每五年一更换"的更新机制进行迭代，从而保证书单的时代性、经典性、多样性和趣味性。

书单的更新是一个动态、持续的过程。学校需要不断关注学生的阅读需求，关心最新的优秀书籍，及时调整书单，以确保学生能够接触到最新的、最有价值的阅读材料。在回龙观中心小学，学校设计了"每三年小规模调整"机制。"每三年小规模调整"的流程包括"收集反馈""市场分析""评估与审议""测试与调整""公布调整"五大环节。

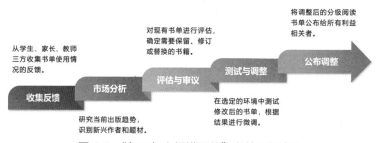

图4.1 "每三年小规模调整"书单更新流程

在"收集反馈"环节，学校充分重视阅读反馈，从学生、家长、教师三方收集书单使用情况的反馈，深入了解学生的阅读喜好和阅读习惯，倾听他们的声音，将他们的需求融入书目的选择中。

在"市场分析"环节，学校主动研究当前出版趋势，识别新兴作者与题材，不断引入反映当代社会变迁、科技进步、文化发展的新书，以确保学生及时接触到最新的优质阅读资源，让学生在阅读中既能领略历史的厚重，又能感受到时代的脉搏。新的优秀作品的加入，不仅让书目更加丰富多彩，也让学生的阅读视野得到了更广阔的拓展。

在"评估与审议"环节，学校对现有书单进行评估，确定需要保留、修订或替换的书籍。这个过程涉及对书籍的内容、质量、适用性等方面细致地分析。通过这种方式，学校可以确定哪些书籍值得保留，哪些书籍需要修订，以及哪些书籍应该被替换。这一步骤的目的是确保书单中的书籍能够满足学生的阅读需求和教育教学目标。

在"测试与调整"环节，学校在选定的环境中测试修改后的书单，根据结果再微调。在这个阶段，学校会在实际应用环境中对修改后的书单进行测试。这包括观察学生使用新的书单的阅读反应和阅读效果。根据观察结果，学校会对书单进一步微调，以确保每一本书都能够满足学生的需求。

在"公布调整"环节，学校将调整后的分级阅读书单公布给所有利益相关者。这一环节不仅确保了所有相关方都能够及时了解书单的变化，还体现了学校对阅读工作的重视。

通过五大环节的递进，"葵园100+"分级书单在持续迭代中不断更新，始终保持着与时俱进，为学生创造一个富有个性化、兼顾多样化的阅读环境，激发学生的阅读兴趣，从而培养学生的阅读能力。在这个过程中，学校书单评审委员全程负责监督书单的更新流程，包括定期监测书单的使用效果和学生满意度，每年系统收集来自各方面的反馈信息，根据反馈及时调整书单内容等。通过执行与监督并行的方式，"葵园100+"分级书单可以持续保持活力，从而更好地服务于学校不同年龄和阅读水平的学生群体。

除了定期更新外，学校还设计了"每五年一更换"的机制，书单使用达到五年，学校就会启动更换流程。"每五年一更换"的流程包括"准备阶段""推荐与筛选阶段""测试与反馈阶段""最终审定与公布阶段""实施与监测阶段"五大阶段。

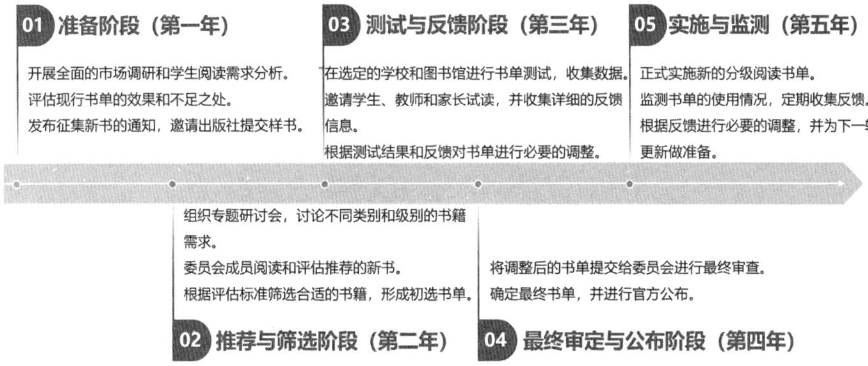

01 准备阶段（第一年）
开展全面的市场调研和学生阅读需求分析。
评估现行书单的效果和不足之处。
发布征集新书的通知，邀请出版社提交样书。

03 测试与反馈阶段（第三年）
在选定的学校和图书馆进行书单测试，收集数据。
邀请学生、教师和家长试读，并收集详细的反馈信息。
根据测试结果和反馈对书单进行必要的调整。

05 实施与监测（第五年）
正式实施新的分级阅读书单。
监测书单的使用情况，定期收集反馈。
根据反馈进行必要的调整，并为下一轮更新做准备。

组织专题研讨会，讨论不同类别和级别的书籍需求。
委员会成员阅读和评估推荐的新书。
根据评估标准筛选合适的书籍，形成初选书单。

将调整后的书单提交给委员会进行最终审查。
确定最终书单，并进行官方公布。

02 推荐与筛选阶段（第二年）

04 最终审定与公布阶段（第四年）

图4.2 "每五年一更换"书单更新流程

在"准备阶段",学校开展全面的市场调研和学生阅读需求分析,评估现行书单的效果和不足之处,以便在新的书单中进行改进。同时,学校还会发布征集新书的通知,邀请出版社提交样书,以确保书单的丰富性和多样性。

在"推荐与筛选阶段",学校组织专题研讨会,讨论不同类别和级别的书籍需求,委员会成员阅读和评估推荐的新书,根据评估标准筛选合适的书籍,形成初选书单。这一过程充分保证了书单的质量和适用性。

在"测试与反馈阶段",在选定的学校和图书馆进行书单测试,收集相关数据;同时,学校还会邀请学生、教师和家长试读新书,并收集详细的反馈信息。根据测试结果和反馈,学校还会对书单进行必要的调整,以确保书单的合理性和有效性。

在"最终审定与公布阶段",学校将调整后的书单提交给委员会进行最终审查。在确定最终书单后,学校会进行官方公布,让广大师生和家长了解新的分级阅读书单。

在"实施与监测阶段",学校正式实施新的分级阅读书单,并监测书单的使用情况;定期收集反馈信息,并根据反馈进行必要的调整。这一阶段的目的是确保新书单能够持续适应学生的阅读需求,为下一轮书单的更新做好准备。

总之,学校通过五个阶段的严谨流程,让"每五年一更换"的机制更加科学。书单的更新不仅是数量的增加,更是质量的提升。书单经历五年时间检验,在保留原有优质作品的同时,纳入新的深受学生喜爱的经典作品,能够确保书单的连续性、时代性、多样性、吸引力和含金量,为培养学生阅读兴趣、提高阅读能力提供有力支持。

(四)提供阅读工具,给学生及时有效的阅读指导

在学生自主阅读过程中,阅读指导可以帮助学生掌握阅读技巧,提高阅读速度和准确性。通过指导,学生可以更好地理解文本内容,把握作者意图,提升对文章深层次含义的理解,锻炼逻辑思维能力、批判性思维和创造性思维。阅读指导也有助于激发学生的阅读兴趣,使他们更加主动地投入阅读,享受阅读的乐趣,养成良好的阅读习惯,对于学生的终身学习和个人发展都具有重要意义。

为了提高学生的阅读能力和阅读主动性,学校在面向学生发布"葵园100+"分级阅读书单的同时,还为学生提供及时有效的阅读指导,配合书单,为学生开展

整本书阅读提供问题引导清单。问题引导清单作为一种有效的阅读工具，旨在引导学生有目标、有计划地阅读。设计不同层次的问题，激发学生的思考，使学生在阅读过程中有所收获。问题引导清单中每一个问题都是一条线索，不仅可以引导学生深入挖掘书中的主要内容，观察细节描写，帮助学生在寻找答案的过程中，一步步理清思路，更加深入地理解作品的内涵，还可以促使学生在阅读中主动思考，培养他们的批判性思维，提升自主阅读能力。

以《朱家故事》为例。这是国际知名绘本大师安东尼·布朗的作品。在故事中，妈妈几乎承担了家里的全部家务，爸爸和孩子习惯了妈妈的付出，习惯了大声提要求，然而有一天，妈妈不见了，朱家全乱了套。教师通过设置与封面、图画和内容相关的问题，如"为什么叫'朱家故事'？""为什么是女人背男人？""是谁要

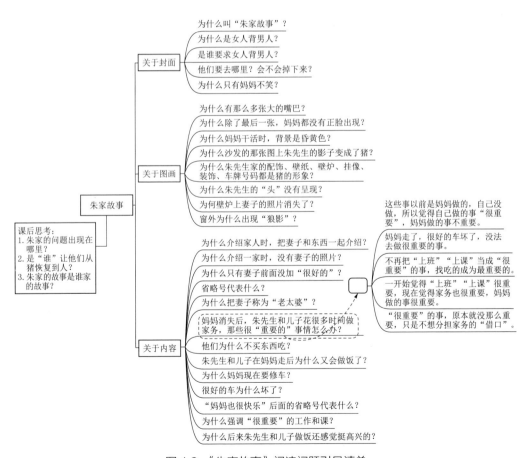

图4.3 《朱家故事》阅读问题引导清单

求女人背男人?""为什么只有妈妈不笑?""为什么有那么多张大的嘴巴?"等,引导学生从对故事情节本身和画面的浅阅读,进而借助文本和画面,深入思考、寻找答案,到逐步理解妈妈的辛劳,感受到家庭和睦源于合理的分工和共同分担,而不是过度依赖和一味索取,从而反思自己对待妈妈的付出和家务劳动的态度以及自己应承担的责任。

再以《黑骏马》为例。这本书是 19 世纪下半叶轰动欧洲文坛的经典儿童小说,作者是英国作家安娜·塞维尔。故事的主人公是一匹优种黑马,它温顺、聪明且强壮,从小生活在贵族家庭,受过良好的训练,深受主人喜爱。然而,随着家庭变故,黑骏马不得不面临被卖的命运。它历经多次转手,遭遇了各种人性的善与恶,尝尽了人间的甜酸苦辣。但不管在多么恶劣的环境下,黑骏马都不放弃自己坚定的信念——努力工作、保持良好的名声,这也是从小妈妈对它的教诲。小说通过黑骏马的视角,展现了人与动物之间的深厚情感,以及人性中的光明与黑暗。

为了更好地引导学生阅读,教师通过"黑骏马经历了几任主人?""黑骏马的几任主人分别有什么特点?""黑骏马的几任主人都是如何对待黑骏马的?""从童年到青年、到中年、到老年,黑骏马的心境分别经历了哪些变化?"等问题,带领学生梳理故事发展的过程,探究故事主要角色的心理变化,帮助学生更好地理解故事情节和人物形象、动物形象特点,并引导学生去思考动物权益、人性善恶、责任与担

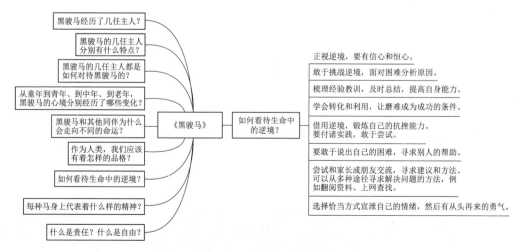

图 4.4 《黑骏马》阅读问题引导清单

当等更深层次的主题，培养同情心和社会责任感，提高阅读能力、思维能力和思想境界。

总之，问题引导清单的设计为学生自主阅读提供了一个有力的工具，让"葵园100+"分级阅读书单更具实效性，也让学生的阅读行为变得更有目标、有计划、有收获。借助清单上的问题，学生可以有计划地阅读，不断提高自己的阅读效率和理解能力。同时，清单上的问题还能引导学生主动关注社会热点，关注生活实际，将阅读与现实生活结合，使阅读更具实际意义。

"书籍是儿童发现世界、连接未来的桥梁，是儿童学习知识技能、提高思维能力、形成内在品格、建构精神内核的重要路径。通过阅读，儿童得以品尝阅读的乐趣，感受生活的美好，领略生命的意义和价值。"这是回龙观中心小学全体教师和家长的共同认知。"葵园100+"分级阅读书单让学生在生命成长的不同阶段，邂逅适切的经典书籍和优质读物，让学生的阅读更加全面，引导学生在阅读阶梯中拾级而上，不断汲取营养和力量，愉悦地自主成长。

二、实施教师"阅读工程"，用阅读点亮教师成长之路

习近平总书记指出："培养什么人、怎样培养人、为谁培养人是教育的根本问题，也是建设教育强国的核心课题。"教育承担着为党育人、为国育才的重大使命，总书记长期关切教师队伍的建设和发展，早在2014年第30个教师节前夕，就提出了做好老师要"有理想信念、有道德情操、有扎实学识、有仁爱之心"的"四有"要求。两年后，总书记向广大教师提出了做"四个引路人"的殷切希望，随后，总书记陆续在多个场合提出了新时代加强师德师风建设要坚持"四个相统一"，提升六个"要"关键素养，努力做教书育人的"大先生"，"大力弘扬教育家精神"等重要论述。总书记的教书育人观为新时代教师队伍建设指明前进方向，精准描摹出能够承担历史重任的新时代中国好老师的画像。

建设好这样一支教师队伍，需要教师有高尚的道德修养、出色的专业能力和终身学习的能力。教师既是"教书人"又是"读书人"，阅读不仅是教师的职业要求，还能够为教师成长插上翅膀。回龙观中心小学始终把教师队伍建设作为基础工作来抓，把实施教师"阅读工程"作为培养教师的重要策略，精心甄选适合教师阅读的

各类书目，除了鼓励教师利用工作之余阅读，每个寒暑假也会向教师推荐经典的、前沿的书目，要求全体干部和教师共同阅读，及时做好阅读笔记。开学前分批分拨不同群体召开阅读分享会，由干部带头，全体教师人人参与分享交流，将自己的阅读所得融入教育教学工作之中。

表 4.4　教师阅读推荐书目

序号	阅读时间	共同阅读书目	作　者
1	2020 年 2 月	《深度学习：走向核心素养》	刘月霞、郭华
2	2020 年 8 月	《课程中的儿童哲学》	吴国平
3	2021 年 2 月	《教儿童学会思考》	[英]罗伯特·费希尔
4	2021 年 2 月	《儿童哲学的理论与实践》	潘小慧
5	2021 年 9 月	《20 个儿童思考工具》	[澳]菲利普·卡姆
6	2022 年 8 月	儿童哲学三部曲 1：《哲学与幼童》	[美]加雷斯·B.马修斯
7	2022 年 8 月	儿童哲学三部曲 2：《与儿童对话》	[美]加雷斯·B.马修斯
8	2022 年 8 月	儿童哲学三部曲 3：《童年哲学》	[美]加雷斯·B.马修斯
9	2023 年 1 月	《教室里的哲学》	[美]M.李普曼
10	2023 年 2 月	《全球教育报告》	沈祖芸
11	2023 年 2 月	《时间之书》	余世存
12	2023 年 7 月	《项目化学习设计：学习素养视角下的国际与本土实践》	夏雪梅
13	2023 年 7 月	《跨学科的项目化学习："4+1"课程实践手册》	张悦颖、夏雪梅
14	2023 年 10 月	《用好班规带好班》	李秀萍
15	2024 年 1 月	《项目式学习：教师手册》	桑国元
16	2024 年 1 月	《50 个工具玩转项目式学习》	罗颖、桑国元、石玉娟

在阅读中，学校重点加强教师在两大方面的提升：一是在育人理念方面，加深教师对"培养什么人""为谁培养人"的认识，帮助教师树立终身学习思想，不断提升自身专业素养，理解新时代的育人思想，不再一味追求分数，而是注重学生的可持续发展、多元发展和个性发展；二是在育人方法方面，加深教师对"怎样培养人"的认识，引导教师关注教与学的变革趋势，不断研习科学的教与学的方法、管理班级的方法等。

（一）思维淬炼，在阅读中升级教育理念

教育作为人类社会发展的基石，始终承载着培养下一代的重任。其中，培养什么样的人，无疑是教育面临的首要问题。教育的目标不仅在于传授知识，更在于立德树人，培养出符合党和国家需要、对社会有用的人才。这不仅是教育的职责，更是教育者肩负的崇高使命。

教育理念在教育实践中发挥着先导作用。科学的教育理念能够指导教育者正确看待教育问题，形成正确的教育观、育人观。同时，吸收借鉴先进的教育经验，有助于教育者不断更新教育观念，提高教育质量。因此，教育者要时刻保持学习的热情，关注教育领域的最新动态，不断更新自己的教育理念和方法。

回龙观中心小学每年都会精心遴选和推荐适合教师阅读的书目，这些书目涉及教育学、心理学、教育管理、学科教学等诸多方面，通过开展阅读分享会、学科交流会等方式，帮助教师深入理解专业书籍的内容，持续更新教育理念，为教师的专业成长持续提供丰厚的滋养。

以阅读沈祖芸的《全球教育报告》为例。2023 年 1 月 5 日，学校组织全体领导干部开展全天阅读分享会，围绕"七盏教育之灯照亮未来""教育，往哪走？怎么办？朝这看！"和"教育，总会为你觅得希望"等主题交流和解读。

这场阅读分享会不仅是一次知识的盛宴，更是一次思想的碰撞和灵感的激发。在沈祖芸的《全球教育报告》中，教师见证了全球教育的变革与挑战，也看到了无数教育工作者在探索中的坚持与努力。

学校通过指定每年报告分享人员、现场互动交流的形式，让每一位领导干部都深入参与到这场思想的盛宴中。在分享会上，每个人都是分享者，将自己的感悟和理解传递给其他人；每个人都是倾听者，从他人的分享中汲取新的思考和启示；每个人更是有感而发的力证者，将阅读的收获转化为工作的动力和实践的勇气。

表 4.5 《全球教育报告》阅读分享名单

主题	七盏教育之灯照亮未来	高欣蕾
1	全球挑战：走向主动学习	刘宏梅
2	学校正在变"小"	杜金凤

续表

3	教室正在"消失"	王震江
4	教师职业转向情绪劳动	徐新月
5	从标准答案到解决方案	冉国平
6	从专业导向到能力为本	王春玲
7	评价更迭 目标落地	乔克
8	回到人之为人的特性	武建勋

图4.5 《全球教育报告》阅读分享会

这场分享会历时8小时,但大家仿佛置身于一个充满智慧和启迪的世界,忘记了时间的流逝。沈祖芸的报告不仅让我们看到了全球教育的现状和未来趋势,更让我们深刻反思了自身的教育观念和工作方式。

在分享会的过程中,大家纷纷表示要打破原有的认知边界,积极转变工作思路,以更加开放的心态去面对教育的变革和挑战,以更加创新的思维去探索教育的未来和发展,也要将阅读的收获转化为实践的动力,勇于尝试新的教育方法和手段,为培养更多优秀的人才贡献自己的力量。

再以儿童哲学领域的知名学者罗伯特·费希尔的《教儿童学会思考》一书阅读为例。这本书深入探讨了儿童思维、哲学探究、对话式教学、合作式学习的理论与方法,并提供了有针对性的指导方案。

2021年2月,回龙观中心小学全体干部带领骨干教师利用半天时间深度走进《教儿童学会思考》。赵伯静副校长首先向教师介绍了《教儿童学会思考》的作者和整本书的框架结构,并带领她的团队解读了"为什么要教思考?""应该教什么样的思考？""为什么要用儿童哲学教思考？"三个问题，阐述了儿童哲学在培养学生高阶思维方式上发挥的作用。王震江主任团队通过大量的示例材料和课堂讨论摘录，对李普曼的方法进行了概述和说明。王红斌副校长带领的团队联系课堂实践，探讨了苏格拉底式教与学的方法并回答了"什么是对话式教学？""对话式教学与传统教学有何不同？""我们如何促进对话式讨论的学习？"等问题。王宏宇副校长带领的团队结合学校德育活动和课堂实录，总结了儿童哲学的关键要素并回答了"哲学探究如何帮助学生在学校学习？""什么是好的哲学讨论？""儿童哲学是否有用？"三个问题。刘宏梅主任则带领团队结合学科特点，与教材紧密联系在一起，展示了儿童哲学思维培养如何渗透到国家课程和生活的各个领域中。

图4.6 《教儿童学会思考》阅读分享会

经过自读与共读，学校教师对书中的理论与方法的理解更加深入，并积极开展教学实践。体育学科王慧强老师将书中的教育理念应用到日常教学之中，不但达到了非常好的教学效果，也学会了逐步放权，把课堂的主动权交给学生，真正发挥学生的主体作用，让学生学会独立思考、主动思考和自觉行动，提高学生的思维能力。

从"掌权"到"释权"的过程

——读《教儿童学会思考》有感

北京市昌平区回龙观中心小学　王慧强

记得在上学期的篮球班级联赛中，有个很优秀的班级，学生上课特别认真，身体素质特别好，执行能力也很好，比赛开始就按照老师之前课上教的，身高高的学生在篮板下掌握篮板，其他学生在外边突破得分。但是另外一个班级突然使出"田忌赛马"的战术，身高高的学生和对方身高矮的学生对位，不考虑内线，去外线突破得分，最终以很大的比分优势取得胜利。

这件事让我对课上教学产生了很大的疑惑，明明是那个优秀的班级课上得更加认真，一板一眼地学习我教的内容，而另外一个班却有些调皮，以小团体形式搅乱课堂。直到假期读到《教儿童学会思考》这本书我才明白，问题的关键是儿童的课堂需要儿童自主思考。

我在教的过程中，完全掌控课堂，要求学生学会动作。学生习惯了一教一学、一来一往的学习方式，没有主动思考，也没有空间主动思考。但是比赛是学生自己在进行，需要自主完成，需要自己思考，比赛所有权由自己掌握。所以，我使用《教儿童学会思考》中团体探究这一策略，将我的课堂从"掌权"逐步向"释权"转变，让学生在课堂上掌握实权，让学生在运动中自主思考，提出问题并寻找解决方案。

既然他们喜欢以小团体形式"搅乱"，那我就顺势借助团体的形式逐步放权。开学初就将他们班平均分为4个小组，任命小组长、体能专家、纪律委员等。比如喜欢搅乱的就任命为纪律委员，赋予他职能，这时候他就会觉得老师这么相信自己，让自己管理本组纪律，一定不能辜负老师的期望。自然而然地，他就会管理好自我，也会为本组尽心尽力。

例如，传统模式的热身就是教师带领学生做热身操，但是在团体探究学习的过程中，我把本单元相关的热身动作一次性都教给各个组的体能专家，课上让体能专家带领小组成员进行热身活动。这个过程就需要学生独立自主学习，尤其是对于体能专家来说，既要自己牢牢掌握，还要考虑如何教会自己组的成员。因为我把这单元的热身活动都教给了他，他还需要自主选择动作，自主搭配。尤其到单元后期，学生都熟悉了热身动作，我还会要求每个小组创新动作，进行评比，看哪组热身活动更加有趣、更加适合本节课内容。这样一来，不仅提高了学生的自主创新能力，也提高了学生参与的积极性。

在比赛环节，传统的比赛就是老师安排谁，谁就上场打哪个位置，至于怎么去打，全都由老师去设计、安排，学生只需要执行。团体探究学习的过程中，我让每个小组自主选出球员、裁判、记录员、纪律委员以及拉拉队，在所有成员的配合下，角色分工，职责明确，井然有序地完成比赛。这个过程让学生体会到团队合作的重要性，能够更加深刻地增强团队合作的意识。

在评价环节，传统体育课的评价方式为课下教师对学生进行统一评价，但不够精细、准确。在团体探究学生的过程中，我将体育课堂评价权交到学生手上，各个小组之间从技战术掌握能力、实战运用能力、体能、情绪调控、体育精神、体育道德、体育品格等多个维度进行评价。在评价过程中，学生要结合课堂中每个节点的表现情况，进行思考与分析：自己的行为表现是优还是良？自己的态度是积极向上还是消极怠慢？这个过程提高了学生的观察与思考能力，学生主动思考自己的表现情况，这个过程相当于又复习了一遍本节课内容。

通过阅读《教儿童学会思考》，我对教育有了更深的思考，我明白了团体探究可以帮助儿童发展技能和性格，使他们能够在多元化和民主的社会中充分发挥自己的作用。一个学期的实践不仅提高了学生的体育技能水平，而且增强了学生的自尊、自信和参与讨论的能力，这些能力对于他们未来的学习和成长具有重要的意义。

阅读带给教师的改变是巨大的，他们在阅读中淬炼思维，更新教育理念，不再只是埋头赶路，而是对教育本身有了更多、更深的思考。浓郁的阅读氛围和健全的阅读机制，也让教师真正变"要我读"为"我要读"，并自觉地将阅读与教育教学工作更好地关联起来。

（二）文海拾贝，在阅读中提升育人方法

习近平总书记强调"要深化教育教学改革，强化学校教育的主阵地作用，全面提高学校教学质量"。怎样培养人，怎样让教育高质量发展，办好人民满意的教育，是一个系统工程。俗话说："要给学生一碗水，教师要有一桶水，甚至一潭水。"教师这一职业特性决定着教师要有渊博扎实的学识和高尚的品德，而在教书育人的过程中，教师更要有教育的艺术和方法。这就要求教师应成为终身学习者。只有不断地阅读和学习，不断拓展知识的边界，提高自己的思维能力，掌握更新、更好的教育教学方法，才能以更开阔的视野、更有效的策略去研判教育现象，分析教育问题的本质，设计符合学生认知规律的教学活动，培养好德智体美劳全面发展的社会主义建设者和接班人。

回龙观中心小学通过推荐阅读书目、设计学习任务、搭建交流和展示的平台等方式，着力营造良好的阅读氛围，促进各学科教师持续学习最新的学科研究成果、教学方法和教学策略，在阅读与实践中不断反思、成长，激发专业发展的持久动力。在这样的氛围影响下，学校教师积极阅读和总结，育人方法有了较大提升，他们在阅读中提升了对教与学新模式的认识，提升了对学科本质和学科专业能力的认识，并促进了班主任管理方法的改进。

1. 在阅读中提升对教与学新模式的认识

随着新课标、新教材的推进，教与学的模式也在发生着深刻的变化。"深度学习""项目化学习""研究性学习""小组学习"……越来越多的新模式涌现，并真切地来到教师的身边。同时，信息技术的应用正深刻地改变着传统的教学模式，带来师生关系的新变革。教学模式和新趋势让教学更为高效、有趣。回龙观中心小学鼓励教师阅读相关专业书籍，在阅读中提升对教与学新模式的认识。

以"深度学习"为例。"深度学习"以核心素养为目标追求，强调对学科知识进行深度加工，促进教与学方式的根本性转变。学校在十余年的探索中已提炼出相应的理念框架、教学实践模型和指导教学的思想方法，在各地也引起了广泛的关注和研究。

回龙观中心小学以年级学科组为单位，通过自主阅读深度学习相关经典理论与实践经验总结书籍，组织多场阅读交流和研讨活动，加深教师对深度学习理论的理解，并在日常教学中积极实践深度学习教与学的方法，实现更有深度的教学，培养学生高阶思维，发展核心素养。如三年级数学组在研读同一本书——《深度学习：走向核心素养》后，开展了教材单元的集体备课的探索，通过一个学期的教学实践，三年级数学组教师将自己的经验进一步沉淀、总结和提炼，为本学科和其他学科开展深度学习探索积累了宝贵的实践财富。

葵园阅读，我们行走的力量

北京市昌平区回龙观中心小学　曾冉

身为葵园的一名老师，我们是智慧的，是实干的，更是幸福的。因为我们身在一个喜爱阅读的葵园，无论什么时候，只要你走进葵园，所到之处尽是书声琅琅，抑或是静静默读，书已然成为葵园必不可少的老朋友。

　　而老师们呢？每当教学空闲时、反思产生疑惑时、讨论发生分歧时，他们随手就会翻开一本本指引方向的书籍。这是一个神秘而宁静的时刻，宁静与思绪在这个时间交织成一幅无比美丽的画卷。在这片宁静中，我们可以听见自己内心深处那微弱而清晰的声音。在喧闹纷杂的世界里，我们常常被各种嘈杂声所包围着，很难找到属于自己独特的思考空间，而从翻开书的那一刻开始，却能重新聆听内心深处的声音。

　　还记得一年寒假，我们的老师共读《深度学习：走向核心素养》，那时2022年版新课标刚刚发布，教育又迎来了一次大的变革，而这本深度学习类书籍应时而生。谈到选书，就不得不提到蔡园的领导班子，正是他们用心研读，我们一线教师才有了这本适合新课标理念的理论指导用书。

　　寒假里我们先自己研读，将自己的所想所思记录下来。《深度学习：走向核心素养》这本书提倡单元学习，它要求教师建立好学科核心素养与学科核心内容之间的关系，依据课程标准和教材选择有利于培养学科核心素养的教学内容和情境素材，制定学习目标、选择学科内容、设计学习活动、开展课堂教学、进行学习评价，环环紧扣，使学科核心素养具体化，可培养、可干预、可评价。这就需要教师不断更新观念，主动学习，对教学内容进行二次开发，集中精力从事创造性活动。在课堂教学中，教师通过提高学习设计的规范性和系统性，增强学习过程的体验性、互动性和生成性，实现教、学、评的一致性，以此更好地提升学生的学习素养，提升学科课程的育人品质。而开展单元学习有四个重要环节，即选择单元学习主题、确定单元学习目标、设计单元学习活动和开展持续性评价。针对以上四个环节如何进行实践，我们又进行了细致的关键步骤讲解，并且配有实例，引导教师将理论与实践相结合，最后还阐述了怎样推进深度学习。

　　临近开学时，我们开展了读书分享活动，将自己的感受和疑问分享给同组老师和领导，大家一起研讨，一起成长。开学后再将学到的理论知识进行实践，我们三年级数学组针对三年级下册教材中的第四单元"解决问题"开展了单元整体备课，从新课标入手，在明确了要培养模型意识、应用意识、创新意识和几何直观这四个数学核心素养的背景下，分析教材、学情，进行前测，然后借助"OCPC模式"制定单元目标。有了目标后，我们合作设计单元评价题目和评价标准，确保"教—学—评"一体化设计；接着选择适合学生的真实情境进行学习活动设计；最后我们走进课堂实战演练。教学设计和活动就这样在一次次的研磨中逐渐成熟，最终化为学生核心素养的点滴积累。随后，我们在学期末又进行了单元备课反思和整理，将经验进行进一步概括和提升。

这样的一次次实践让学生的综合能力得到了有效发展，他们的头脑中不再是一团、一堆的零散知识，而是将这些知识一点一点地进行结构化整理，慢慢打通为一条条四通八达的知识链条，再到一张逐渐庞大的知识网，最终形成核心素养。

我们是一个逐光而行的团队，我们一直走在研究创新的路上，我们对书有着执着的热爱，因为书籍给了我们行走的力量和坚强的信念。我们在阅读中彼此帮助、彼此促进，我们在阅读中共同成长！

再以"项目式学习"为例。这是一种以学生为中心的教学方法，《义务教育课程方案和课程标准（2022年版）》明确提出开展项目式学习等综合性教学活动，加强知识与现实生活、社会实践的联系，促进教学方式的转变。"项目式学习"已成为课堂教学变革的重要抓手。回龙观中心小学推荐各学科教师阅读《项目化学习设计：学习素养视角下的国际与本土实践》《跨学科的项目化学习："4+1"课程实践手册》等经典书籍，书中详细介绍了"项目式学习"的理论框架，以及大量的学科内项目化学习和跨学科项目化学习实践案例、辅助工具，为教师开展课程与教学创新、跨学科主题学习提供助力。在探索实践过程中，学校还组织了多场阅读讲座和分享活动，助力教师掌握基本模式，促进课堂教学变革的突破，培养学生核心素养。

2023年8月29日，学校全体干部教师齐聚一堂，围绕夏雪梅博士的《项目化学习设计：学习素养视角下的国际与本土实践》及《跨学科的项目化学习："4+1"课程实践手册》两本书展开分享交流，教师从学习素养与项目化学习、项目化设计、高阶认知、学习实践、公开成果和全程评价、学科项目化学习设计等几大维度深入分析，分享实践经验。学期末，学校又邀请项目式学习专家桑国元教授围绕"项目式学习是什么？""为什么开展项目式学习？""如何开展项目式学习？"等方面进行了细致入微的讲解，并运用图示、案例等方式帮助教师进一步理解基本概念和设计方法。

图 4.7　桑国元教授项目化学习讲座

　　2024 年寒假，《项目式学习：教师手册》和《50 个工具玩转项目式学习》这两本专业书籍成为学校推荐的教师假期必读书目。在阅读之后，学校鼓励教师着手设计一份属于自己的"项目式学习"计划书，并在开学前以年级分享会的方式交流、完善自己设计的项目计划书。学校还邀请罗颖教授及其团队到校进行针对性指导。罗教授认真指导每一份计划书，帮助教师理清思路，完善计划。在专家的点拨下，教师的问题迎刃而解，对"项目式学习"的理解更加深入，实践能力也得到了显著提高。

图 4.8　教师阅读分享会

图 4.9　罗颖教授项目化学习培训会

英语学科金一帆老师通过反复研读"项目式学习"经典书籍，积极参与培训、讲座与交流活动，在课堂中逐步实现教师与学生角色的转变，把课堂还给学生，让学生成为"学习的主人"，教师则成为课堂的组织者、引导者和合作者，让课堂焕发出新的生机和色彩。

"触摸"项目化学习，让教育绽放别样精彩

北京市昌平区回龙观中心小学　金一帆

从去年开始读夏雪梅老师的《项目化学习设计：学习素养视角下的国际与本土实践》一书起，我就一直把它当作工具书放在手边，不断汲取养分，提升自身对项目化学习的概念理解，掌握其核心要素和操作实施过程的方法。通过阅读，"项目化学习"从文献中走出来，变成一个个生动的案例和真实的探索过程。在阅读书籍第20页至30页"为什么要做项目化学习"标题时，引发了我的思考。

夏博士指出："项目化学习会促进学生大脑发育，让学生学习更专注、更具有主动性和投入性；实施项目化学习对教师意味着挑战，其中最大的困难就是从教学的主导者转变为学习的设计者和支持者，让孩子们沉浸在搭建、赏析、合作的场景中，教师需要放弃一定程度的对课堂的控制权，并且相信学生能够做好。"

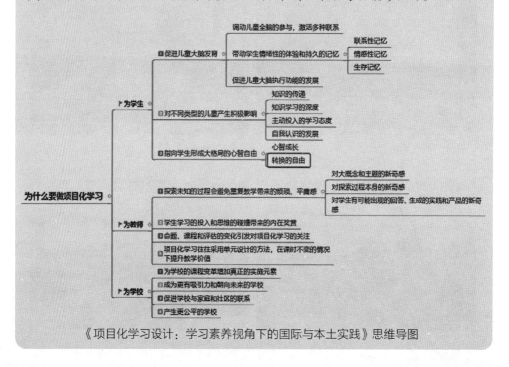

《项目化学习设计：学习素养视角下的国际与本土实践》思维导图

　　结合学习，我反思自己的课堂，认识到虽然我的课上得活力四射，但是我不愿放手，习惯于慷慨激昂地讲授，教的痕迹还是太过明显，总是急于给学生提示或直接说出答案。学生的主观能动性经常受限，从而没有机会真正去探索学习、开展创意展示。

　　因此，我们要学会放手，注重同伴互动，以开展项目为主，构建学习小组。如在一次项目式学习中，我将学生以不同的探究方式分为倡议书组、海报宣传组、演讲组、配音（戏剧）组和美工组5个小组。学生可根据个人兴趣和能力自由组队，小组合作进行学习探究。由各组组长组织统筹，7名小组成员分工合作完成任务。项目实施过程中设置任务引导员、调查员、资料查找员、资料整理员、分析员、指挥员和展示员等。在实践过程中，各职责可安排一人或多人，也可穿插交替，不做硬性规定。在我的指引下，学生基于主题意义深入探究"地球保护"问题并思考应对措施，通过数字资源和合作学习，综合运用所学知识解决问题。

学生作品

　　学生在小组合作中磨炼了团队协作、合作互助的能力；在过程中变得越来越乐于思考、动手，还学会主动向同学求助、积极解决问题。虽然小组中成员们的能力参差不齐，但他们在小组中凸显出了自身优势，竭尽全力贡献个人力量；最后的汇报展示突出了孩子们的个性与创意。

　　通过实践，我深刻感受到"项目式学习"是一种学生主动参与、自主协作、探索创新的新型教学模式。它贴近学生的生活，让学生碰撞灵感的火花，真正在"做中学"，学习也在真实中发生。日后，我会继续发掘小组合作学习的优越性，做到科学分组、均衡分组，合理分配任务，明确小组成员的责任和任务，最大限度让每位学生都得到锻炼，获得成就感和自信心，从而热情而有创意地学习、生活！

2.在阅读中提升对学科本质和学科专业能力的认识

对学科本质的认识，不仅是教学的基础，更是教师专业成长的指南针。只有深入理解所教学科的核心概念和原理，教师才能明确自己在专业能力上需要提升的方向。这种认识让教师更加关注教学中的每一处细节，从课程设计到教学方法，从知识传授到能力培养，都力求精益求精。在这个过程中，教师会不断反思自己的教学实践，发现存在的问题，并寻求改进的策略。这种对学科本质的深刻把握和持续的教学改进，最终将带来教学质量的显著提升和个人专业能力的提升。

以语文学科为例，语言性和人文性是语文学科的本质属性。一堂好的语文课，首先得有语文味。语文味越浓，课就越好。因此，学校特别注重语文老师的人文修养和语言美感养成，组织他们共读小说、诗词、散文等，将所读内容转化为课堂教学中的一个个闪光点，持续带给学生新的课堂体验。

《时间之书》一书是著名学者余世存温故知新的博通之作，也是了解二十四节气和传统文化的经典佳作。该书从节气出发，带领读者了解中国人的历史、习俗和生存之道。重温节气不仅仅是追忆逝去的田园牧歌，更是温故知新的寻根感悟之旅。这本书不仅语言优美，而且处处透露人生哲理。2023年2月，学校组织教师共读这本书。阅读之初，教师聆听作者余世存先生对这本书的解读，去探寻作者视角下时间的另一重含义，去感知每一个细微之处作者的独具匠心，去参悟时间框架中蕴含着的君子人格体系。在作者深入的解读中，教师重新审视自己的阅读感悟，交流自己的阅读体验，在重温古典时光中，领略时间之美。

图4.10 《时间之书》阅读交流会

二十四节气是中华优秀传统文化的重要组成部分，凝聚着千百年来的农耕智慧与自然观察。它不仅是时间的刻度，更是中华民族与自然和谐相处的生动体现。每个节气都蕴含着深厚的文化内涵，与习俗、农事耕作、气候特征、环境变化紧密相连，为小学语文教学提供了丰富的资源。将二十四节气的知识融入课堂，让学生通过学习了解每个节气的含义、历史渊源和相关习俗，这样的教学方式不仅能够拓宽学生的知识面，还能培养他们的文化自觉和文化自信。在阅读《时间之书》和参加交流会后，高靖坤老师在教学"二十四节气"的过程中，将节气背后所体现的人与自然、生命、宇宙、文化的关系，通过巧妙的教学环节设计和问题引导，在自然的学习过程中一一呈现。

读《时间之书》，讲生命之意

北京市昌平区回龙观中心小学　高靖坤

"春雨惊春清谷天，夏满芒夏暑相连，秋处露秋寒霜降，冬雪雪冬小大寒。"二十四节气是中国古代农耕文明的产物，是中国传统历法的重要组成部分。它反映了季节的更替和时间的推移，对于指导农业生产、安排农事活动具有重要的实际意义。在漫长的历史演变中，二十四节气逐渐融入了中国的文化传统和日常生活，成为人们生活的重要参照。

《二十四节气歌》每一位学生都会背，但是作为教师，怎样才能让学生理解二十四节气对生活的影响呢？

前几年，我们也曾设计过二十四节气的学习项目，我们把每个节气的学习内容分为了总序、听时光讲故事、节气的味道、乐不宜迟、诗词尽芳华、拓展阅读这几个板块。虽然内容很多，阅读量很大，但是并没有让学生留下深刻的印象，也没有让学生感受到二十四节气对生活的影响，还让识字量少的同学失去了学习兴趣。

直到我阅读了余世存先生的《时间之书》，从中受到启发。在他的文章中，我看到了时间的纹理，突然对二十四节气又有了新的感受。在《时间之书》里，二十四节气只是科普，比之更重要的是做人的道理、对自然的领悟以及对生命的理解。一日变成一生，一生浓缩一日。古人讲，大道为自然。最自然的，乃是踩着时间的鼓点，做一个符合"时间韵律"之人。或许就是阳明先生所说的"学者信得良知过，不为气所乱，便常做个羲皇已上人"。

于是，我从自然和生命意义的角度去讲解二十四节气，学生一下就有了兴趣。在准备《惊蛰》这一课时，我从书中了解到惊蛰是气温迅速回升转暖、越冬作物返青和春夏播作物备耕工作的重要时节，而这个节气给予我们的道理则是在于明而动，不能偷懒、偷奸耍滑，或昏昏沉沉、自甘沦落。因此，我向学生提出了一个问题：劳动人民为什么会这么重视惊蛰节气呢？学生结合资料回答：这个节气动物开始苏醒，植物也生长了，是播种的重要时节。

我接着又问，我们人也是自然界中的一分子，那惊蛰这个节气对人的作用是什么呢？对于这个体现生命意义的问题，同学们思考好一会儿也得不出答案，我则顺势将惊蛰节气的道理告诉他们。同学们听完，都点着小脑袋说好有道理，自己从没有想过节气对人还有这样的意义。

除此之外，我还带着学生亲近自然，观察惊蛰节气的物候之一——桃花。对此，我设计了四个活动：第一个活动，认识桃花的外部特征；第二个活动，了解北京的哪些地方可以观赏桃花；第三个活动，了解桃花的花语及它在文学中的意向；第四个活动，动手用纸张制作桃花。通过这四个活动，学生对每年春天看到的桃花有了新的认识，对惊蛰节气也有了更深入的了解。

课后，我思考两次节气教学的差异，为什么学生的表现如此不同？后来发现两次教学的最大不同就是我受到《时间之书》的启发，设计了引发学生思考生命意义的问题。二十四节气蕴含着深厚的历史文化内涵，反映了中国古代人民对于时间、自然和宇宙的认识。在二十四维时间里，每一维时间都对其中的生命提出了要求。生命意义这类问题的提出能让学生受到冲击，从而也就记忆深刻了。

我想这就是书中写的："你做三四月的事，在八九月自有答案。"

3. 在阅读中促进班主任管理方法的提升

管理班级需要方法与策略，而借鉴书中的经验是一个非常有效的途径。通过阅读相关书籍，教师学习到了许多先进的管理理念和实践技巧。在实践中，教师结合班级的实际情况，注重与学生的沟通和交流，灵活运用所学的方法，以更加人性化的方式管理班级，不断调整和优化管理策略，通过持续的实践、反思和总结，逐步提高自己的班级管理能力，为学生创造一个更加和谐、有序的学习环境，同时也能更好地发挥学生的主体作用，激发学生的主动性，唤醒学生成长的内驱力。

以二年级班主任崔婧老师为例。由于她所带的某届班级学生自律性不强，班级纪律不理想，在阅读北京教育科学研究院班主任研究中心教师发展室李秀萍主任所作的《用好班规带好班》一书后，崔老师对班规的分类、属性、制定流程、内容指向、落地路径、奖惩规则、班规与班级文化建设的关系等方面都有了更系统的认识。崔老师活用书中的办法，带领班级全体学生共同制定了大家都认可的班规，使班级纪律从约束走向自律，班级管理从无序走向有序，班集体的精神风貌发生了非常大的转变。崔老师将班规建设"小切口"变成撬动解决班级建设"大文章"的突破口，她将自己的经验和其他教师分享，也成为其他教师提高班级管理水平的经验参考。

用好"规矩"促成长

——读《用好班规带好班》有感

北京市昌平区回龙观中心小学　崔婧

如果一滴水就是一片海洋，那么一个学生就是一个世界。在这个世界里，自有他的丰富内涵，有的细腻，有的粗犷，有的外向，有的内敛，有的亲近，有的疏远……作为一个班主任，要为学生搭建一个展示自己的平台，让每一位学生都能在班级里得到发展，形成自己的特色。教育是一项可以给人以双倍精神幸福的劳动，而使学生快乐、健康成长，就是我们班主任的首要任务。俗话说："没有规矩，不成方圆。"在小学的养成教育中，更加需要督促学生讲规矩、养习惯。班规不仅是用来约束和规范学生全面发展的有效手段，建立班规的过程更是对学生实施全方位教育的过程。这段时间，我读了李秀萍博士的《用好班规带好班》这本书，对班规有了更深入、更全面的理解。

刚开始读这本书时，正是二年级上学期的开学初。我所带的班级有33名学生，其中女生16人，男生17人。本班学生大多数性格都比较活泼、好动，因此纪律意识薄弱，缺乏学习的积极性，并且一部分学生自律能力较差，会有控制不住自己的现象，更有3名学生经常在课堂上控制不住自己的行为，性格易怒，班级整体的情况比较棘手。正当我焦头烂额的时候，读到了《用好班规带好班》这本书，李博士以一种深入浅出的方式，阐述了如何通过制定和执行良好的班规，塑造一个积极向上、秩序井然的环境，我将在这本书中学到的小妙招，运用到了我们班班规的制定上，帮助我解了燃眉之急。

一是制定班规前要造气势。李博士在书中提到，如果凭空给学生制定一系列制度和规则，就会引起学生的反感，教师需要通过一些方法，引导学生认识到班级必须制定一些规则和制度。因此，在一次班会上，我提出了一个问题："大家觉得班上纪律最近有没有问题？"话音刚落，学生就开始争先恐后地表达，迟到、随便说话、追跑打闹等一连串的问题都提了出来。于是我趁热打铁，继续问道："你们觉得为什么会出现这些问题呢？"有很多学生反映，刚开始出现问题还会注意，后来发现犯了错误也只是被老师口头提醒一下，就不在意了。"那怎么办呢？"我又问道。学生提出了解决方案，大家一起制定一个能够有奖罚措施的规则。经过这样的问答，学生顺理成章地接受了班规的制定。

二是明确方向。当学生有了制定班规的欲望，对班规必要性形成统一认知后，还要引导学生思考围绕哪些方面来制定班规，比如学习、纪律、卫生等方面，同时引导学生观察并记录，为制定班规做好充足准备。

三是民主、公正、协商地制定班规。在前期准备充足的情况下，利用班会课，我将班级学生分组，让小组成员每人提出一个或多个班级问题及能够解决问题的班规，组长对成员观点进行汇总，形成每个小组建议的"班规"。接着，由教师将每个小组建议的"班规"呈现在投影上，并带领班级学生一起对这些"班规"进行取舍和改进。最后，将各小组制定的建议"班规"形成初稿，每天安排一个纪律委员监督班规实施情况。经过1—2周的试行，班级学生将提出的改进意见告知老师，班级超过三分之二的学生同意的意见被采纳并修改，试行结束后，我们的新班规由此诞生。

在学生一同制定出来的班规的约束和管理下，他们渐渐变得礼貌、规矩、自律、踏实，并且班级呈现出一种团结拼搏、积极向上、朝气蓬勃的状态，家长们也给予了充分的肯定。

优秀的班集体需要制定切实可行、行之有效的班规，而《用好班规带好班》这本书为我们一线班主任搭好了"坚固的梯子"，一步一步地帮助班主任在管理班级方面不断攀登，让学生能够在一个良好的环境中健康、快乐地成长。

再以张莹莹老师为例。张老师在阅读菲利普·卡姆博士所作的《20个儿童思考工具》后，对班级管理引发了更深刻的思考，她积极实践书中的工具，解决了自己班里学生语言表达能力不强的问题。

阅读助我开启智慧之门

北京市昌平区回龙观中心小学　张莹莹

读书，我从"被逼"走向"主动"。

我是在学校"逼迫"之下才认识到读书的价值。学校在寒暑假都会安排读书任务，由此我开启了"不得不读"的阅读之路。读后的交流分享也成了倒逼我提高读书质量、进行深入思考的驱动器。结果，我尝到了读书的甜头：丰富了育人方法，更新了育人理念，提升了教育智慧。

读书让我对学生的思维培养有了更完善的认知，有了更深入的思考。《20个儿童思考工具》一书有很多的可操作工具，让我培养学生有心，更有力。

几年前我承担了班主任工作，班主任工作中最让我忐忑的就是学生的语言表达。有次领导进课堂随机检查，批评我的班级"学生连完整话都不会说"。可我对思维培养束手无策，请教同事也没有好的效果。幸好被"强迫"读了《20个儿童思考工具》，这本书提供了很多思维工具：建议、理由、举例、区分等。书中建议教师要在学生回答完问题之后给出理由。我依照实施后效果显著：学生回答问题从就说几个字到逐渐完整、有理有据，再到认真倾听、及时补充评价，提升水平比我预想的高，所用时间也比我预想的要短得多。

我也在不停地反问自己：为什么要把话说完整？为什么一定要让学生给出理由？为什么要补充？提出建议？这是由学生的思维特征决定的。小学是思维跨越发展的阶段，思维需要经过完善且不断升级的锻炼来形成思维系统。语言就是一种外显的检验和锻炼工具，而一次次完整的表达，就是呈现、检验思考的过程。学生通过一个个小问题的完整表达，到逐渐叠加小的问题的思考表达逻辑，建立更完善的思考体系，进而完成思维的更新、升级。

经过这样一系列的思考后，我从育人实践中认识到了语言的重要性，也在不断迭代中形成自己的思维培养认知体系：借助评价激励促进表达，发展学生监督评价能力，建立家长帮扶体系，以此全面渗透发展学生能力。

阅读的过程甜蜜又苦涩，涩在于读而不得，甜在于悟后的通透，在于实践后的思维升级。作为教师，要读书，要一直地读下去，为了发展能力，开阔视野，润泽心灵。至此，学生才能踩着我们的肩膀看到更大的世界，书写更美妙的人生。

书籍是知识的源泉,是智慧的明灯,更是生命成长的阶梯。在快节奏、高压力的现代社会,教育者更需要通过阅读来充实自我,提升专业素养,以满足日益复杂多变的教育环境。在学校的大力支持下,教师在阅读中不断成长。阅读带给教师的不仅是知识的积累,更是教育教学方法的革新。他们将在阅读中的所学所感形成阅读心得,将这些心得运用到实际教育教学工作中,实现了育人方法的优化。这样的实践不仅提升了教育质量,也为学生提供了更加丰富多彩的学习体验。

(三)关爱生命,在阅读中促进身心健康

回龙观中心小学高度重视教师的健康状况,因为学校深知,教师的健康是教育事业持续发展的重要基石。为了保障教师的身心健康,学校不仅关注教育教学方面的书籍,还为广大教师推荐一系列精选的健康类阅读书目,比如《了不起的基因》《运动改变大脑》《我开始运动的理由》《瘦身,重启人生》《百岁人生》《生命之书:365 天的静心冥想》《法医报告:死亡教会我们什么》《活出最乐观的自己》等。

这些书籍中既有专业性的医学知识,也有通俗易懂的生活指南,旨在帮助教师认识健康的重要性,学会关爱自己的身体,感受到生命的活力和美好,提升心理素质,从而提升教师的个人幸福感和生活质量,增强应对教育工作中各种挑战的能力。

表 4.6　健康类阅读书目(部分)

序号	书名	作者	简　介
1	《了不起的基因》	尹烨	基因既是遗传物质的基本单位,也是一切生物信息的基础,破解了基因的运行机制,也就破解了生命的奥秘,人类的性格、疾病、种族、身份、命运也就有了更新的答案。本书讲解了和基因相关的 17 个主题,结合人文和哲学领域的观点来讲解生命科学,不仅介绍了大众关注的基因问题,还融入了关于生命的哲思。
2	《运动改变大脑》	[英]卡罗琳·威廉姆斯	本书立足于"身体如何改变心智"这一新兴主张,分别从行走、力量、节拍、核心、拉伸、呼吸和休息等不同方面,介绍了运动对于记忆、压力、焦虑、抑郁、情绪、智商、创造力等诸多心智层面的强大改善效果,帮助我们获取积极快乐的人生。
3	《医生,你在想什么》	王兴	一位专业的医生从老百姓生病后的寻医、问诊、治疗各个环节中可能碰到的相关问题出发,为生病的普通人提供一堂"每个人的疾病课",让看病变得简单。

续表

序号	书名	作者	简　介
4	《我开始运动的理由》	［瑞典］卡尔·约翰·松德贝里、杰茜卡·诺尔布姆	来自世界顶尖医学院的两位生理学家，通过对运动健康领域前沿研究的梳理和事实论证，给出了翔实又令人耳目一新的答案：你会拥有更强壮、灵活的身体，更清醒、聪明的大脑，更强的对抗负面情绪的能力，患上多种代谢疾病乃至重疾的风险都会降低，面对衰老也会感到更加积极、自由。
5	《张医生与王医生》	伊险峰、杨樱	两位作者采访数十人，在旧报纸、老照片、建筑废墟与口述回忆中打捞过往生活图景，描摹了张医生与王医生半生的个人成长与阶层跃升之路，并审视二人知识、尊严与自我的建构过程。本书呈现出兼具深度与广度的当代东北，透过个体在历史中的沉浮，窥见一座城、一个时代的命运轮廓。
6	《只要我能跑，没什么不能解决》	［日］松浦弥太郎	在什么情况下开始决定跑步、如何正确地跑步、怎样坚持并享受跑步……通过这本书，感受到跑步并不只是单纯的运动，也可以调整大脑的状态，找到生活方式和全新价值观。
7	《自造》	陶勇	在这本书中，陶勇不仅是一位公立医院的眼科医生，更是患者朋友的人生医师。他以医者和普通人的双重视角，忠实地记录了这个时代的医患关系、医者思考和医学故事，分享医院之内和医院之外的人生感悟。
8	《生命之书：365天的静心冥想》	［印度］克里希那穆提	本书是克氏教诲的精选，诸多内容读者都不曾接触。对于尚未领略克氏智慧之光的人而言，它是最佳入门读物，深入浅出，完整翔实。对于已经入门的读者而言，它是深化之书，厘清困惑，涤净烦忧。
9	《贪婪的多巴胺》	［美］丹尼尔·利伯曼、迈克尔·E.朗	为什么曾经浪漫的感情也会变淡？为什么成功人士通常不会觉得自己很成功？为什么几乎所有的节食计划后来都功亏一篑？这都取决于大脑中的一种单分子结构——多巴胺。这种化学物质控制着你的欲望、想象、冲动、创造力，出乎意料地影响着我们生活的方方面面。
10	《情绪：为什么情绪比认知重要》	［美］戴维·德斯迪诺	这是一本教人们认识情绪、体会情绪、使用情绪的书，为我们提供了全新的思路和观点：正面情绪将帮助我们更好、更快地实现目标。
11	《法医报告：死亡教会我们什么》	［英］苏·布莱克	在这本书中，作者为我们揭示了她亲眼见证的死亡的不同面目，通过自己参与的真实案例探索了法医学科的发展与进步，也将法医人类学这一学科对其工作及生活的影响与感悟和盘托出。
12	《枪炮、病菌与钢铁》	［美］贾雷德·戴蒙德	本书是理解人类社会发展史方面的一个重大进展，它记录了现代世界及其诸多不平等形成的原因，也是一部真正关于全世界各民族的历史，是对人类生活的完整一贯的叙述，娓娓道来，具有很强的可读性。

续表

序号	书名	作者	简　介
13	《像火箭科学家一样思考》	[美]奥赞·瓦罗尔	这本书将指引我们突破固有思维的局限，另辟蹊径，激发创意；对创意进行提炼和重构，并敲打测试它的可行性，以降低失败的风险；客观看待失败与成功，从成败的经验中激发更大的潜能。
14	《每个人的战争：抵御癌症的有效生活方式》	[法]大卫·塞尔旺-施莱伯	并非每个人都会患癌，但癌细胞存在于每个人体内。抵御癌症，需要我们改善生活方式，在日常的饮食、锻炼、情绪与环境中有所行动；需要我们彼此关怀，为癌友提供支持与慰藉。预防和抵御癌症，是每个人的战争。
15	《活出最乐观的自己》	[美]马丁·塞利格曼	你从这本书中可以清楚地知道自己哪些方面是可以改变的，而哪些方面无法改变，是自己必须接受的。塞利格曼博士从改变的可能性和生物的局限性出发，帮助你把有限的时间和精力集中在那些能够改变的特性上，并在此基础上找到一条自我提升的最有效途径。

学校希望教师能够将这些健康知识运用到日常生活中，形成良好的生活习惯，以健康的身心投入教育事业中，为培养更多优秀的学生贡献力量，也希望教师能够在繁忙的工作中找到平衡，关爱自己，活出精彩。

如今，在回龙观中心小学，越来越多的教师从阅读中汲取到智慧和营养。闲暇时刻，办公室、教室、葵园书苑、阅读空间……校园中随处可见教师阅读的身影，他们在油墨清香中畅游书海，与智者对话，他们也不满足于学校推荐的书目和定期组织的阅读交流会，开始自发购书和阅读。阅读已成为教师发自内心的行动，成为他们共同的生活方式和乐趣。

陶行知先生说："要想学生好学，必须先生好学。唯有学而不厌的先生才能教出学而不厌的学生。"这句话深刻揭示了教师职业的特殊性，只有爱读书、善读书的教师，才能教出爱读书、善读书的学生。阅读是教师成长的必经之路，是他们提升自身素质、实现教育理想的重要手段。在新时代背景下，学校更加应该重视教师的阅读素养，为教师提供更多优质的阅读资源，创造更加有利的阅读环境。回龙观中心小学以阅读为推进器，助力全体教师把握新时代的新要求，在阅读中逐步升级教育理念，不断提升育人方法，促进身心健康，让越来越多的教师在阅读中汲取营养，增长智慧。

三、开展多元化阅读指导，培养智慧家长

家庭是人生的第一个课堂，父母是孩子的第一任老师。长期以来，习近平总书记高度重视家庭教育建设，他强调："广大家庭都要重言传、重身教、教知识、育品德，身体力行、耳濡目染，帮助孩子扣好人生的第一粒扣子，迈好人生的第一个台阶。"他还指出："我们要重视家庭文明建设，努力使千千万万个家庭成为国家发展、民族进步、社会和谐的重要基点，成为人们梦想启航的地方。"

家庭教育关系到孩子的健康成长、家庭的幸福和社会的和谐发展。家庭教育也与学校教育有着密不可分的关系。2021年颁布的《中华人民共和国家庭教育促进法》规定："家庭教育、学校教育、社会教育紧密结合、协调一致。"家校社协同育人对学生成长至关重要。家长通过与学校和社会的紧密合作，可以更有效地营造一个有利于孩子全面发展的教育环境。同时，家长的参与不仅能够增强学校教育的效果，还能促进孩子在社会化过程中的健康成长。

阅读是汲取家庭教育智慧的捷径，也是培养优良家风的有效方式。回龙观中心小学的家庭教育指导工作以阅读为重要抓手，通过开展阅读书目推荐、亲子阅读方法指导、阅读经验分享等活动，帮助家长珍视阅读的力量，深化对家风建设的认识，明确家庭的核心价值和行为准则，获取丰富的教育理念和实用方法，不断反思和调整自己的教育行为，将书中的智慧融入家庭教育的实践中，逐步营造积极向上、和谐共处的家庭氛围。学校倡议：让阅读成为个人成长的必需品，自己会读、愿意读，也带动孩子一起读；让阅读成为家庭教育和家风传承的重要支撑，让智慧的火花在家庭中绽放光彩，为孩子的健康成长提供有力的指引。

（一）以阅读为抓手，赋能学习型家长

"父母是世界上唯一一个不需要持证上岗的职业。"这句话曾在互联网广为流传，说明了很多人都是在缺乏经验和学习的前提下成为父母。作为父母，尤其需要不断学习，增长家庭智慧。《中华人民共和国家庭教育促进法》的颁布，从法律角度明确了父母要"用正确思想、方法和行为教育未成年人养成良好思想、品行和习惯"。

随着家长对家庭教育的重视程度不断提高，很多家长通过持续学习，重视沟通与情感交流，勇于自我反思与调整，成长为学习型家长。这类家长不断提升家庭教育水平，亲子关系和谐融洽，他们的言行举止无形中塑造着孩子的未来，他们是孩子成长路上的最佳伙伴。学习型家长是家庭的智慧引领者，为家庭教育持续注入活力。同时，学校对家庭教育有义不容辞的责任，理应主动承担起促进家庭教育建设的重担。回龙观中心小学成立家庭教育指导学院和家长教师协会，以阅读为抓手，为培养学习型家长提供强有力的组织保障，鼓励家长自发阅读、亲子阅读，同时积极营造校内、校外阅读的良好氛围，引导家长掌握阅读方法，为学习型家长持续赋能，共同助力孩子的健康成长。

1. 家庭教育指导学院：将阅读作为家长培训的抓手

回龙观中心小学家庭教育指导学院本着"引导、服务、提升"的学院愿景，致力于指导和传播正确家庭教育理念，帮助家长树立正确的教育观，掌握科学的教育方法，提高家庭教育水平，改善亲子关系，努力营造学校、家庭、社会"三位一体"的教育合力氛围，成为打造学校"友善教育"队伍建设的重要力量。

根据家长的实际需求和多年的积累与改进，家庭教育指导学院总结了家庭教育课程设立的 11 个维度，包括行为习惯、学习能力、安全教育、友善教育、社会情感能力、社会责任感和集体感、情绪管理、生命教育、青春期教育、毕业规划指导和正面管教等，覆盖学生从一年级入学到六年级毕业涉及的主要教育维度，各维度相互交织、互为补充，共同作用于学生的成长过程。

在 11 个维度中，行为习惯是基石，它影响着学生的日常行为，为其他维度打下良好基础。学习能力则是学生不断探索世界的关键，它与安全教育相辅相成，让孩子在获取知识的同时学会保护自己。友善教育和社会情感能力、社会责任感和集体感紧密相连，共同培养学生的同理心、合作精神和为社会贡献的意愿，在团队中找到归属感。情绪管理让学生学会在面对挑战时保持冷静。生命教育和青春期教育是针对学生不同成长阶段的关键内容，让学生学会珍惜生命、热爱生活，顺利度过青春期的迷茫与困惑。毕业规划指导为学生的未来发展指明方向。正面管教则是贯穿始终的教育理念，它以尊重和理解为基础，引导学生形成积极正向的价值观和人生观。

尤其值得一说的是，这 11 个课程维度均以阅读为支撑和发力点，将阅读作为重要的抓手，通过阅读书单指导、开办阅读讲座、举办阅读沙龙等丰富多元的形式，助力学习型家长的培养。

表 4.7　家庭教育课程维度

序号	课程维度	主要内容
1	行为习惯	一年级新生日常习惯、生活习惯、学习习惯、文明言行
2	学习能力	自主学习能力、独立思考能力、解决问题能力、专注力、意志力
3	安全教育	居家安全、出行安全、同伴相处、与陌生人沟通、预防自然灾害
4	友善教育	同伴互帮互助、家校协作
5	社会情感能力	人际交往、沟通
6	社会责任感和集体感	道德教育、公益活动、社区服务
7	情绪管理	认识情绪、控制情绪
8	生命教育	在挫折教育中培养自信
9	青春期教育	青春期生理、青春期心理、性健康教育
10	毕业规划指导	各类体验
11	正面管教	正面管教方法、正面管教工具

以正面管教维度为例。家庭教育指导学院向家长推荐了畅销几十年的《正面管教》一书，这本书深入浅出地介绍了许多行之有效的涉及孩子心理、行为、认知、教育等方面的经典理论，结合很多正面管教的成功案例，使家长能深入理解书中所介绍的正面管教方法。对于很多困扰众多家长的问题，作者以浅显易懂的方式，将理论联系实际，加以透彻、深刻的分析，帮助家长清晰地认识到应该怎样做才会有利于孩子成长和家庭发展。

几年来，家庭教育指导学院通过讲座、沙龙、微课堂的形式，鼓励家长深度阅读，先后开展了"关于注意力的培养"主题讲座、"青春期教育"专题讲座、"解读习惯　促其发展"专题讲座、"小学生阅读习惯及能力的培养"家庭视角专题讲座、"如何提高孩子的注意力"新生家长沙龙、"解析孩子背后的行为密码"家长沙龙、"正面管教"家长沙龙、"关爱儿童　远离伤害"家庭教育经验分享会和"病毒预防微课堂"等活动，引导家长通过自主阅读拓展这些家庭教育主题，围绕主题积极参与阅读、交流与分享，营造了浓郁的家长群体学习、阅读和讨论氛围，提高了家长的阅读能力、自我学习能力和家庭教育能力。

2023 年 6 月 2 日,学校家庭教育指导学院组织"提高孩子的注意力"的家庭教育指导讲座,特别邀请清华大学心理学高杨博士就"孩子专注力的特点及影响因素""5 招提高孩子的专注力""专注力常见问题"三个方面进行讲解。在家长交流环节,家长和专家就如何提高孩子的阅读注意力和阅读兴趣进行了深度交流。专家建议,首先要为孩子创造安静的阅读环境,减少干扰因素;其次,选择适合孩子年龄和兴趣的书籍至关重要,有趣的内容能激发孩子的阅读欲望;最后,家长还应定期与孩子共读、互动提问,引导孩子深入思考。此外,专家鼓励家长以身作则,成为孩子的阅读榜样。通过这次交流,家长表示收获颇丰,对如何辅导孩子阅读有了更明确的方向。乔克老师在活动总结发言环节中,特别强调了家庭教育中实践的重要性,她鼓励家长将所学的知识应用在实践中,有效提升孩子的专注力,为未来学业和职业发展打好基础。

图 4.11 "提高孩子的注意力"家庭教育指导讲座

谈及学校家庭教育指导学院的未来发展,韩晓晶院长说:"学院未来将重点通过推荐共读书目和读书分享会的形式推进家长阅读工作,将定期选择共读书目,带领家长共读,发挥学院的指导作用,采用阅读打卡、定期组织交流分享等形式,通过家长阅读带动亲子阅读,通过提升家长的阅读水平带动孩子阅读水平的提升,从学校和家庭的双重维度创造良好的阅读氛围,培养家长和孩子的阅读习惯,提升阅读素养。学院希望在家庭教育指导学院这片沃土,让阅读的种子在家庭生根、发芽,实现亲子的共同成长,在阅读中遇见更加美好的未来。"

2. 家长教师协会:五大分协会合力推广阅读文化

回龙观中心小学家长教师协会于 2007 年成立,历经十多年的探索,已经形成了一套完善的组织架构和运行机制。遵从学校"三学会两喜欢"的目标——学会思考、学会关心、学会自理、喜欢读书、喜欢健体，协会设立五个分会，包括读书协会、思考协会、关心协会、健体协会、自理协会。读书协会旨在引导学生读书，组织读书活动，引导家长学习，介绍专家为家长答疑解惑；思考协会以"学会思考"为目标，努力培养学生"学会思考"的能力，进而使学生实现充分沟通和表达，主动地探索发现；关心协会通过宣传、引导的方式，让学生和家长学会认同、理解和关爱他人，提升学生关爱他人的能力，树立"爱与奉献"的精神；健体协会以"强健孩子体魄、树立拼搏精神、促进全面发展"为目标，整合家校合作平台资源，引导并开展有益学生身心健康的健体活动；自理协会以"只有自理才能自立"为宗旨，围绕学生日常生活中的衣、食、住、行，在教师的引导和家长的配合下，提升学生自我管理能力，培养学生的生活技能，养成良好的学习和生活习惯。

在工作推进中，五个分会都将阅读作为培养学习型家长的重要途径，通过积极营造阅读氛围，激发家长的阅读兴趣，开展多样化的阅读活动，定期组织教师带读、家长共读、阅读分享会等，为家长提供学习和进步的平台。通过家长教师协会的努力，越来越多的家长开始重视阅读，享受阅读的乐趣，也让他们在教育孩子的道路上更加自信、从容。

以关心协会和自理协会为例。两个协会联合定期面向家长发布推荐书目，由协会工作人员自己阅读或向其他家长征集好书，或通过定期关注畅销书籍榜单、获奖书籍榜单、评书网站等方式，扩大好书选择范围，鼓励家长多读书、读好书，从好书中汲取营养，收获智慧。比如，在教育理念方面，协会推荐《如何说孩子才会听，怎么听孩子才肯说》《孩子，让我们一起成长》《你就是孩子最好的玩具》等优质书籍，帮助家长从不同的角度去思考家庭教育的问题，了解孩子的心理，更好地与孩子沟通；在教育方法方面，协会推荐《如何培养孩子的社会能力》《如何培养孩子的自律能力》《爱的教养：培养孩子的共情力》等书籍，帮助家长掌握培养孩子各种重要能力的方法，让孩子能够更好地适应社会。每本推荐书籍都附有用心写就的"推荐理由"，帮助家长直观地了解推荐书籍的主要内容、亮点和价值，从而激发家长的阅读兴趣，为家长阅读提供专业指导。

表 4.8　家长阅读推荐书目（部分）

序号	书籍名称	推荐理由
1	《爱的教养：培养孩子的共情力》	这是一本有关培养共情力的家庭教育家长读本。书中用 11 个孩子真实而又令人心疼的故事，揭示世上最好的教养结果：不是成绩有多好、运动有多棒，而是孩子拥有感受爱、付出爱的能力。这就是爱的教养，这种能力就是共情力。 父母是爱的传授者。父母在给了孩子生命的同时也给了爱，这种爱是孩子一生成长的力量。书中作者用大量实例展现了儿童身心成长的客观规律，父母在陪伴孩子成长的同时，更需启迪自己。
2	《你就是孩子最好的玩具》	本书从几个方面阐述了家长就是孩子最好的玩具，而不是那些科技玩具或电子产品。家长的陪伴和关注本身就是孩子最想要的东西。和家长在一起的快乐时光，是孩子最宝贵的财富，这不仅是时间上的陪伴，更是情感上的陪伴。那么怎样才能成为孩子最好的玩具呢？这本书就给出了答案。 情感引导式教育是一种充满关爱、符合逻辑和人性的教育方法，它要求家长把孩子的情绪和行为当成了解他们内心世界的好机会，并给予同情和理解，让孩子感受到家长的尊重和信任，自己做出正确的选择和行为，成为一个健康快乐、有责任感、有同理心、有社会能力的人。

再以读书协会为例。协会组织徐冬梅、朱爱朝、余耀、刘颖、徐世赟、孔晓艳、吉忠兰、舒凯等多位名师，聚焦图文阅读、书籍过渡、阅读方法指导等家长普遍关心的话题，以线上专题讲座的形式，分享家庭教育和亲子共读干货，为家长答疑解惑。协会先后组织了"怎样让孩子尽快从图画书到文字书阅读""如何进行亲子阅读""如何帮助孩子读好经典""怎样带孩子了解中国文化"等专题讲座，同时每场名师讲座均涵盖主题荐书环节，荐书充分遵循分级阅读的科学理念，涵盖自然科普、人文社科、文化经典等多个领域。专题讲座不仅为家长推荐了优质书籍，也帮助家长提高了阅读指导能力。

谈及读书协会带给家长的阅读支持，读书协会副会长高丽欣慰地说："家长读书是一种重要的修养和责任。在读书的过程中，我们应该时刻保持谦虚、开放和客观的态度，多思考，多探索，再用反思来激发自己的思维和感悟，从而更好地理解孩子。多读书还能丰富家长的语言表达能力，让他们学会如何更好地表达自己的思想，使自己的表达更加清晰明了，使孩子更加容易理解家长。家长在阅读的过程中也应该明白，家长读书不是为了寻找得分的方法，而是通过掌握学习的方法培养孩子的自主学习能力和创造力。阅读能够解决孩子的困惑，给予孩子正确的指导和帮助。同时，爱读书的家长也会重视培养自己的情感和智慧，给孩子树立一个积极向上、勤奋好学、有责任心的榜样，引导孩子走向正确的人生道路，这样才真正能实现用阅读来促进家庭亲子关系。"

此外，家长教师协会还致力于在全校范围内推广阅读文化，从学生入学开始，就面向家长群体定期开展阅读主题的培训会，让家长了解阅读的重要性，掌握正确的阅读方法和技巧，从而在家中为孩子创造一个良好的阅读环境。同时，协会还积极倡导家长与孩子共同阅读，通过亲子阅读的方式，增进亲子关系，培养孩子的阅读习惯和兴趣。

以 2020 级新生家长第二次培训会为例。会议由家长教师协会联合家庭教育指导学院共同举办，本次培训会主题定为"同心、同行、同成长"之"阅读，原来如此美丽"。为了让一年级学生从入学开始就培养阅读兴趣，在本次培训会中，高欣蕾校长向一年级全体家长详解学校"全学科"阅读的设计思路、积极效果，鼓励家长与孩子一同感受学校的浓郁阅读氛围，真正领会到阅读之美、阅读之魅。

图 4.12　高欣蕾校长发言

随后，由学校"新版葵娃"设计者、著名绘本作者田宇老师讲解绘本《小熊敲门》，分享自己创作的心路历程，让家长和孩子认识绘本创作背后的故事。

最后，高校长带领家长和孩子再次走进绘本《小熊敲门》，以儿童视角带领孩子走进"小熊"的内心，赋予主人公"小熊"真正的生命。解读后，大家才发现，原来我们就像小熊一样，不断地向这个世界"敲门"，向书籍、向学问、向人心，不断敲门，从而收获智慧和成长。

参与培训会的家长纷纷表示受益匪浅。有家长说："我没有想到一本绘本还有这样的创作背景，田老师讲的内容深深地触动了我，以后在给孩子讲绘本之前，我也可以去找一找那些背后的故事，让孩子感受每一本好书都来之不易，都值得细细阅读、反复品味。"还有家长说："孩子能来到这样一所爱阅读的学校，是她的幸运。想让孩子在阅读中成长，不仅仅要提供一个藏书丰富的阅读区，做好亲子陪伴阅读的同时，家长也要掌握很多阅读的方法，这样才能让孩子真正会阅读。"

图 4.13　一年级新生家长和学生参加培训会

通过家长教师协会的不懈努力，阅读文化已经深入人心，成为学校的一大特色。在家长教师协会的支持下，家长不仅提升了自身的阅读素养，还有效提升了阅读指导能力，在与孩子的共同阅读中，增进了亲子关系。

最好的教育来自家庭教育，最好的家庭教育来自终身成长的父母。家庭教育指导学院和家长教师协会将阅读作为引领家长成长的"金钥匙"，通过推荐书单、阅读分享、教师带读、家长共读等方式，让家长在阅读中感受文字的魅力，及时学习先进的教育理念和实用的教育方法，保持终身成长的心态，从而引导学生更好地健康成长。家庭教育指导学院和家长教师协会将与家长一起，共同书写回龙观中心小学家庭教育的美好篇章！

（二）鼓励亲子阅读，架起家校沟通的桥梁

亲子阅读是父母与孩子一起进行的阅读活动。在这个过程中，家长和孩子共同选择一本适合的书籍，一起阅读、讨论和分享书中的内容和感受，不仅能够增进家长与孩子之间的情感交流，同时也能培养孩子的阅读兴趣和习惯。

亲子阅读带来的好处是多方面的。首先，它能显著提高孩子的阅读兴趣。当家长与孩子一起投入书籍的世界，孩子会更容易感受到阅读的乐趣，从而更加热爱阅读。其次，亲子阅读有助于培养孩子的阅读习惯。定期的亲子阅读时间可以让孩子逐渐养成定期阅读的习惯，这种习惯将伴随他们一生，成为他们不断学习和进步的重要基础。最后，亲子阅读在孩子成长中也扮演着举足轻重的角色。它不仅能促进亲子关系的和谐发展，让孩子感受到家长的关爱和陪伴，还能在无形中提高孩子的阅读理解能力，在与家长的互动讨论中，学会从不同角度思考问题，加深对书籍内容的理解。

然而，在亲子阅读的过程中，家长或多或少会遇到一些问题或困惑。在这个过程中，学校就扮演着不可或缺的引导和指导的作用。通过老师的专业指导，家长能更有效地进行亲子阅读，家校合作，共同促进孩子的全面发展。因此，回龙观中心小学精心打造了"儿童阅读二十讲"家长课程，学校针对"先识字再阅读吗？""如何为孩子选择合适的书？""中文阅读要不要分级？""学古诗背得越多越好吗？"等家长在亲子阅读中经常出现的问题或困惑，进行系统设计，为家长提供全面而深入的儿童阅读指导。课程包括大量的真实案例和实践经验，既有深度，又有实用价值，旨在帮助家长更全面地了解儿童阅读的重要性，掌握正确的阅读方法和技巧，以科学的方法引导家长和孩子一起阅读，解决在亲子阅读过程中遇到的问题，从而更好地引导孩子走向阅读的殿堂。

表4.9 "儿童阅读二十讲"课程大纲

课　次	主　　题
第一讲	开始的话
第二讲	我们想把孩子培养成怎样的人？
第三讲	母语学习的意义是什么？
第四讲	儿童阅读有什么用？
第五讲	多大的孩子可以开始阅读？
第六讲	先识字再阅读吗？
第七讲	为孩子大声朗读要多久？
第八讲	如何培养孩子的阅读兴趣？

续表

课　次	主　　题
第九讲	如何培养孩子的阅读习惯？
第十讲	如何为孩子打造阅读环境？
第十一讲	如何为孩子选择合适的书？
第十二讲	中文阅读要不要分级？
第十三讲	阅读就是读整本书吗？
第十四讲	一年级如何过渡到文字阅读？
第十五讲	阅读多语文还是考不好？
第十六讲	《日有所诵》有这么好吗？
第十七讲	学古诗背得越多越好吗？
第十八讲	男孩和女孩的阅读差异及对策
第十九讲	如何通过阅读培养女孩？
第二十讲	结束的话：阅读不是生活的全部

越来越多的教师也意识到阅读在班级管理中的重要作用，纷纷将亲子阅读活动纳入日常教学活动，各班级班主任组织学生和家长积极阅读，各班级之间争相开展亲子阅读活动，将亲子阅读作为构建和谐班级、促进班级文化建设的重要桥梁。在阅读的带动下，各个班级的变化也是非常明显的。

亲子阅读任务使得教师和家长之间的沟通频次明显增加，家校沟通更密切。在以往的家校沟通中，更多关注的是学生的学习情况或学生的不足，有些家长因为工作繁忙，对孩子在校内的学习生活关心不足，在家校沟通过程中甚至会出现与教师无话可谈的局面。现在，家长和教师之间围绕阅读生成了诸多新话题：学生有没有读、读得怎么样、喜欢什么书……阅读让家校沟通更加有深度和实质性内容，不再空洞无物。教师通过有计划地设计亲子阅读任务，让阅读有了定期、跟踪式的机制，家校沟通更加及时、有价值，让教师和家长心更近、情更暖。

借助阅读，当家长在家庭教育的过程中遇到困难时，教师通过书籍推荐，为家长提供解决问题的思路和方法。在家庭生活当中，亲子之间有时会因为孩子的行为问题或家长的表达方式引发一些矛盾，有时会遇到一些孩子成长过程中的困难和烦恼，这时候，好书就能给予家长有用的指导方法。班主任会为家长推荐适合的书籍，并和家长用心交流，帮助家长处理好亲子间的矛盾冲突，营造和谐温暖的家庭氛围。

以赵娜老师为例。她所带的班级有一位调皮的小男孩球球，球球经常在家与父母发生争吵，球球妈妈认为孩子不听话、很叛逆，让他做什么就偏不做什么，于是找到班主任咨询解决问题的办法。赵老师根据球球同学在班级里的表现，认为孩子可以与同学、老师正常沟通，亲子沟通的方式和方法可能需要做一些调整。于是，赵老师向球球妈妈推荐了绘本《野兽国》，这本书在 1964 年获得了凯迪克金奖，被评为"20 世纪最成功的图画书之一"。《野兽国》以简单诗意的语言讲述了调皮男孩迈克斯的故事：他与妈妈大闹了一场，没吃晚饭就被关进了自己的房间。就像孤身一人的奥德修斯，迈克斯旋即开始了远航。一波波的海浪为迈克斯带来一艘小船，他驾着小船出发，过了晚上，到了白天，过了一周又一周，过了几乎一整年，终于来到野兽国。在那里，迈克斯统领了那些暴躁狂乱的野兽，在疯闹过后，他开始想念那些最爱他的人，最后他放弃了野兽国国王的王位，回到了最爱他的亲人那里，他的怒气已散，发现晚饭就摆在那儿。

在教师的推荐下，球球妈妈和球球共同开启了亲子阅读之旅。通过阅读，球球妈妈改善了与孩子沟通时的表达方式，懂得了当孩子处于负面情绪中时，要用正确的方法引导孩子和自己进行情绪疏导，同时也要让孩子感受到自己对他的爱。球球妈妈说："看了老师推荐的书，我开始关注儿童心理学，带领孩子一起直面儿童负面心理问题，帮助孩子克服负面情绪，现在我和孩子之间的关系更加亲密，是阅读和教师的指导，让我们一家都得到了成长。"

读书可以明理，读书可以启智，读书的重要性不言而喻。回龙观中心小学将亲子阅读作为家校沟通的重要桥梁，通过阅读，教师和家长得以更深入地了解彼此的教育理念和方法，家校沟通变得更加顺畅。当遇到亲子矛盾或孩子成长的烦恼时，教师和家长携手合作，共同学习如何更好地帮助孩子。亲子阅读增进了家校之间的互信和合作，让家长更加深入地参与孩子的教育过程，为孩子的健康成长创造了更加和谐的环境。

（三）多渠道阅读分享，让阅读成为一种生活方式

阅读分享具有极其重要的意义。它不仅能够拓宽视野，丰富认知，还能够促进

阅读者对阅读内容的深入思考，不断提高其阅读水平和思维能力。同时，阅读分享还是一个互相启迪的过程。在分享活动中，倾听他人的感悟，这些感悟有可能成为激发阅读者全新思考和灵感的火花。

传统的线下阅读分享方式具有实时互动性强、问题针对性强等特点，能够很好地增强家长之间的情感联系。在信息技术飞速发展的今天，阅读分享的形式也呈现出多元化、多样化的特点，网络平台、移动应用等被利用充分，线上社交媒体分享、在线书评平台、视频平台、虚拟阅读社区等线上分享方式层出不穷，为阅读分享提供了新的途径和可能。这些变化不仅使阅读分享变得更加便捷和高效，还扩大了读者的受众范围，促进了跨地域、跨文化的交流和互动。

为了增强家校之间的沟通与联系，为学生提供更加全面和深入的教育支持，回龙观中心小学建立"线上＋线下"的家长阅读分享渠道，为家长提供多样化的阅读体验和交流方式，让阅读融入家长的日常生活，激发家长的阅读兴趣，提高家长的阅读能力，共同为学生的成长和发展创造一个良好的环境。

在线下，学校通过阅读培训会、主题讲座、阅读沙龙、阅读分享会、家长进课堂等面对面交流的形式，邀请家长积极参与学校组织的活动，积极分享自己的阅读体验和感悟。通过阅读，家长和学校之间建立了更为紧密的合作关系，共同为学生的成长和发展创造更加有利的条件。

以家长进课堂活动为例。为了确保家长的参与热情和活动的质量，每期活动从报名阶段开始，学校通过班级、年级、校级三级推荐机制，鼓励家长走进课堂开展读书分享活动。学校精心组织了"故事爸妈进校园"、"红色故事"主题家长课堂等阅读活动。家长踊跃报名，走进课堂，带领孩子一起领略读书的魅力。其中，李雨珊妈妈分享的《肚子里的小火车》、周庆怡妈妈分享的《穿靴子的猫》、张艺凡爸爸分享的《神奇的想象，带我们飞翔》、王妍婷爸爸分享的《交通安全很重要》、张方焮分享妈妈的《小火车头做到了》、余泓博妈妈分享的《牙齿大街的新鲜事》等书籍受到了学生的热烈欢迎。他们声情并茂、引人入胜的讲解，给孩子带来了不一样的体验。这几位爸爸妈妈还被孩子授予"甜美讲师""知性讲师""活力讲师"等荣誉称号。

表4.10　家长进课堂活动优秀家长（部分）

序号	绘本名称	分享人	荣誉称号
1	《肚子里的小火车》	李雨珊妈妈	甜美讲师
2	《穿靴子的猫》	周庆怡妈妈	知性讲师
3	《神奇的想象，带我们飞翔》	张艺凡爸爸	活力讲师
4	《交通安全很重要》	王妍婷爸爸	帅气讲师
5	《小火车头做到了》	张方焴妈妈	柔情讲师
6	《牙齿大街的新鲜事》	余泓博妈妈	健康讲师

以"知性讲师"——周庆怡妈妈为例。她为孩子们带来的绘本是《穿靴子的猫》。作为1991年荣获凯迪克银奖的优秀图书，这本书把淘气的猫及其主人的冒险经历和豪华的场面，极其夸张地描绘出来，为读者端出了一道视觉盛宴。周庆怡妈妈在分享的过程中，将猫及其主人每次冒险的旅程梳理得非常清晰，让孩子们理解了虽然面对各种困难，但勇气和智慧经常会帮我们化解难题，最终赢得美好生活。周庆怡妈妈的讲解节奏不疾不徐，有理有据，让人耳目一新，她也因此被孩子们亲切地评为"知性讲师"。

在互联网时代，线上教育的发展日新月异，学校充分利用网络平台，发挥互联网阅读的便捷优势，进一步拓展学校官方公众号和家长教师协会公众号的功能，结合不同板块，如"向史而新""国家节日""二十四节气"等，以公众号推送的方式，为家长提供丰富多样的阅读推荐和分享。通过以上举措，学校致力于将公众号打造成一个充满活力、内容丰富的线上阅读平台，让家长在这个平台上能够相互学习、共同成长。

以"向史而新"板块为例。该板块通过"历史上的今天"这一独特视角，推送关于历史上今天发生的重要事件的文章，内容包括政治、战争、文化、科技等多个领域，运用图文、音频、视频等多种形式，深入浅出地讲解历史事件背后的原因、影响和意义，生动地再现那些曾经改变中国、改变世界的历史事件，帮助孩子更好地理解历史。在这个板块中，结合历史事件，学校也会推荐相关的阅读书籍，并定期分享阅读感悟，通过这样的方式，家长陪伴孩子一同学习，共同感受历史的厚重和深远影响。

图 4.14 "向史而新"讲解历史上的今天

同时，学校公众号也针对亲子教育、家庭沟通等话题，提供实用的方法指导和建议，帮助家长掌握亲子阅读的技巧、科学的家庭教育理念、正确的家庭教育方法等必要的知识和技能，更好地陪伴孩子成长。有家长说："公众号阅读中学到的鼓励式教育方法让我受益匪浅。我是一个热爱手工的妈妈，但孩子动手能力偏弱，每次学校留的手抄报、绘画或者小手工，我都积极地带着孩子参与，虽然孩子只能参与其中的一小部分，但他无论参与多少，我都积极地鼓励他，他变得越来越积极、越来越自信。直到几年后的一天，他开始有自己的想法，我不坐在他的身边，他也可以认真地独立完成一件他想完成的事情，让我们全家都非常欣慰。通过阅读，我改变了自己，改变了对待孩子的方式，也改变了孩子的心态和行为，感谢学校推荐这么有实用价值的好方法。"

学校还有一批热心教育的家长，他们把自己的读书心得和亲子阅读心得及时地记录和总结，发布在自己创办的公众号中，如"光强爱学习"和"小蚂蚁的成长记"。那些发生在身边的真实故事和接地气的经验总结，往往更容易得到家长的共鸣，让家长在阅读过程中更加得心应手。

朋友圈也是家长阅读分享的一大渠道。家长经常在朋友圈分享自己阅读的书籍、文章、段落或者感悟，以及孩子的阅读情况和进步。有家长在朋友圈这样写道："有一句话让我印象非常深刻，'潜移默化，自然似之'这是阅读《你就是孩子最好的玩具》带给我的感受，无论是自己阅读还是与孩子共读，都让我受益匪浅，从阅读中能看到跟自己相似的生活场景，我会对比自己的处理方法和书中的方法，从而不断地完善自我，更好地改善亲子关系。金无足赤，人无完人，希望通过阅读的体验，让自己变得更好，也让孩子变得更好。"

阅读，不仅是一种获取知识的方式，更是一种让人内心宁静、提升个人素质的生活方式。在当今快节奏的生活中，人们更需要拥有阅读兴趣，掌握阅读方法，让阅读成为生活不可或缺的一部分，为自己和他人带来更多的启示和收获。"线上＋线下"双渠道阅读分享平台的搭建，让家长的阅读方式变得更加丰富多元，让阅读真切地成为家长生活不可或缺的一部分，不仅提高了家长的教育水平，也让阅读成为全家共同的生活方式。

阅读的力量是无穷的，它能够改变一个人，也能够改变一个家庭，甚至能改变一个社会。回龙观中心小学通过"全主体"阅读参与格局的打造，以阅读为抓手建立起学习共同体，让学生、教师、家长等各方共同参与阅读，让阅读成为学校、家庭、社会共同的追求，让阅读自主发生。在这样浓厚的阅读氛围中，阅读成为学生、教师、家长日常生活中自觉主动的生活方式，家庭和学校也因此紧密相连，共同为学生的成长提供肥沃的土壤。

第五章

阅读推广：在活动中营造阅读氛围，在评价中激发阅读动力

　　阅读推广是指通过一系列措施来激发个人的阅读兴趣，增强阅读动力，提高阅读能力和思维品质的活动。在实际生活或学习中，阅读推广的作用无处不在，是个人全面发展不可或缺的助推器。回龙观中心小学致力于推广阅读教育，一方面，充分整合校内外资源，积极开展丰富多样的阅读活动，在校园内营造热爱阅读的浓厚氛围，激发更多学生的阅读兴趣，让学生在参与过程中感受到阅读的乐趣，逐步培养热爱阅读的习惯；另一方面，逐步完善评价机制，不仅关注学生在阅读课中的表现，跟踪学生的阅读过程，也关注学生的阅读能力提高，为学生提供阅读成果展示的综合平台，让学生在评价中感受到阅读带来的多方面成长，逐渐提升阅读兴趣，激发阅读动力，为学生的全面发展和持续成长奠定坚实基础。

一、整合校内外资源，开展专业丰富的阅读活动

　　阅读活动是个人能力培养和思维发展的重要途径，开展专业丰富的阅读活动，既需要全体师生和家长的积极参与，也离不开社会各界的鼎力支持与资源投入。教师和家长既是阅读活动的推动者，也是学生阅读的引导者和榜样。社会资源为学生提供更多的阅读资源和阅读机会，通过整合校内外各方资源，开展丰富多彩的阅读活动，有

助于营造阅读氛围，激发学生阅读动力，从而进一步推动校园阅读文化的建设。

回龙观中心小学积极整合校内外资源，邀请名家、作家、编辑到校开展阅读讲座、阅读分享等活动，从专业人士的视角分析经典作品，带给学生别样的阅读感悟，进一步激发学生的阅读兴趣和热情，提升对阅读内容的理解，提高阅读内容对学生的吸引力和影响力。同时，学校还以校园节日为抓手，创新推出"1+X"校园节日趣味活动，在各类校园节日中巧妙融入阅读，为学生创造更多的阅读机会和展示平台，共同营造浓厚的校园阅读氛围。

（一）引领带动：遇见经典，遇见大师

经典作品蕴含着深刻的道理和普世的价值，通过阅读经典，不仅能够拓宽视野、增长知识，更能在潜移默化中接受道德、美学和人生哲学的熏陶，塑造积极向上的世界观、人生观和价值观，对少年儿童的成长产生持久而正面的影响。

回龙观中心小学让学生成长在名家身边，学校基于学生的成长所需，邀请领域专家、知名作家、图书行业知名编辑等走进校园，和学生共读经典，分享自己阅读的故事和阅读的方法。"大师＋经典"的组合，带来的不仅是知识的传递，更是一次次心灵的触摸，一颗颗梦想的种子。和大师一起阅读经典，让学生在阅读的过程中感受到成长和进步的力量。

1. 作家引路，分享创作经验与写作技巧

作家对自己的作品拥有深入的理解和独特的见解，通过分享作品创作的背景、创作的灵感、主题和意义等，能够帮助学生更好地领悟作品的内涵和价值，为学生提供有效的阅读指导，促进他们阅读能力的提高。同时，阅读与写作是相辅相成的关系，近距离感受大师分享创作经验和深度分析作品，分享自己的写作心得与技巧，能够为学生提供一个难得的学习机会。通过作家引路，学生感受到写作的魅力，更直观地理解文学创作的精髓，从而学会如何观察生活、捕捉灵感，如何运用语言、表达情感，更加主动地投入写作，也更有信心去创作自己的作品。

学校充分利用名家、作家资源，打造"作家讲堂""名师讲座""人文讲堂"，先后邀请了朱赢椿、王一梅、高登义、格日勒其木格·黑鹤、陈诗哥、鲍尔吉·原野等多位著名作家走进校园，分享创作经验与写作技巧，让学生有机会与作家近距离接触。

表 5.1　2022 年作家讲堂、名师讲座、人文讲堂活动主题（部分）

时间	主　　题	嘉　宾
5 月	作家讲堂：朱赢椿教你写虫子日记	朱赢椿
	名师讲座：怎样让孩子尽快从图画书到文字书阅读	吉忠兰
6 月	作家讲堂：陈诗哥教你写童话	陈诗哥
	名师讲座：暑假阅读指导	徐世赟
7 月	作家讲堂：王一梅教你写人物	王一梅
	名师讲座：如何在阅读中培养思辨能力	刘颖
8 月	作家讲堂：黑鹤教你写动物	格日勒其木格·黑鹤
	名师讲座：如何进行亲子阅读	徐冬梅
9 月	人文讲堂：带读《送你一条大河》，分享创作故事	鲍尔吉·原野
	名师讲座：一年级新生入学要注意什么	孔晓艳
10 月	人文讲堂：经典带读，创作分享	于大武
	名师讲座：带孩子认识你所在的城市（乡村）	舒凯
11 月	人文讲堂：原创绘本《花木兰》带读	蔡皋
	名师讲座：如何帮助孩子读好经典	余耀
12 月	人文讲堂：经典带读，创作分享	曾孜荣
	名师讲座：怎样带孩子们了解中国文化	朱爱朝

　　以"作家讲堂"为例。"作家讲堂"以写作为主线，以培养学生的写作能力和文学素养为核心目标，通过作家的亲身分享，带领学生学习不同文学题材和类型的写作技巧。学校先后组织了"朱赢椿教你写虫子日记""陈诗哥教你写童话""王一梅教你写人物""黑鹤教你写动物"等系列专题活动，让学生有机会聆听作家分享自己的写作技巧，在提升基础读写素养的同时拓宽人文视野。

　　2022 年 7 月，"王一梅教你写人物"专题讲堂开讲。王一梅老师不仅是国家一级作家、苏州市作家协会副主席，更是儿童文学领域辛勤的创作者。她著有《鼹鼠的月亮河》《木偶的森林》《奔跑的圆》等百余部作品，其中的《胡萝卜先生的长胡子》更是被选入小学三年级统编语文教材。王老师的作品也曾获得第十届中宣部"五个一工程"入选作品奖，第五届和第六届全国优秀儿童文学奖和第五届国家图书奖等奖项。除了文学创作，王老师对写作教学同样有着深入的研究和独到的见解。

在小学阶段，写人作文是一大教学重点，写人作文的核心是要生动地描绘出人物的特质，否则就是清汤寡水。因此，如何将人物刻画得栩栩如生，常常成为学生面临的难题。为了助力学生学会生动地描写人物，王老师在专题讲堂中结合学生的年龄特点、认知规律和写作需求，以她丰富的创作经验和深厚的人物塑造功底，向学生分享了如何创作出生动、立体、有真实感的人物形象。她说："写好人物作文并非一蹴而就，而是需要我们在日常学习和生活中不断积累、锻炼。只有掌握了正确的方法，才能写出具有鲜明特质、引人入胜的人物形象。"她通过解读自己的作品和生动的案例，让学生理解到人物塑造的关键在于对人物性格、情感、行为的深入刻画，而这些元素都需要建立在深入观察和理解生活的基础上。

王老师还鼓励学生多阅读、多思考、多观察，从优秀作品中汲取灵感，从生活中发现人物的原型，才有助于用文字刻画出一个个栩栩如生、各具特色的人物形象。她用自己的创作经历告诉学生们：写作并不是一件遥不可及的事情，只要热爱生活、热爱阅读、细心观察，每个人都有可能成为一名优秀的作家。

在回龙观中心小学，像这样的专题讲堂还有很多。作家的现身说法，不仅让学生学到了写作技巧，也让他们感受到了写作的魅力和乐趣。许多参加"作家讲堂"的学生纷纷表示，聆听作家分享创作经历及写作技巧，让他们受益良多，使撰写文章变得相对容易，进而对写作愈发热爱。

此外，学校还特别注重在阅读中打开视野，除了邀请纯文学作家进校，让学生能够近距离地接触到文学的魅力，激发他们对文学的热爱，还积极邀请科普作家走进校园，为学生带来别开生面的创作分享。科普作家以深入浅出的方式，向学生传递了严谨的科学精神和丰富的科学知识。在聆听科普作家的讲座后，他们对科学产生了浓厚的兴趣，纷纷投入到探索科学奥秘的行列。

2023 年 12 月，学校邀请了高登义老师为大家带来"世界三极探险之旅"讲座，同时为广大师生带来了他创作的《左手南极，右手北极（探险篇）》一书，这本书带领读者感受人类在南极和北极的历史、文化，以及中国的科考成就，是不可多得的优质图书。

高登义老师多年从事高山、极地和海洋气象科学考察研究，是中科院大气物理所研究员，博士生导师，中国科学探险协会主席，中国科普作家协会名誉理事，挪威卑尔根大学荣誉博士、数学与自然科学荣誉老师，中国科学院老科学家科普演讲

图 5.1　第一届"葵园思考者大会"

团副团长,《中国科学探险》杂志社社长、主编,中国科普作家学会常务理事。他是我国第一个完成地球三极(南极、北极和青藏高原)科学考察的人,先后组织和参加青藏高原、南极、北极和西太平洋等科学考察 40 余次,曾多次担任中国青少年三极科考队总领队。

《左手南极,右手北极(探险篇)》一书以高爷爷带领小男孩与小女孩分别去南极与北极旅行探险为背景,向读者讲述了南北极对人类的重要性、去南北极之前要做的准备、到达南北极一路沿途的人文及地理知识、南北极的探险者、当地居民和科考队员的生活等。在讲座中,高老师讲述了自己的科研工作和多年的科考经历对创作这本书的影响,他还分享了多次科考旅途中发生的那些有趣的、感人的、惊心动魄的故事,以及每一张入选照片背后的故事,总结自己从中获得的重要启迪——勇往直前的勇气和毅力,失败不要灰心,诚实是做人的根本等。

图 5.2　高登义老师讲述探秘南极和北极的故事

通过高老师的讲述，学生仿佛身临其境地开启了一场南极和北极探险之旅，那些遥远的、神秘的极地自然景象生动地展现在面前，他们收获满满。有学生说："我了解到南极和北极不同季节的变化，还知道了北极为什么夏季温度比南极更高，我长大以后也要去看看南极和北极。"有的学生说："南极和北极的环境那么恶劣，物资运输那么困难，中国还建了好几座科考站，还有那么多科学家去做科学考察，他们真了不起。"还有的同学说："聆听高登义老师讲解是一次宝贵的学习机会，不仅让我们对科学实验有了更多的了解，更重要的是激发了我们对科学的热爱和对探索的渴望。这是一次心灵的洗礼，也是一次智慧的启迪，让我们更加坚定地走在科学探索的道路上。"

谈及给学生讲述探秘南极和北极的故事的感受，高老师动情地说："让孩子们直观感受南、北两极的世界，以及中国科考的艰难历程，体会到科学家的使命感、爱国情和探索精神，有利于从小树立远大的人生理想。科普作品中也蕴含了很多人文精神，我们要在科技教育中弘扬中华传统文化，打造独具中国特色的科技教育，可以让孩子们从小在科普类作品的阅读中丰盈精神，润泽心田，获取力量。"

2. 编辑搭桥，激发阅读兴趣

图书编辑在日常工作中会接触大量的作者和图书，对一本书的品质具有敏锐的鉴赏能力，比如选题价值、叙事节奏、科学性、艺术性等各方面，可以从更加专业、综合的角度理解图书。图书编辑不仅负责选择优秀的图书，同时也参与到一本书的"诞生"过程，经过他们的慧眼和巧思，一本书才能来到读者的手中。

一本优秀的作品，往往一头连着作者，一头连着读者，出版社编辑是架在二者之间的桥梁。想要出版高品质的儿童文学作品，除了挖掘优秀的作者与有趣的故事，图书编辑在这个过程中也扮演了极其重要的角色。编辑还需要发挥桥梁作用，将读者和书籍联系起来，激发儿童的灵感，让他们对阅读产生更多的兴趣。

为了充分发挥编辑在激发学生阅读兴趣和培养其阅读习惯方面的桥梁作用，学校先后邀请了一批在教育出版领域具有影响力的知名编辑，如上海教育出版社刘美文、飓风社的董碧沙和周依等，搭建编辑与学生面对面互动的平台，通过编辑与学生面对面的交流，让学生了解一本书从策划到正式出版背后的故事，感受到编辑们对书籍的热爱，从而进一步激发他们阅读的热情。

2023年12月，学校邀请上海教育出版社美文工作室负责人刘美文老师为学生

带来一场"古人的脑洞有多大"讲座，并推荐了一套有意思、有意义的书——《讲了100万次的中国神怪故事》。

图 5.3　讲座"古人的脑洞有多大"

刘美文老师是上海教育出版社美文工作室负责人，也是一名儿童阅读推广人，曾任教育部关工委《心系下一代》杂志副主编。她所策划出版图书多次荣获"文津图书奖""冰心儿童图书奖""中华读书报月度、年度好书奖""中国教育报最受教师喜爱的图书""深圳读书月年度十大童书"等奖项。

"古代人的脑洞有多大？"看到这个讲座标题，学生就开始暗暗猜测，讲的是科学，还是文学呢？刘老师以此为引与他们且聊且讲，从牛顿与万有引力，到爱因斯坦的相对论，再到墨子与鲁班的同台竞技，无不说明了脑洞改变着世界和生活。"祝融号"火星车、"天宫"空间站、"神舟"载人飞船、"鲲鹏"大型运输机、"鸿蒙"手机系统，这一切听起来既是现实又是梦幻。因为这曾经是我们古代人的脑洞，而今却成为现实。科学幻想与事实看似各行其道，可实际上却在神奇地交织。

刘老师说："人是需要幻想的，人没有幻想，就如同鸟儿没有翅膀。中华民族是富于想象和幻想的民族，它藏在我们的典籍里，西王母、涂山氏、鲛奴……幻想的神怪代表了理解自然、战胜恐惧的期许：更长的寿命，更多的力量，能上天入地，能翻山潜海，能眼观千里，能耳听八方。古老的神怪故事经过时间的演化，变成了独属于中华民族的文化符号，成为我们共同的文化根基，以及我们生活的一部分。有这样一些作家，将口耳相传的神怪故事原典，改写成了孩子们喜闻乐见的形式，就像这部《讲了100万次的中国神怪故事》，它是我们想象的源泉。"

在讲座过程中，刘老师征得学生的同意，还为大家讲述书中的故事——《地底下的小人国》，学生从故事中感受到了这种非凡的想象带来的奇特经历和奇妙乐趣。讲座中抢到金话筒的学生也幸运地得到了刘老师赠送的《讲了100万次的中国神怪故事》。

图5.4　获奖学生

讲座最后，刘老师寄语学生："这套书就像是一个导游，带着大家坐在顺流而下的小船上，对中国文化长河两岸的风光做一次浮光掠影的浏览，沿途可以看到充满浪漫气息又健康、朴实的神怪故事，感受中华民族正直、勤劳、勇敢、奋进的品格与气概。希望书中古人的脑洞带给大家新的想象，让世代相传的故事，从这一代小读者的脑中、口中长出新的故事来。"

张浩轩同学说："聆听刘美文老师讲解《讲了100万次的中国神怪故事》是一次充满魅力和启发的经历，这不仅是一次对中国传统文化和神话故事的学习，更是一次深刻的文化思考和精神探索。刘美文老师以其独特的视角、深厚的文化底蕴和生动的讲述方式，将那些千古流传的神怪故事重新呈现给我们，我们在享受故事乐趣的同时，也能深刻理解这些故事背后所蕴含的文化价值和人生哲理。"

2019 年 4 月，飓风社的董碧沙和周依两位编辑老师也来到回龙观中心小学，为五年级的同学带来了一堂生动有趣的绘本课"烟囱之城"。绘本《烟囱之城》创作历时四年，讲述了"垃圾人"和烟囱清扫工朋友的感人故事，广受读者欢迎，还被拍摄成了动画电影。

绘本的封面光影交织、如梦似幻、温暖明亮，同学们看到这样的封面，都非常感兴趣。董老师告诉大家，封面是故事的中心，是故事里最感人的部分。因此，编辑老师首先让同学们仔细观察封面，并根据封面猜测故事。接下来，编辑老师播放了一段故事音频，大家分角色朗读绘本，进一步感知绘本内容，体会绘本情感。不仅如此，编辑老师还带领学生从多角度感受绘本，理解爱其实是无处不在的，只要我们留心生活。而在追求梦想的道路上肯定不会一帆风顺，但我们一定要勇往直前，"要坚信，哪怕只有你自己"。最后，编辑老师建议同学们在课后自己续写或者改编结局，排练成绘本剧，并鼓励大家不怕困难，勇敢追求梦想。

图 5.5　编辑老师的绘本课"烟囱之城"

编辑老师与语文老师眼中的绘本有所不同，她们从编辑的角度，选择生动有趣、富有启发性、有美感或有文学价值等多种题材的经典绘本，这些作品往往更适合学生的认知水平，也能够从编辑的角度引领学生进一步解读绘本背后的故事，感受作品中深刻的情感，激发学生的共鸣，培养学生的阅读兴趣，提高阅读能力、表达能力、文学鉴赏能力和审美能力。

总之，通过邀请知名编辑开设系列主题活动，学校充分发挥了编辑的桥梁作用，为学生提供了更加丰富多样的阅读资源，让学生更加喜书爱书，充分激发了他们的阅读兴趣。

经典作品往往承载着深厚的历史文化底蕴，一本书的创作也有其背后的故事，名家、作家、编辑等专业人士带动学生深入挖掘每本经典作品包含的写作背景、创作意图、思想情感、价值观念等重要信息，解答学生的各种疑问，使学生对书籍的理解更加深刻，增强了阅读体验。"遇见大师，遇见经典"是一次次文化的盛宴，也是一次次思想的碰撞和人生的启迪。在作家的引导下，编辑的协助下，学生走进经典，解读经典，进而热爱阅读，学会写作。这一过程也使他们在人文素养和综合能力方面得到提升。

（二）节日趣读："1+X"精彩节日，尽享悦读好时光

校园节日是全校各年级学生共同参与的重大庆典，涵盖文化、艺术、体育等多个领域，为学生提供了丰富的参与体验，提升学生的综合素质。利用校园节日开展阅读活动，有利于在全校营造浓厚的阅读氛围，在阅读中深化对节日主题的理解，激发学生的阅读兴趣，培养学生的阅读习惯。

回龙观中心小学精心打造"1+X"精彩节日，为学生提供了一个尽享悦读好时光的平台，组织了一系列丰富多彩的活动。所谓"1"是指学校的读书节，所谓"X"是指丰富多彩的校园节日，如科技节、自然观察节、体育节、合唱节等。学校通过"1+X"精彩节日，围绕节日主题，用心设计各个节日中的阅读任务，包括绘制思维导图、制作阅读海报、推荐图书、自制图书、搜集阅读材料、查阅作品背后的故事等类型多样的环节，让学生在轻松愉快的氛围中享受阅读的乐趣，在阅读活动中交流与合作，并将阅读所得应用于现实生活。这样不仅让学生更加热爱阅读，提高了阅读素养，还能够展示他们的才华和创造力，提高其团队合作能力。在"1+X"节日的推动下，回龙观中心小学的校园阅读氛围越来越浓厚，学生也越来越喜欢阅读。

1. "1"：在读书节中乐享阅读

在回龙观中心小学，读书节是一年一度的读书盛宴，已经成为一个深受全校师生喜爱的节日。每年读书节，回龙观中心小学依据各年级学生的身心发展特点、实际阅读能力，结合各学科教学目标，精心策划丰富多彩的读书节活动，如阅读展示、演讲比赛、朗读比赛、图书捐赠、图书漂流、阅读讲座等，并鼓励学生积极参与，激发学生的阅读兴趣和热情，充分展示自己的阅读成果，让学生从更广阔的视

角感受到阅读的乐趣和魅力。读书节不仅增强了学生的阅读兴趣，促进了思想的交流和碰撞，提高了学生对阅读的重视和认识，也推动着学校"葵园阅读"文化的建设和发展。

以 2022 年校园读书节为例。本届读书节以"(　　)，于是读书开始了……"为主题，这个开放的主题带给学生自由畅想的空间，学生可以根据自己感兴趣的内容去补充，它可以是"翻开书，于是读书开始了……"也可以是"在文字中冒险，于是读书开始了……"还可以是"让想象插上翅膀，于是读书开始了……"等，学生面对这个主题，形成了五花八门的提法，颇具创意。

本届读书节设计了"'读书'揭秘""哲思集市""书之奇遇"和"玩转阅读"四个环节，包括项目式学习、深入阅读、广泛阅读三种阅读学习方法，并为学生搭建多样化的阅读展示平台，促进阅读成果的转化。

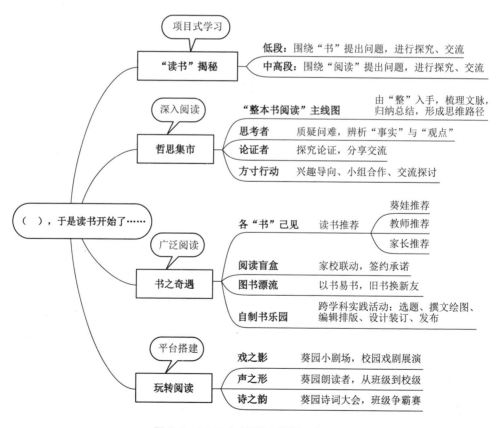

图 5.6　2022 年校园读书节活动设计

在"'读书'揭秘"环节，从"你真的了解读书吗？"这个疑问出发，以项目式学习的方式开展，分为低段和中高段两个学段任务，围绕"书"和"阅读"两个关键词提出问题，再进行深入探究和交流，让学生在阅读的过程中获得知识，更培养了问题意识、探究精神和解决问题的能力。

在"哲思集市"环节，通过"整本书阅读"主线图、思考者、论证者、方寸行动四个阅读任务开展深入阅读，引导学生从"整"入手，梳理文章脉络，归纳总结，形成思维路径，也要懂得质疑问难，辨析"事实"与"观点"，进行探究论证、团队合作和分享交流，从而培养学生的批判性思维和逻辑思维能力。

表 5.2 "哲思集市"阅读任务

序号	任务名称	任务要求
1	"整本书阅读"主线图	绘制整本书的主线图，在阅读之后鸟瞰全局，从"整"入手更好地梳理文脉，在归纳总结里将厚书读"薄"，在输出表达中搭建思维的路径。
2	思考者	阅读就是在与作者、人物进行对话，在共读中，从题目、内容、写法、主旨、启示等不同方面提出自己感兴趣的问题。利用"思考者"班会时间，共同交流问题，分清事实与观点，客观地将问题进行梳理、归类，最终以投票的形式在班级内评选出1—3个"最有价值问题"。
3	论证者	从"最有价值问题"中选择其一作为探究对象，寻找答案，制作精美的论证海报。在"论证者"班会时间进行问题阐述与论证，评选班级"最美哲思达人"。
4	方寸行动	那些未入选的问题，一定也吸引着你的关注。找到"志同道合"的同伴，一起就这些问题进行讨论。

以"整本书阅读"主线图任务为例。在活动中选择什么样的题材，以什么样的形式，页面的内容如何搭配，这些都由学生自己决定。各年级学生将自己阅读的《童年》《海底两万里》《鲍比如何说，妈妈才会听》等书绘制成思维导图，从"整"入手理解整本书的内容，在归纳总结里将厚书读"薄"，在输出表达中搭建思维的路径。

在"书之奇遇"环节，通过各"书"己见、阅读盲盒、图书漂流、自制书乐园四个阅读任务开展广泛阅读，引导学生在活动中去期待、去追寻、去经历。与不同的书相遇，让学生接触更多不同类型的书籍，拓宽阅读视野，享受阅读乐趣。

图 5.7 "整本书阅读"主线图的学生作品

表 5.3 "书之奇遇"阅读任务

序号	任务名称	任务要求
1	各"书"已见	推荐自己爱读的书，了解别人喜爱的书，在彼此的推荐中拓宽阅读的视野。
2	阅读盲盒	书的世界，缤纷多彩，尝试挑战一下其他类型的书，打开一个全新的世界。来，一起拆盲盒！开启全新阅读之旅！拆之前，请签下阅读契约，这是只属于勇敢者的阅读游戏，一经签约，不得反悔！
3	图书漂流	你是不是也有许多已经读过的书呢？与其让它在角落蒙尘，不如让我们旧书换新友，让这些书漂流起来。说不定，你会在这个活动中，发现自己的书友。
4	自制书乐园	尝试自己设计、制作一本书，这本书的封面作者就是你，选择什么样的题材，写出怎样的故事，配上何种插图，甚至排版、装订都由你来决定！来吧，就像那句"Just do it."当你的自制书完成，还有盛大的图书发布会等着你哦！

在"玩转阅读"环节，戏之影、声之形、诗之韵三个多样化的活动展示平台，引导学生通过戏剧、朗诵和诗词积累三个部分开展创意展示，将自己的阅读理解和感受转化为具体的艺术作品进行演绎，加深对书籍的理解和感悟。

表 5.4　"玩转阅读"阅读任务

序号	任务名称	任务要求
1	戏之影	把静态的文字转化为动态的情境，以戏剧的形式展现书中的内容。葵园小剧场欢迎大家的到来，一起化身"小演员"，尝试触摸"声台形表"的奥秘吧！
2	声之形	以声释义，以声传情，赋予文字"声之形"，在朗读中丰富感知，传递感悟，在彼此的倾听中发现阅读的快乐与意义。
3	诗之韵	诗词是中华文化的浓缩，每一寸山河都饱含文人骚客的诗情画意和浓烈情感。葵园诗词大会，等你来挑战！

再以 2021 年度学校读书节为例。基于儿童哲学思维的培养，本届读书节主题为"'悦'读·哲思·队队碰"。刘红梅主任在启动仪式上围绕本届读书节主题提出一连串问题，并且借助操场大屏，与台上台下的学生和教师互动交流了本届哲思漂流、哲思快闪、哲思驿站、哲思加油站、哲思集市和哲思留念六个哲思活动的设计。读书节借助三次读书班会和三次校园节日活动开展，主要围绕年级"共读一本书"组织系列阅读活动。

图 5.8　回龙观中心小学 2021 年"'悦'读·哲思·队队碰"读书节启动仪式

表 5.5　读书节六个哲思活动设计

序号	哲思活动	哲思内容	哲思时刻
1	哲思漂流 朗读一本书籍	每位学生都是朗读者，朗读年级书目	第一个 读书班会
2	哲思快闪 带动一次读书思考	每位学生在"问题卡"上提出几个问题，在班级小团队里选出几个大家都关心的问题，最后张贴在教室外面的"问题墙"上，教师也参加提问	第二个 读书班会
3	哲思驿站 发起一次交流分享	带着问题读书后，学生在全班阅读分享，说一说、论一论、辩一辩	第三个 读书班会
4	哲思加油站 上一节阅读课	语文、数学、英语、科学、美术、道德与法治，全学科开展阅读课	第二届 教学节
5	哲思集市 召开一次庆祝活动	召开一次阅读成果展示会，围绕年级书目，画一画、演一演、辩一辩，在哲思集市上大展身手	迎新年 活动
6	哲思留念 评选一组最美阅读	"'悦'读·最美朗读者"评选 "'悦'读·最美哲思达人"评选 "'悦'读·最美班级"评选 "'悦'读·最美家庭"评选	迎新年 活动

12 月 6 日，读书节系列活动第一季开启。学校 40 个班级开启"哲思系列"主题班会活动：哲思漂流——朗读者。在班会课时间，教室里传来了一阵阵悦耳的诵读声，每位学生都是朗读者，分享着自己喜欢的篇章。低年级的小同学用稚嫩的声音朗读着一个个有趣的故事，中高年级的同学则将自己的感受、理解融入朗读之中。

12 月 13 日，读书节系列活动第二季开启。各班级在如火如荼地进行一场主题为"哲思快闪——思考者"的主题班会。活动前，学生围绕年级的共读书目，从题目、内容、写法、主旨、启示等不同方面提出自己感兴趣的问题并绘制成精美的"问题小海报"。在活动仪式中，学生纷纷上台展示自己的"问题小海报"，并提出自己感兴趣的问题。结合这些问题，他们组成"悦读·团队"深度讨论，将问题梳理、归类，探索研究的价值和意义，最终以投票的方式在班内评选出 1—3 个最有价值问题，并组成"论证团队"，为 12 月 20 日读书节系列活动第三季的"哲思驿站"做好充分的准备。

12 月 20 日，读书节系列活动第三季开启。各班级热情高涨地进行了一场"哲思驿站——论证者"主题班会。班会课前，各班的"论证小队"根据自己的问题寻找答案，并制作精美的论证海报。学生不仅在海报上展示了小队问题和解决问题的策略，还在周边点缀了漂亮的装饰，美观又不失创意。在课上，各"论证小队"面向全班论证，他们条理清晰，论据生动有力，将活动推向高潮。下课前，他们还评选出了班级"最美哲思达人"。随后，伴随着莫扎特的《G大调弦乐小夜曲》，班会课接近尾声，他们热情不减，依旧沉浸其中。课后，学校收集各班论证海报，并集中在校园中展示，肯定大家付出的同时，还激励大家相互学习，为这场"思维风暴"画上完美的句号。

图5.9 "'悦'读·哲思·队队碰"读书节活动

读书是一段神奇的旅程，只有行走其间才能感受到阅读的真谛。回龙观中心小学通过丰富多彩的读书节活动，引导学生在兴趣盎然的阅读过程中汲取精神的养分，积蓄成长的力量。通过读书节活动，学生不仅获得了阅读技能的提升，了解了不同文化背景和历史故事，提高了自己的文化素养，还学会了从不同的角度审视问题。在阅读和讨论中，人物的情感经历可以帮助培养学生的同理心。书中的道德教育和人生哲理，更能影响他们价值观的形成。同时，在小组讨论和分享中，学生还学会了有效表达自己的观点和倾听他人的意见，而共同完成阅读项目和活动，则大幅提高了他们的团队合作能力。通过阅读分享，学生的自信心也得到了有效增强。

2. "X"：用多彩校园节日点亮特色阅读

"X"在数学领域表示未知数，"X"可以传递出多元的意义。在回龙观中心小学的"葵园阅读"活动中，科技节、自然观察节、体育节、合唱节等校园节日共同组成一个"X"，多彩校园节日点亮了特色阅读，带给学生不一样的成长。

（1）科技节：以调查研究的方式阅读

科技节是回龙观中心小学激发学生对科学的好奇心、想象力和探索欲，培养学生科学思维、科学精神的平台。阅读作为科学研究的主要方法之一，在历届科技节中都占有一席之地。

以2021年4月举办的回龙观中心小学"森林探险——我是小小探险家"第四届科技节为例。本届科技节以学校"2021葵园成长计划"为依托，旨在培养学生的创新精神和实践能力，科技节主题词为"探索、参与、思考、实践"，通过全学科阅读、观看视频、活动手册、科学实践、专家讲座和学生演讲"森林知识小达人"等丰富的活动形式，努力营造浓郁的科学氛围，激发学生的学习兴趣，挖掘学生的潜能，积极推动校园自然科学活动的蓬勃开展，让学生在活动中充分体验学习科学的乐趣，进一步提升科学素养。

本届科技节分为低、中、高三个年级段开展活动。活动分为调查研究、考察参观、实践活动、活动宣传和评价五大环节，引导学生像科学家一样思考问题、研究问题、解决问题，感受科学的魅力和乐趣。

在调查研究环节，各年级挑选与研究主题相关的书籍，在科学教师、信息教师、语文教师等多学科教师的指导下开展阅读，并通过上网搜索等方式进一步搜集信息，了解调查研究的对象。

低年级的研究主题是"植物的种子"。学生搜集种子的名称和分类、种子萌发需要的条件、不同植物萌发的季节、不同植物生长环境的区别、中国的植物分布、某一地区主要植物类型等资料。

调查研究	低：搜集关于植物种子的资料，阅读书籍。
	中：搜集关于森林中昆虫和其他小动物的资料，阅读书籍。
	高：走进森林主题墙壁情景，阅读书籍。

考察参观	低：去自然博物馆参观，走进大自然。
	中：去自然博物馆参观，走进大自然。
	高：走进自然湿地公园，实地考察。

实践活动	低：种植一种植物，观察种子萌发需要的条件，记录种子萌发的过程。
	中：饲养蚕宝宝并观察，填写每日饲养记录。
	高：走进学校森林墙壁展区，搜寻自己喜欢的内容，绘制思维导图，参与墙壁课程展示活动，挑选优秀同学参与实地考察、植物采集、维护工作，成立水生生态小组。

| 活动宣传 | 班级参观调查活动由公众号推送、活动手册展示。 |
| | 水生生态小组成果由公众号推送。 |

评价	低：植物种植小能手、活动手册优秀作品给予证书及奖品奖励。
	中：优秀班级和饲养蚕宝宝小能手、活动手册优秀作品给予证书及奖品奖励。
	高：森林探险讲堂小讲师、活动手册优秀作品、水生生态小组会员给予证书。

图 5.10　第四届科技节五大活动环节

中年级的研究主题是"森林中的昆虫和小动物"。学生搜集森林中昆虫的种类和特点、中国有哪些常见的昆虫、昆虫和人类的关系、某一地区与昆虫相关的生态环境、一种昆虫的生活习性和身体结构特点等相关知识。

高年级的研究主题是"走进森林主题墙壁情景"。学生搜集森林面积、森林对气候的影响、森林保护、热带雨林与其他地区森林的区别、中国哪里有大面积森林、某一地区的森林环境、森林或丛林里的动物、森林中的一种动物与植物的生活习性和外形结构等方面的知识。

通过阅读，各年级对研究对象有了一定的了解，这为后期的考察参观、实践活动和活动宣传打下了坚实的基础。随后，各年级组还组织开展了年级宣传活动，评选"优秀活动手册"和"森林知识小达人"两个奖项，并表彰获奖同学。

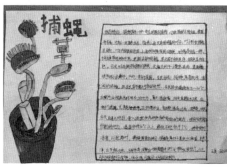

图 5.11　科技节调查研究活动

图 5.12　科技节年级讲解活动

图 5.13　科技节"森林知识小达人"

阅读对于科学研究至关重要，在科技节中，各年级学生根据研究主题进行自主阅读，在阅读中不断地探索新知，为深入研究主题奠定了基础，也对科学学科拓展阅读起到了至关重要的作用。

（2）自然观察节：在探索大自然中阅读

自然观察节是回龙观中心小学的又一重要校园节日，它以培养学生的观察力和加强学生综合实践能力为目标。自然观察节期间，学校组织各种观察和实践活动，同时要求学生阅读相关的自然科学书籍和资料，加深学生对观察目标的理解和认识，提高观察力和阅读能力，让学生在享受自然之美的同时，也感受到阅读的魅力。

以 2022 年 9 月学校"葵娃秋日寻宝"自然观察节为例。正值国庆"遇见"重阳的双节之际，寻宝活动设计了"我的大树朋友""我与您的重阳拾趣"两大项目，学生可以自主选择感兴趣的项目。

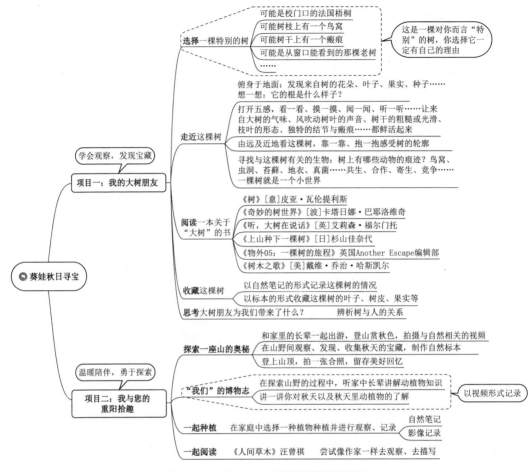

图 5.14　2022 年自然观察节活动设计

　　项目一是"我的大树朋友",通过选择、走近、阅读、收藏和思考,引导学生学会观察、发现身边的大树"宝藏",其中的阅读环节给学生推荐了《树》《奇妙的树世界》《听,大树在说话》《上山种下一棵树》《物外 05：一棵树的旅程》《树木之歌》共六本书,学生自主选择其中一本,通过阅读深入了解奇妙的树。

　　项目二是"我与您的重阳拾趣",结合重阳节的习俗,通过"探索一座山的奥秘""'我们'的博物志""一起种植"和"一起阅读"四个环节,培养学生勇于探索的精神,引导学生与长辈温暖陪伴。在"一起阅读"环节,学生和家长一起阅读汪曾祺的《人间草木》,在充满生活气息的字里行间,感受作者观察到的生活中的一草一木,体会作者对平淡生活的喜悦和热爱。

图 5.15　学生在自然环境中阅读

　　除了观察、思考、制作等内容，两大项目都安排了阅读环节，不管是阅读一本关于"大树"的书，还是阅读《人间草木》，都让学生收获了不一样的阅读体验。来自大树的气味、风吹动树叶的声音、树干的粗糙或光滑、枝叶的形态、独特的结节与瘢痕等都因阅读而鲜活起来。

图 5.16　自然观察节的学生作品

　　万物在生长和变化，自然观察也在继续。在自然观察节中开展阅读，让学生对观察的内容更加了解，更能理解各种变化背后的科学原理，也对大自然中的各种自然现象更加关心、好奇，继而热爱自然科学。

　　（3）体育节：在阅读中窥见体育大世界

　　体育节是回龙观中心小学为弘扬体育精神，提高学生身体素质而设立的校园节日。在体育节期间，学校会举办各种体育比赛和活动，同时要求学生阅读相关的体育材料，以提升他们对体育文化、体育技能的认识和理解。

以学校"阅读迎冬奥"体育节为例。奥运会不仅是一场运动会，还蕴含着历史、文化、精神等方面的丰富内涵。回龙观中心小学2023届体育节以迎冬奥为契机，旨在借助体育节这个平台，推动学生深度了解奥林匹克文化，同时为学生提供一个展示自己体育才能、增进同学友谊、增强身体素质的机会。体育节共设置四大环节：

第一环节，全校各班级随机从夏季奥运会城市和冬季奥运会城市中抽签选取班级代表的奥运会城市，师生通过自主阅读，了解奥运会，走进奥运会。

第二环节，各班级根据所选城市，通过家校合作阅读，进一步了解奥运会的起源、发展、项目与纪录等，搜集资料，制定宣传和展示方案。在这一环节，各学科教师发挥所长，参与方案的设计和实施。语文和数学教师大多担任班主任职务，负责设计本班方案；英语教师结合对应城市带领学生学习一些常见词语和句子；计算机教师带领学生搜集对应的奥运会城市知识；道德与法治教师组织学生结合相关知识设计手抄报进行宣传；少先队组织进行收集评比；美术教师协助设计班牌和服装等工作；音乐教师带领学生学唱本届奥运会主题歌曲；体育教师做好体育项目的教授和组织比赛等相关工作。

第三环节，班主任协调各科教师准备入场式展示，包括奥运会城市的地理、人文、服饰、吉祥物、口号等。通过阅读相关知识，学生扩展阅读的范围，从更多层面了解奥运会城市，查找奥运会冠军的心得分享，深度了解运动员背后的故事，以冠军为榜样，体会奥林匹克精神。

图5.17　体育节学生入场仪式

第四环节，开展奥运会项目的学习、练习、比赛等相关工作。该环节专门设置了有关奥运会的项目，比如拔河、跳远接力、沙包投准、定点投篮、短跨项目等，让学生体验、感受比赛的魅力。

图 5.18　体育节比赛活动

体育节不仅是一场体育盛宴，也是一场阅读的盛宴。回龙观中心小学的体育节与阅读结合，学生不仅锻炼了身体，也提高了综合素质，在运动中感受到了快乐，也在阅读中收获了成长。

（4）合唱节：阅读歌声背后的故事

合唱是一种集体型的艺术表达方式。合唱能够培养学生的集体意识和团队精神，让学生学会倾听、配合与尊重，还能提升音乐素养和审美，激发创造力和想象力。合唱在传递情感、连接人心的同时，也塑造了人的性格和品格，最终促进人的全面发展。

每届合唱节，回龙观中心小学都会组织各种合唱比赛和音乐活动，也会设计不同的阅读任务，让学生深入了解音乐文化，比如阅读关于音乐历史的书籍，欣赏不同文化背景的音乐作品，了解不同民族音乐的特点、音乐背后的创作故事等。

以 2023 年 6 月回龙观中心小学"传承世代经典，童声唱响未来"班级合唱比赛为例。在此次合唱节中，各年级以诗歌吟唱、红歌传唱的方式弘扬新时代精神，全面展现新时代小学生热爱党、热爱祖国、奋发成长的昂扬风采。为了让学生更深入地了解歌曲背后的故事和文化内涵，学校还特意为学生布置了相关的阅读任务，鼓励学生阅读关于歌曲内容的书籍。这些阅读任务不仅拓宽了学生的音乐视野，更增进了学生对多元文化的理解和尊重。

表 5.6　回龙观中心小学班级合唱曲目（任选其一）

序号	曲目名称	序号	曲目名称
1	《咏鹅》	6	《中国少年先锋队队歌》
2	《春晓》	7	《祖国祖国我们爱你》
3	《静夜思》	8	《红旗飘飘》
4	《国旗国旗真美丽》	9	《我的中国心》
5	《义勇军进行曲》	10	《龙的传人》

　　在合唱节舞台上，学生身着整齐的服装，脸上洋溢着幸福和喜悦。他们的歌声时而激昂高亢，时而柔美动听，一首首嘹亮的歌曲唱出了学生的心声，展现了他们对经典文化的热爱与传承，出色的表演也感染着在场的每一个人。合唱节结束后，学校为学生颁发了各种奖项，以表彰他们在比赛中的出色表现。这些奖项不仅是对学生努力的肯定，更是对学生的鼓励与期许。

图 5.19　合唱比赛现场活动

　　再以 2024 年 1 月举办的回龙观中心小学以"百年中国动画"为主题的戏剧合唱节为例。中国动画产业的发展历程中，无数经典作品滋养了一代又一代人的成长，成为很多人共同的童年回忆。为了让学生从传统文化中汲取力量，以时代化的表达用心讲好中国故事，回龙观中心小学特别策划了一场别开生面的戏剧合唱节，传承和弘扬我国动画艺术的独特魅力。

　　中国动画发展至今，深深扎根于中华文化与中华文明之中。中国动画借东方意韵、中式审美、新兴技术塑造出一个个难忘的形象，讲述了一段段动人的故事，构筑起不同时代人们的精神家园。通过阅读中国动画故事，学生可以汲取民族智慧，培养良好的道德品质，涵养家国情怀。例如，准备《阿凡提之歌》合唱时，学生阅读阿凡提的故事，在乐趣中领略智慧与善良的力量；准备《葫芦娃》合唱时，学生阅读葫芦娃的民间传说，体会到团结、勇敢、智慧的力量等。这样的拓展阅读，让中国原创动画的瑰宝萦绕在孩子的周围，成为他们成长的良师益友。

表 5.7　戏剧合唱节曲目介绍

序号	曲名	主题	简　　介
1	《阿凡提之歌》	回忆智慧的化身	《阿凡提之歌》以诙谐的旋律和歌词，展现了一位智勇双全的智者阿凡提的种种趣事。歌曲广受欢迎，传唱至今。
2	《滑雪歌》	感受运动的快乐	《滑雪歌》出自动画片《雪孩子》，旋律活泼轻快，抒情甜美，描述了雪中玩耍的情景，展现了冬季运动的欢乐氛围，表达对纯洁友谊的赞美和对大自然的热爱。
3	《葫芦娃》	致敬英勇的传奇	《葫芦娃》讲述了葫芦七兄弟英勇斗妖怪的故事。歌词简洁明快，旋律富有感染力，展现了葫芦兄弟不离不弃、勇敢面对困难的精神。勇敢智慧的葫芦娃成为很多人童年的榜样。
4	《小邋遢》	倡导卫生新风尚	《小邋遢》是一部富有教育意义的动画片，歌曲讲述了一个小男孩从邋遢到整洁的转变，旨在倡导小朋友养成良好的卫生习惯。
5	《哪吒传奇》	战胜邪恶，守护家国安宁	《哪吒传奇》歌曲节奏欢快，体现了哪吒的勇敢智慧、勇猛善战，以及深厚的家国情怀。作品不仅传递出了"邪不压正"的价值观念，还展现了中国传统文化的丰富内涵。
6	《大耳朵图图》	倡导和谐家庭观念	《大耳朵图图》是一部寓教于乐的家庭情景喜剧，歌曲节奏欢快，展现了图图淘气、可爱的形象，传递了和谐家庭的理念，深受儿童喜爱。
7	《喜羊羊与灰太狼》	歌颂友谊的力量	《喜羊羊与灰太狼》是一部充满趣味的动画片，主题曲节奏欢快，歌词积极向上，讲述了羊与狼之间的友谊。
8	《沉香救母》	孝道之美的经典故事	《沉香救母》讲述了沉香为了拯救被压在华山下的母亲，勇敢地与邪恶势力作斗争的感人故事，歌曲具有很高的艺术价值和教育意义。

在活动现场，学生通过戏剧合唱活动，不仅深入阅读和理解了剧本，更在表演中展现了对作品的深刻感悟。他们投入的演出，让每一个角色都活灵活现、情感丰富，触动了台下每一位观众的心弦。这不仅锻炼了学生的语言表达和表演能力，也增强了他们对艺术的感知力和创造力。通过戏剧，学生学会了如何更好地表达情感，理解他人，以及在团队中协作，共同创造出令人难忘的艺术体验。

图 5.20　戏剧合唱节活动现场

通过合唱节活动，回龙观中心小学为学生提供了一个展示自己才华的平台，让学生在歌声中感受到了音乐的力量与美好。通过合唱结合阅读的方式，学生更加深入地了解了音乐文化，激发了他们对艺术的热爱与追求，为成长注入了更多的色彩与活力。

丰富的节日趣读活动为学生营造了一个良好的阅读氛围和环境，阅读也让节日活动更加有内涵、有深度。学生在"1+X"精彩节日中，尽享阅读的好时光，这样的节日阅读不仅拓宽了他们的视野，也丰富了他们的精神世界，激发他们的想象力和创造力，让每一次节日都成为一次难忘的学习和成长之旅。

在校内外资源的整合下，丰富多样的阅读活动助力回龙观中心小学成功营造了一个热爱阅读的校园氛围。这些活动让学生体验到了阅读的乐趣，逐步培养了他们热爱阅读的习惯，自然而然地，阅读融入了他们的学习与成长过程。

二、完善评价机制，在评价中激发阅读动力

评价不仅是衡量学生阅读成效的标尺，反映学生的阅读水平，更是引导学生阅

读方向、优化阅读策略和方法的"指挥棒"。恰当的评价也有助于激发学生的阅读兴趣和阅读动力，让学生在阅读中体验到成就感，进而养成热爱阅读的习惯。帮助学生认识到自己在阅读中的不足，引导他们主动改进阅读方法，提升阅读效果。评价还能为教师提供有针对性的反馈，帮助教师及时调整方向和策略。

回龙观中心小学经过十几年的探索实践与反思，逐步完善和优化评价机制：抓住"课堂"这个核心，关注阅读能力的提升，做好阅读课评价；设计"问题台阶"引导学生阅读，在阅读测试中帮助学生提升阅读效果；通过评选班级和校级"阅读之星"激发学生的阅读热情，带动更多学生积极阅读；定期开展校园阅读成果展，为学生提供丰富的展示、交流和学习的平台，让每一位学生都有展示自己的机会。通过对以上评价机制的持续完善，学生的阅读水平、阅读效果都得到了提升。

（一）关注阅读能力提升，做好阅读课评价

阅读能力是一种综合性的能力，既包括对阅读材料中字词句段篇的理解与辨析，也包括读者将阅读理解的内容与生活经验的对照与结合。对学生而言，阅读能力是学生全面发展的基础能力之一，也关系到学生能否通过阅读获取知识、拓宽视野、提高思维能力。

课堂是育人的主渠道。阅读能力的提高，既需要良好的阅读环境和优质且丰富的阅读资源支持，也需要学生养成阅读习惯、掌握阅读方法和开展丰富的阅读活动，更需要教师紧密围绕课堂，做好课前、课中、课后的阅读评价，及时了解学生日常的阅读水平，做出有针对性的评价反馈和阅读指导，在日复一日的评价与改进中，让学生的阅读能力逐步提高。

回龙观中心小学的教师关注学生在阅读课中的表现，一方面精心设计课前导读单，为学生阅读搭建"脚手架"，通过关键问题的设计，让学生学会阅读，更好地掌握阅读方法和技巧，提升阅读素养和自主学习能力；另一方面，设计多元化阅读学习评价表，关注学生在课堂中的表现，更全面地了解学生的阅读情况和学习情况，从而帮助教师及时发现学生的优势和不足，有针对性地调整教学策略和方法，不断促进反思与改进。

1.精心设计课前导读单，提升自主阅读质量

回龙观中心小学充分考虑学生的阅读能力和阅读需求，特别强调课前导读的价

值，除了设有专门的导读课，引导学生更好地预习和自主学习，在阅读课中，教师也精心设计了导读单，并根据材料的特点和难点，设计有针对性的导读问题，帮助学生更好地理解和把握阅读材料，从而提升阅读效果。

课前导读单是指导学生自主阅读的"脚手架"，在导读单的引导下，学生带着明确的目标和任务去阅读。这种方式引导学生对阅读材料进行深入思考和探究，在课前对即将学习的阅读材料有针对性地阅读，关注文本中的关键信息、逻辑关系以及作者的写作意图等内容。通过这样的设计，学生能够更加深入地分析文本，理解作者的意图，掌握关键概念。这既可以避免盲目阅读而造成阅读效率低下，也有助于培养学生的自主学习能力和自主阅读习惯，提高自我管理能力。

课前导读单在提升学生自主阅读质量和效果方面发挥着重要作用。课前导读单的设计注重学生的自主性和参与性，具有一定的开放性和引导性，能够激发学生的阅读兴趣和探究欲望，引导学生以自主探究或合作探究的形式，主动思考和探索阅读材料。

此外，课前导读单的设计也跨越了学科的边界，各学科教师围绕同一本书开展共同协作，从各自学科的特点、课标要求和实际学情出发，共同探索实践课前导读单的合理设计，一方面要控制导读单的题目数量，在有限、精练的题目中体现不同学科的阅读要求；另一方面，题目编选注重针对性、开放性、自主性、趣味性。导读单引导学生在自主预习的过程中，更好地把握书中的核心内容，为不同学科的课

图 5.21　跨学科阅读课《盘中餐》课前导读单

堂教学奠定良好基础。

以三年级跨学科阅读课《盘中餐》为例。这一课涉及语文、劳动、道德与法治三个学科，三位学科教师从学科教学需求出发，共同设计了一份课前导读单，引导学生通过自主阅读，完成导读单任务，做好课前预习准备。

导读单的第一个问题为"绘本中描述了哪些节气？农民伯伯分别在这些节气做了什么事情"。这一问题引导学生自主阅读绘本，梳理时间线对应的农事活动，体会"二十四节气"和农耕文明中蕴含的丰富的文化内涵、历史积淀，感悟古人的智慧。

第二个问题为"你认识了哪些农具？试着画一画"。农具的发展体现出技术的进步、生产效率的提升和文化的传承，这一问题让学生画农具，引导学生了解古人的劳动智慧和创造力。

第三个问题为"你想到了哪些关于这本绘本的古诗"。这一问题引导学生查找与绘本主题相关的古诗，并尝试将古诗与绘本内容相结合，进一步感悟古代农耕文明和诗词文化的魅力。

最后一个问题为开放性问题"读完绘本，你有什么感受"。这一问题引导学生发挥想象力和创造力，将绘本内容与自己的生活经验结合，培养学生的阅读能力，也为后续的课堂讨论和交流提供了素材和观点。

这份导读单不仅体现了语文学科对文本理解和语言表达的要求，也融合了劳动学科对农具和农耕文化的了解，以及道德与法治学科对劳动价值观和传统文化的认识，让学生在自主预习的过程中，明确阅读目标和任务，带着问题去主动阅读和思考，全面、深入地了解绘本的内容和内涵，更好地理解和把握阅读材料中的关键信息和逻辑关系，为后续的课堂教学奠定了良好的基础。

同时，在进行整本书阅读与国家课程相整合的单元教学时，各学科老师还深入研究教材和单元教学目标，综合考量学生的阅读能力和兴趣，制定了具有指导性的整本书阅读导读单。这些导读单巧妙地融入了各种思维导图、问题引导等工具，旨在点燃学生的好奇心，激发他们探索知识的热情。

以语文学科三年级下册"中国古代寓言故事"单元的《尼尔斯骑鹅旅行记》一课为例。语文老师请学生在阅读这本书后，借助思维工具，梳理主人公尼尔斯骑鹅旅行路线图和相应地点发生的故事情节，结合情节对人物进行评价。通过导读单，

教师将教学重点前置，让学生针对性地预习，也为学生提供了自主发挥的空间，为课上阅读和交流活动打好基础。

《尼尔斯骑鹅旅行记》导读单

【学习任务】请你和小组同学一起梳理《尼尔斯骑鹅旅行记》的主要故事情节，以你们喜欢的方式，画出尼尔斯的旅行路线图，并在图中相应地点标注发生的故事情节。

在导读单中，各小组学生充分发挥想象力和创造力，绘制尼尔斯旅行地图，标注相应的故事。有的小组以瑞典地图为基础进行绘制，有的小组则为每一个小故事画了情景图。学生精心绘制思维导图，并详细标注了尼尔斯骑鹅旅行的各个地点和发生的故事情节，如尼尔斯变小后初次遇到大白鹅莫顿，被狐狸斯密尔追捕，帮助黑老鼠对抗灰老鼠，帮助老鹰高尔果逃离牢笼等。

这些精心设计的思维导图，以其直观的图像和清晰的标注，加深了学生对故事情节的理解和记忆。它们不仅是阅读的辅助工具，更成为激发学生自主阅读和合作学习的有效媒介。在导读单的引导下，学生的阅读不再局限于被动接受，而是转变为一种积极的探索过程。他们学会了如何从不同角度分析文本，如何关联不同章节之间的逻辑关系，以及如何从文本中提取关键信息。这种阅读方式显著提高了学生的阅读效率，增强了他们的自主学习能力，同时也为课堂上的深入讨论和学习打下了坚实的基础。

图 5.22 《尼尔斯骑鹅旅行记》学生导读单作业

导读单的使用为教师提供了一个观察和评估学生自主阅读情况的窗口。教师根据导读单上的反馈，了解学生的阅读进度和理解程度，这样就能够在课堂上集中解决学生普遍存在的问题，针对性地调整教学方法和策略，使课堂教学更加高效、更有针对性。此外，导读单还能够帮助教师发现学生的个性化需求，从而提供更加个性化的指导和支持。这种以学生为中心的教学方式，不仅提高了学生的学习兴趣和参与度，还为他们提供了更加丰富、更加有深度的学习体验。

总之，课前导读单作为一种教学工具，极大地提升了学生阅读的目的性和计划性，激发了他们的主动探索精神。课前导读单的使用，不仅优化了学生的阅读过程，也为教师的教学提供了有力的支持。它使阅读变得更加有目的、有计划，同时也让课堂教学更加高效、更有针对性。

2. 多元化阅读学习评价表，促进阅读反思与改进

课堂评价是开展学生评价的重要环节，开展课堂评价，能够及时了解学生的学习情况，发现学生学习过程中存在的问题，便于教师及时调整教学策略，不断提高教学质量。开展课堂评价也有助于学生发现自己的错误和不足，激发学习的积极性

和主动性，促进学生的反思与改进。

回龙观中心小学在"全学科"阅读课程中，灵活运用课堂观察、小组讨论、讲故事等多种评价方法，阅读学习评价表作为学校探索阅读课评价的一种主要形式，对学生的阅读过程和阅读成效进行综合评价，全面反映学生的阅读情况。

阅读学习评价表充分体现了多元评价的理念，包括自我评价、同伴互评、教师评价、家长评价等多种方式，旨在从更多的视角去了解和评价学生各阶段的阅读学习情况，有利于得出更加客观、公正的评价结果，为提高学生的阅读水平提供有力支持。其中，自我评价有利于学生学会正确看待自己的优势和不足，主动做出相应的改进措施，培养自我认知能力和反思改进习惯。同伴互评需要学生不只关注自己，也能够对同伴的表现进行观察、分析和评价，学习正确评价他人，培养合作精神。教师评价有利于教师关注到每个学生的阅读水平和阅读成果，对学生进行个性化评价，提供更符合学生需求的支持，帮助每个学生成长。家长评价则让家长关注、了解孩子的阅读情况，为孩子的阅读学习提供建议和支持，加强家校沟通，形成教育合力。

以数学学科三年级下册"数据整理"单元《恼人的水痘》阅读课为例。针对课堂教学，教师设计了专门的评价表。这份评价表覆盖了四个关键维度：学生对绘本主要情节的讲述、对文字深层含义的理解、对统计作用和价值的感悟，以及正确价值观的树立。自我评价和教师评价的结合，不仅检验了学生对知识点的掌握，更重视了他们的思维发展、问题解决能力和情感态度的培养。

这种评价机制不仅帮助学生进行自我反思和自我提升，也为教师提供了宝贵的反馈，使他们能够更精准地把握学生的学习动态，及时调整教学策略。它鼓励学生在阅读中主动思考，培养了他们的批判性思维和创造性思维。同时，通过使用评价表，学生能够更加深刻地理解数学知识在现实生活中的应用，增强了他们对数学学科的兴趣和认识。

表5.8 《恼人的水痘》单元整合阅读课评价表

评价指标	自评	教师评
能用自己的语言有条理地讲出绘本中的主要情节	☆☆☆	☆☆☆
会运用重读策略阅读故事中的重要情节，理解文字背后的意思	☆☆☆	☆☆☆
能结合文本和图片感悟统计的作用和价值	☆☆☆	☆☆☆
阅读绘本，体会人物心情，树立正确的价值观	☆☆☆	☆☆☆

再以语文学科五年级下册第二单元"走近中国古典名著"的《西游记》整本书阅读课为例。《西游记》全书共 100 回，洋洋洒洒几十万字，阅读时长和阅读量对很多学生来说都是一次不小的考验。在阅读课堂中，教师设计专门的阅读学习评价表，开展学生自评、家长评价和教师评价，从阅读前的准备、阅读中的理解和思考，到阅读后的反思和总结多个维度出发，全面、客观地评价学生的阅读过程和成效。阅读学习评价表不仅促进了学生对《西游记》这部中国古典名著的深入阅读，也为他们的综合素养提升奠定了坚实的基础，有助于学生及时改进阅读方法，不断取得进步。

表 5.9 《西游记》整本书阅读学习评价表

评价指标	自评	家长评	教师评
根据导读单开展自主阅读	☆ ☆ ☆	☆ ☆ ☆	☆ ☆ ☆
概括章节内容	☆ ☆ ☆	☆ ☆ ☆	☆ ☆ ☆
绘制情节图	☆ ☆ ☆	☆ ☆ ☆	☆ ☆ ☆
结合情节分析人物	☆ ☆ ☆	☆ ☆ ☆	☆ ☆ ☆
绘制人物推荐卡	☆ ☆ ☆	☆ ☆ ☆	☆ ☆ ☆
梳理阅读方法	☆ ☆ ☆	☆ ☆ ☆	☆ ☆ ☆

多元化阅读学习评价表通过整合不同评价主体的视角，为教学目标的实现提供了多角度的反馈。它不仅关注学生对阅读材料的理解和分析，还特别强调了学生在阅读过程中展现的合作精神和实践技能。评价指标的设定紧密结合课堂教学内容，旨在准确衡量学生在阅读态度、阅读技巧以及批判性思维等方面的提升。这样的评价不仅促进了学生阅读能力的提高，也为教师提供了调整教学策略、优化教学内容的依据，从而更有效地满足每个学生的个性化学习需求。

课前导读单如同一张探险地图，引导学生按"图"索骥，踏上自主阅读的奇妙旅程。通过这张"地图"，学生能够有目的地探索文本，发现知识宝藏，激发他们的好奇心和求知欲；多元化阅读学习评价表则如同一面镜子，它不仅反映了学生在阅读过程中的表现，还映照出他们的成长轨迹。课前导读单和多元化阅读学习评价表相辅相成，共同构建了一个促进学生全面发展的评价系统，帮助学生在阅读的旅途中不断前行，为他们阅读素养的提升打下了坚实的基础。

（二）用"问题台阶"引导学生阅读，在阅读测试中提升阅读效果

"问题台阶"是根据教学目标、教学内容、学生的认知水平和理解能力等因素，精心设计的一系列逐渐递进、难度逐渐增加的问题。在阅读中，"问题台阶"的设计能够帮助学生有方向地开展阅读活动，激发学生的好奇心，培养其自主学习能力、分析问题和解决问题的能力，让学生在跟随"问题台阶"解决问题的过程中，逐步提升自己的思维水平。

在"全学科"阅读教学过程中，回龙观中心小学各学科教师结合新课标理念和学段教学要求，以"问题台阶"为着力点，在阅读测试中制定科学、有效的题目，并将问题按层次性和递进性的原则，分为"基础型、研究型、开放综合型"三大阶梯，引导学生拾级而上，启发学生对整本书阅读材料有序地进行深入思考和探索，在顺利完成整本书阅读的基础上，进一步提升阅读效果，提高阅读能力和思维水平。"问题台阶"也有利于教师及时了解学生的阅读情况和存在的问题，为后续教学提供有力的参考和依据。

基础型问题包括"提取信息""情节梳理"等类型，主要考查学生对整本书的基本理解和把握，为后续的阅读理解打下基础，培养学生的基础阅读能力和信息处理能力。

研究型问题包括"主题探讨""情节预测""写作手法""推论判断"等类型，要求学生在理解整本书内容的基础上，对作者的观点、人物性格、主题思想等进行深入思考与文本研究，加深学生对整本书内容的理解，培养学生的批判性思维能力和阅读理解能力。

开放综合型问题包括"人物评价""评价鉴赏""整合解释"等类型，更加注重学生对情感、价值观等方面的思考，通过提出具有开放性、启发性和挑战性的问题，鼓励学生对整本书主要内容进行文本拓展、联系现实、发表观点，培养学生的综合素养和创新能力。

三级"问题台阶"的设计是层层递进的：基础型问题带领学生初步探索文本，帮助学生读懂字面意思，奠定理解的基础；研究型问题引导学生深入剖析文本，挖掘其中隐含的深层含义，让学生不仅读懂，更能读透；开放综合型问题则激发学生的批判性思维和创新能力，跳出文本的局限，探索更广阔的视野，实现深度阅读。

借助三级"问题台阶"，学生逐步深入理解文本内容，轻松掌握阅读的关键，享受阅读的乐趣。

以五年级整本书阅读《朱家故事》为例。这本书主要讲述了朱家的家庭生活以及家庭成员之间的责任分担和相互关系的转变，它不仅是一个关于家庭琐事的故事，更是一个深刻反映家庭伦理、责任与爱的寓言。故事内容与学生日常生活联系紧密，教师通过三级"问题台阶"的设计，引导学生在了解朱家生活背景的基础上，引发对家庭生活的冲突与转变的思考，理解家庭关系重塑的重要性，懂得家庭中角色与责任的关系，以及如何更好地为家庭的幸福做出贡献。

下方的四道题均为基础型问题，第1、3、4题，学生通过阅读，可以直接从书中找到答案；第2题则是对故事细节的把握和猜想，学生需要仔细阅读文本，得出自己的结论。通过这四道题的解答，学生对故事情节和整体框架有了进一步理解，有助于初步建立起对故事的整体认识。

《朱家故事》基础型阅读测试题（部分）

1.【提取信息】这本书为什么叫"朱家"故事而不是叫"刘家"故事或"李家"故事？（   ）

A. 刚好这一家人姓朱。

B. 朱的姓氏听起来亲切。

C. 文中妈妈说他们变成了猪。

D. "朱"的音与"猪"相同，用这个谐音表示朱家父子三人好吃懒做。

2.【提取信息】妈妈为什么留下一张字条后就离开了？（多选题）（   ）

A. 一人承担家务很疲惫

B. 出去玩了   C. 不被尊重   D. 出去买菜   E. 想要改变

3.【提取信息】朱太太的丈夫和儿子在没有她的情况下做了什么事情？（   ）

A. 照顾家务   B. 外出工作   C. 玩电子游戏   D. 购物

4.【提取信息】故事的最后，朱家家庭成员之间的关系是如何改变的？（   ）

A. 他们更加疏远。   B. 他们学会了相互尊重。

C. 他们决定分居。   D. 他们的关系没有任何改变。

研究型阅读测试题需要在理解故事的基础上，进行深入分析和探讨。下方的六道题均为研究型问题，其中第1—5题需要学生观察画面的细节，再结合绘本内容，进一步挖掘故事背后的深层含义；而第6题则需要学生深入理解故事中人物的性格和行为背后的原因，进一步加深对故事的理解。通过对这六道题的解答，学生深入理解故事情节，并对人物性格、主题思想等进行深入思考和探索。

《朱家故事》研究型阅读测试题（部分）

1.【推论判断】为什么封面中妈妈要背着爸爸和儿子们？（　　　）

　A. 因为他们在做游戏。

　B. 因为妈妈需要照顾爸爸和两个儿子。

　C. 因为妈妈受到了惩罚。

2.【推论判断】观察封面，朱家的壁纸为什么是猪和花朵呢？（　　　）

　A. 因为他们喜欢猪和花朵。

　B. 因为爸爸和儿子长得像猪，妈妈长得像花朵。

　C. 因为爸爸和儿子的行为像猪，妈妈像是花朵。

3.【推论判断】爸爸为什么疲惫地工作了一天后，叫妈妈"老太婆"？（　　　）

　A. 爸爸不尊重妈妈　　　　　　　　B. 妈妈很老

　C. 妈妈像老太婆

4.【推论判断】观察图画，照片中的"女人"为什么会消失？（　　　）

　A. 因为朱太太很生气，将照片中的女人撕了下去。

　B. 为接下来朱太太的"消失"做了铺垫。

　C. 绘本画家忘记画了。

5.【推论判断】绘本的第3、4、7、8页中的人物及报纸上都画有张大的嘴巴，你觉得这些张大的嘴巴代表着什么？（　　　）

　A. 饥饿　　　　　B. 呐喊　　　　　C. 发布命令　　　　D. 无休止的索求

6.【推论判断】想一想，朱先生和他的儿子为什么会暴躁？（　　　）

　A. 因为妈妈不在，家务只能由他们做。

　B. 他们因为想念妈妈而难过。

　C. 他们对妈妈离家出走这件事很生气。

　　开放综合型阅读测试题则更加注重学生的批判性思维和创新能力，学生需要综合运用所学知识回答问题。下方的六道题为开放综合型问题，如在整合解释类题中，第1题"为什么妈妈要做所有的家务？"需要学生深入思考社会角色分配、家庭责任等问题，理解并解释妈妈为何承担了全部家务的原因。第2题"妈妈离开后，爸爸和孩子们感受到什么？"则引导学生从人物心理和情感的角度去分析和理解故事。而在评价鉴赏类题中，第4题"为什么在妈妈走后，朱先生有个画面没有露出头？"需要学生分析画面细节，理解其背后的象征意义，对故事情节和角色心理进行深入探讨。第6题"家庭生活必然会产生很多家务活，你家的家务事是如何分配的？面对他们承担的家务，他们是乐意承担，还是被迫承担？"则进一步将学生的思考引向现实生活，让他们学会反思自己家庭中的家务分工情况，理解家务活对家庭和谐的重要性，以及如何更好地分担家务，营造和谐的家庭氛围。

《朱家故事》开放综合型阅读测试题（部分）

1.【整合解释】为什么妈妈要做所有的家务？（　　　　）

A. 因为妈妈喜欢做家务。

B. 因为爸爸和孩子不重视妈妈，认为家务就应该是妈妈做。

C. 因为这些家务只有妈妈才会，其他人都不会。

2.【整合解释】妈妈离开后，爸爸和孩子们感受到什么？下列选项中正确的一项是（　　　　）

① 爸爸和孩子们感受到妈妈平时生活的不容易。

② 爸爸和孩子们感受到原本正常的家庭生活变得一团乱。

③ 爸爸和孩子们没有了妈妈的陪伴，心里感到孤独和无聊。

④ 爸爸和孩子们没有妈妈的唠叨和约束，感觉特别开心。

⑤ 爸爸和孩子们不得不学会独立生活，感受到家庭需要共同经营，家务需要一起分担。

A.①②③　　　　B.①②③④⑤　　　　C.①②③⑤　　　　D.②③④⑤

3.【整合解释】最后一页中，对于妈妈开心地修车，理解正确的一项是（　　　　）

A. 妈妈原本是修理工，做家务时她很不开心，重新当上修理工让妈妈变得很开心。

B.妈妈很高兴地修理汽车，因为妈妈要出去玩。

C.故事在最后跨越性别界限，说明女性也可以做男性擅长的修车；开头说很好的汽车却需要妈妈修理，也暗示着妈妈把这个外表看似很好实际内在问题重重的家修好了，所以妈妈穿着鲜艳且自在的衣服，开心地继续为家庭承担责任。

D.前面的故事都是妈妈做的梦，最后一页才是真实的。

4.【评价鉴赏】为什么在妈妈走后，朱先生有个画面没有露出头？(　　)

A.朱先生变得不好看了，所以不画了。

B.为接下来他们变成猪的形象做铺垫。

C.作家忘记画了。

D.没有画出头是因为想借此表达，所有人的男人都有可能变成这样。

5.【评价鉴赏】故事的结尾有这样一句话："妈妈也很快乐……"下列选项中对省略号的作用理解错误的一项是(　　)

A.爸爸和孩子们理解了妈妈的辛苦和付出，妈妈感到欣慰和快乐。

B.爸爸和孩子们做家务时感到很高兴，妈妈看到他们高兴也很快乐。

C.妈妈看到爸爸和孩子们的转变，并不快乐。

D.妈妈感受到一家人的相互关爱，相互帮助，内心很快乐。

6.【评价鉴赏】家庭生活必然会产生很多家务活，你家的家务事是如何分配的？面对他们承担的家务，他们是乐意承担，还是被迫承担？请你完成下面的表格。

	做饭	洗衣服			
① 妈妈					
② 爸爸					
③					
④					
⑤					
⑥					

通过三级"问题台阶"的设计，学生在阅读《朱家故事》的过程中，不仅能够理解故事的基本情节，还能深入探索故事背后的深层含义，理解家庭伦理、责任与

爱的重要性。这样的阅读测试不仅能够提升学生的阅读效果，也能培养其批判性思维能力和创新能力，实现深度阅读。

再以教材整合阅读《鲁滨孙漂流记》一课为例。《鲁滨孙漂流记》是人教版六年级下册第二单元的一篇文章的出处，也是"快乐读书吧"里推荐的共读书目，通常会作为整本书推荐学生阅读。这本书写成于1719年，年代久远，虽然广泛流传于世界各地，但由于故事内容远离学生的生活实际，文本体现的文化理念与中国文化有较大的差异，再加上文本内容丰富、情节舒缓，学生阅读的积极性不高，很难长久保持阅读耐心，进而产生畏难情绪。

语文学科组龚静老师将课标要求与实际学情结合，将"问题台阶"作为推动学生持续阅读的推手，在阅读测试中分别设计了"基础型、研究型、开放综合型"三大阶梯问题，让学生带着问题去阅读，读后再完成问题，有目的、循序渐进地完成整本书阅读。

为了帮助学生梳理故事背景和基本信息，龚老师充分利用学生对整本书的阅读期待和认知，以基础型问题为起点，设计了"鲁滨孙在荒岛上生活了多少年?""《鲁滨孙漂流记》是一部什么类型的小说?"等系列问题，旨在引导学生快速浏览全文，把握故事的主要情节和角色，为后续的深入阅读打下基础。

《鲁滨孙漂流记》基础型阅读测试题（部分）

【提取信息】1.我们已经读过小说《鲁滨孙漂流记》，下面陈述不准确的是（　　）

A.鲁滨孙因坐的船失事，流落到荒岛上。

B.鲁滨孙独自一人在荒岛上度过了二十八年。

C.《鲁滨孙漂流记》是一部值得逐字逐行重读的小说。

D.鲁滨孙是个对生命充满希望、自信乐观，有惊人毅力、超强意志的人。

【提取信息】2.鲁滨孙在荒岛上生活了多少年?（　　）

A.几年　　　　　　B.10多年　　　　　　C.20多年　　　　　　D.30多年

【提取信息】3.《鲁滨孙漂流记》是一部_____小说，笛福从自己对时代的观察和感受出发，以资产阶级上升时期的冒险进取精神和18世纪的殖民精神塑造了鲁滨孙这一形象。（　　）

A.现实主义小说　　　　　　　　　　B.浪漫主义小说

C.魔幻小说　　　　　　　　　　　　D.科幻小说

　　《鲁滨孙漂流记》中的人物虽然不多，但结构紧凑，故事情节总是波澜起伏，作者注重人物性格的塑造、环境和人物心理的描写，总能扣住读者的心弦。为了帮助学生理解故事中的细节，深入思考人物性格、价值观等内涵，龚老师在每一章中都设计了研究型问题，帮助他们开展自主阅读和检测阅读效果。比如，在第十八章"一个脚印"的阅读测试题中，第1、2、3题都是基础型的情节梳理类题，通过这一类题目，学生能够在阅读过程中不断加深对故事情节的理解，把握人物性格的发展变化；而第4、5题都是研究型的主题探讨类题，要求学生从文中提取信息，理解并分析鲁滨孙内心的情感和态度，帮助学生深入理解故事情节和人物性格，培养批判性思维能力。

《鲁滨孙漂流记》第十八章"一个脚印"研究型阅读测试题（部分）

　　【情节梳理】1.确信有人在岛上，鲁滨孙为了抵御同类的威胁，做了哪些事情，请你完成下图：

改造"城堡"——改造外墙——[　　　　]——[　　　　]——安置羊群

　　【情节梳理】2.鲁滨孙发现这个脚印后，不断猜测脚印的主人，他猜测脚印的主人有（　　　　）（多选）

　　A.魔鬼　　　　　　B.野人　　　　　　C.野兽

　　D.自己　　　　　　E.像自己一样流落荒岛的人

　　【情节梳理】3.看到脚印，鲁滨孙的心情发生了一定的变化（如图），你觉得鲁滨孙（　　　）

　　A.是一个胆小怕事的人。

　　B.是一个容易改变想法的人。

　　C.是一个善于思考、善于分析的人。

　　D.是一个坏脾气的人，情绪波动大，心情起伏不定。

　　【主题探讨】4.P173中写道："人类的感情又会受到多少隐秘动因的驱动而随

之改变啊！今天我们所爱的，会是我们明天所恨的；今天我们所希冀的，会是我们明天避之不及的，噢，甚至可能是令我们想起来都会战栗的。"这一章中，你觉得鲁滨孙曾经所爱、现在所恐惧的是什么？（　　　）

　　A. 寻找宝藏　　　　B. 安宁富足　　　　C. 独居小岛　　　　D. 遇到同类

【主题探讨】5. P175 "更为糟糕的是，之前我总是一种听天由命的坦然心情，但对现在遇到的这件麻烦事我却无法再用这种态度得到我所期望的安慰。"读了这句话，确信岛上有人后，下面哪个做法印证了鲁滨孙态度的改变？（　　　）

　　A. 躲进 "城堡"　　　　　　　　B. 寻找援助

　　C. 积极采取防御措施　　　　　　D. 不断猜测脚印的主人

　　在第十七章中，结合大段对鲁滨孙此时外貌描写的内容，龚老师又设计了两道开放综合型题目：第1题请学生根据文字描述和自己的理解，去选择或画出心中的鲁滨孙形象，第2题则请学生对鲁滨孙进行人物评价。这些题目为学生提供了思考和探讨的空间，激发了他们的阅读兴趣和热情，引导学生理解人物性格特征，学习如何从文学作品中提取和理解作者的思想和观点，推动他们对整本书的阅读与理解。

《鲁滨孙漂流记》第十七章 "进一步改良" 开放综合型阅读测试题（部分）

【人物评价】1. 本章有大段对鲁滨孙此时的外貌描写，在下面三幅图中选择符合文中描绘的图片（　　　）。如果这三幅图你认为都不够贴切，请你在第四个空白方框中画一个。

　　A.　　　　　　　　　B.　　　　　　　　　C.

【人物评价】2. 在经历了上一章中的意外后，鲁滨孙在一段时间里都没有离开营地，不愿冒任何风险。再三挣扎考量后，他最终决定再次步行沿岛探查，并观

察、分析潮水的涨落。由此可见鲁滨孙是个怎样的人？（　　　）

　　A.本本分分，安于现状　　　　　B.谨慎小心，善于分析

　　C.急躁冒进，粗心大意　　　　　D.野心勃勃，工于心计

　　三级"问题台阶"的打造，为学生的阅读学习提供了一种富有成效的方法，它一步步引领学生深入文本，探寻阅读中的奥秘，让学生的阅读之旅变得充满挑战。在"问题台阶"的引领下，学生的阅读层层推进，不断深入，阅读过程也变得更加扎实、高效，不仅提升了他们的阅读技能，还培养了他们的思维品质，提升了阅读能力和思维水平。

（三）发挥身边的榜样作用，开展班级校级"阅读之星"评价

　　在小学阶段，受年龄特点、身心发展规律等因素影响，身边的环境对学生成长具有重要作用。通过观察、学习和模仿周围的人的行为，学生逐步塑造自己的性格、习惯和价值观，这是该阶段学生成长的主要特点之一。因此，在阅读活动中，学校充分发挥环境的浸润作用，不断发掘身边的榜样，利用榜样的影响力，激发学生的阅读兴趣和阅读动力，让他们学习榜样人物的成功经验和方法，引导和激励学生增强自信心，不断提高阅读能力。

　　为了鼓励学生积极参与阅读活动，提高阅读能力，回龙观中心小学分别设立班级和校级两级"阅读之星"荣誉称号，每学期评比一次，并按学段制定详细的评比细则，包括阅读量、阅读推荐、阅读分享、亲子阅读四个方面，旨在鼓励学生多读书、读好书、积极分享阅读心得，全面评价学生的阅读表现，表彰阅读先进学生，鼓励大家向先进学生学习，同时不断提升自己的综合素质，在全校和家庭中形成良好的阅读氛围。

　　从"阅读量"指标来看，低、中、高三个学段分别参照《义务教育语文课程标准（2022年版）》中低学段要求"课外阅读总量应不少于5万字"、中学段要求"课外阅读总量应不少于40万字"、高学段要求"课外阅读总量应不少于100万字"的规定，再拆分到具体年级。考虑到学生的年龄和阅读能力的发展，学校将一年级规定为2万字以上，二年级规定为5万字以上，中、高年级在掌握一定的阅读方法、具有基础的识字量基础上，鼓励学生积极扩大阅读范围，提高阅读量。"阅

读推荐"指标鼓励学生多阅读经典书籍，并能够阐述推荐理由，以此培养学生的阅读鉴赏能力和分享精神。"阅读分享"指标鼓励学生在班级或学校组织的阅读分享活动中积极发言，分享自己的阅读体验和心得，以此提高学生的口头表达能力和逻辑思维能力。"亲子阅读"指标则鼓励学生在家庭中进行亲子阅读，通过共同阅读、讨论，增进亲子关系，提升阅读效果，营造书香家庭氛围。

表 5.10 "阅读之星"评价细则

学段	年级	评价内容			
		阅读量 （统计阅读字数）	阅读推荐 （统计书目推荐次数）	阅读分享 （参与校级、班级阅读分享交流活动）	亲子阅读 （家庭阅读氛围良好）
低学段	一年级	2万字以上	学生通过设计图书推荐海报、读书推荐卡等方式，开展阅读推荐；教师组织学生评价，确定有推荐意义的，按照每推荐1本书积1分的方式统计，作为最终评价内容的一项。	学生通过制作PPT、海报或情景剧等方式，分享图书，并结合书中内容与同学展示交流，经过教师和同学共同评价后，班级内分享优秀的学生每次积1分，年级内分享优秀的学生积2分，全校范围内展示交流的学生积3分，最终的统计结果作为评价内容的一项。	鼓励家庭亲子阅读打卡，通过打卡统计积分，班级排名前5名分别积5分、4分、3分、2分和1分，同时鼓励家长走进课堂，进行亲子阅读交流分享，按照分享1次积1分的形式统计，作为最终评价内容的一项。
	二年级	5万字以上			
中学段	三年级	40万字以上			
	四年级				
高学段	五年级	100万字以上			
	六年级				

班级"阅读之星"评比活动，以月为周期，由班主任牵头，引导班级学生全面评价每位学生在"我的阅读分享"活动中的表现。评价标准涵盖了阅读的数量、质量以及分享的积极性等多个维度，旨在通过这种多元化的评价方式，评选出真正热爱阅读、表现突出的学生。

评选出的班级"阅读之星"不仅是对其个人的肯定，增强了学生的成就感和自豪感，同时也树立了积极的榜样，激发了其他学生的阅读热情。班级中表现最突出的前两名学生，还有机会被推荐参加校级"阅读之星"的评选，这一激励机制进一步调动了全校学生的阅读积极性。

通过这样的评比活动，学生的阅读习惯得到了积极培养，阅读能力得到了有效提高。它不仅让学生在阅读中获得知识和乐趣，还帮助他们建立起自信，学会了分

享与交流。班级"阅读之星"评比活动，成为推动校园阅读文化建设、提升学生综合素养的重要力量。

校级"阅读之星"评比活动则每学期举行一次，在收集并综合全校各班级的评价和推荐后，全面考量学生在阅读活动中的参与度、表现和影响力，评选出表现优异的学生，授予他们校级"阅读之星"的荣誉称号，并通过校园广播、校报、班级群等多种渠道，定期分享他们的阅读技巧和感悟。这些校级"阅读之星"成为阅读榜样，他们的经验和故事激励着其他学生，点燃了全校的阅读热情。

一位获得班级"阅读之星"的学生这样说道："今天，我获得了班级'阅读之星'的荣誉，心里像吃了蜜一样甜。我想起了那些泡在图书馆的午后，那些和故事里的角色一起冒险的夜晚。每当我翻开书页，就感觉自己进入了一个又一个奇妙的世界。我的书架上已经摆满了各种各样的书籍，它们是我知识的源泉，也是我快乐的伙伴。得到这个奖，我觉得自己像个小小的探险家，发现了新大陆一样兴奋。我想对还没有爱上阅读的同学说，快来加入我吧，书的世界很精彩！"

另一位获得班级"阅读之星"的学生则说："当老师宣布我是班级'阅读之星'的时候，我激动得差点跳起来。我爱阅读，因为书是我最好的朋友。无论是神秘的科幻故事还是精彩的历史冒险，每本书都像是一扇打开新世界的门，那种感觉就像是找到了宝藏。阅读不仅丰富了我的想象力，也让我学会了思考和同情。我希望每个同学都能体会到阅读的乐趣，因为它真的能让我们的心灵变得更加宽广和美丽。"

对学生来说，获得校级"阅读之星"则是更高的荣誉。一位获得校级"阅读之星"的学生这样说道："成为学校的'阅读之星'，我感到无比自豪和激动。阅读一直是我生活中的一部分，它像一盏明灯，照亮了我的心灵，引领我走向知识的殿堂。每一本书都像是一位智者，向我传授着世界的奥秘和生活的智慧。感谢我的老师和父母一直以来的支持和鼓励，是他们让我懂得了阅读的重要性。未来，我还会继续阅读，因为我相信，书籍是人类进步的阶梯，只有不断地攀登，才能看到更加广阔的天空。我希望我的故事能激励更多同学加入阅读的行列，让我们一起保持对知识的渴望，在阅读中共同成长。"

回龙观中心小学通过"阅读之星"的评选，积极发挥榜样的模范带头作用，不仅激发了学生的阅读兴趣和动力，引导学生通过阅读、思考和分享，持续提升阅读能力和综合素养，也让阅读成为学校书香文化的重要组成部分，为培育校园阅读和家庭阅读新风尚做出了积极的贡献。

（四）点燃阅读薪火，定期开展校园阅读成果展

展示性评价的核心在于提供一个平台，让学生能够通过各种创造性和互动性的方式，展示他们对阅读内容的深入理解和个人的独特见解。它通过多样化的展示形式和互动性的评估过程，为学生提供了一个展示自我的舞台。这种评价方式不仅关注学生的知识掌握程度，更重视他们的思维过程、问题解决能力和情感态度等多维度的表现，能够有效激发学生的学习兴趣，强化他们的学习动机，帮助他们建立自信。此外，展示性评价还为教师提供了一个观察和了解学生学习过程和个性特点的机会。通过学生的展示，教师可以更准确地评估学生的学习进度、理解深度和创新能力，从而更有针对性地进行指导和支持。

回龙观中心小学将展示性评价作为一种重要的评价方式，定期召开"书香留痕，落笔生花"读后感展、阅读思维导图展、葵园课本剧展等一系列丰富多样的校园阅读成果展，激发学生的阅读兴趣，为学生提供展示自己才华和阅读学习成果的机会，也为学生打开了一扇交流与互动的窗口，鼓励学生发挥想象力和创造力，通过多种形式展示自己的阅读成果，在与同伴的交流与合作中，不断锻炼自己的沟通技巧和团队协作能力，加深对阅读作品的理解和感悟，提高阅读能力。

以"书香留痕，落笔生花"读后感展为例。读后感是学生在阅读材料后，根据自己的理解和感受所写下的心得体会，它通常涵盖了对作品内容的解读，对作者立场的评价，对情感的共鸣，以及作品触发的深层次思考。撰写读后感的过程，加深了学生对文本的理解，锻炼了他们的批判性思维和自我表达的能力。学生在这一过程中，被鼓励超越文字的表层意义，去探究文本背后的深层主题、作者的真正意图，以及作品反映的时代精神和社会文化现象。

回龙观中心小学通过定期举办"书香留痕，落笔生花"读后感展，为学生提供了一个展示阅读成果的平台。在这里，学生可以分享自己对故事情节的见解，对人物性格的理解，或是对书中某一论点的独到分析，分享不仅限于文字形式，还包括音频、视频等多媒体表达方式，从而让阅读感悟的交流更加生动和多元。

图 5.23　学生参与读后感展活动

　　"书香留痕，落笔生花"读后感展的举办，也激发了全校学生的阅读热情。通过这样的展览，学生能够在彼此的读后感中找到共鸣，获得启发，也能够学习如何更好地表达自己的想法。看到同伴的精彩分享，许多学生都被深深地感染，他们纷纷加入阅读的行列，希望在下一届的读后感展上也能展示自己的阅读成果。这种"阅读、感悟、展示分享、再阅读"的良性循环，不仅激发了学生的阅读热情，也在校园内营造了浓厚的阅读氛围。通过这种方式，学校鼓励学生将阅读发展为一种生活方式，让书籍的智慧和美感在学生心中留下深刻的印象。

　　再以阅读思维导图展为例。思维导图是一种有效的图形思维工具，它通过结合文字和图像，将复杂的信息以层次分明、逻辑清晰的方式展现出来。这种图形化的表达方法，不仅帮助学生梳理和记忆阅读材料中的关键点，而且促进了他们对作者思路的把握，加深了对文本内容的理解。通过绘制思维导图，学生能锻炼自己的归纳总结能力，提升思维的条理性，也提高用直观方式表达观点的能力。

　　在回龙观中心小学的阅读思维导图展览中，学生将他们的阅读体验和理解转化为一幅幅图文并茂、色彩丰富的思维导图。这些作品不仅反映了他们对阅读材料的深刻洞察，也展现了他们的个性和创造力。每一幅思维导图都是学生与书籍互动的见证，记录了学生的思考过程，表达了他们对知识的探索和对阅读的热情。

　　在展览现场，学生积极地分享自己的思维导图，互相交流自己的创作心得和阅读体验。一位学生指着他精心绘制的思维导图欣喜地向身边的同学讲述自己的作品："你们瞧，这就是我的杰作，为了能让它在展出中亮相，我把这本书从头到尾翻了个遍。而且，我还尝试了不同的风格，画了好几张思维导图，力求找到能呈现书籍内容的最佳方式，让大家都能看懂。现在，你随便问我这本书的任何内容，我

图 5.24　学生参与思维导图展活动

都能对答如流！"通过积极的互动和交流，学生不仅拓宽了自己的思维视野，还学会了倾听和接纳他人的意见，懂得尊重他人的劳动成果，更培养了团队合作精神和人际交往能力。

　　每一次阅读成果展都是一场丰收的盛宴，背后蕴含着无数辛勤的努力和智慧的火花。阅读成果的积淀，也离不开教师的辛勤付出和精心指导。教师不仅仅是知识的传授者，更是学生学习过程中的指导者和陪伴者。在学生的阅读过程中，教师尊重学生的个性差异，鼓励学生自由表达，注重激发学生的阅读兴趣，关注学生的实际获得。在指导学生时，教师耐心倾听学生的想法，引导学生深入思考，主动形成阅读成果，并在这个过程中持续培养学生的独立思考能力和创新精神，使学生在阅读中真正有所收获。

　　阅读成果展在场地选择上也充分利用了学校的每一个角落。在校园内，班级外的走廊、窗台、宣传栏等空间，都被巧妙地转化为展示学生阅读成果的载体。这些精心布置的展览，如同一道道亮丽的风景线，遍布校园的每个角落，吸引着师生们驻足欣赏，让校园内处处洋溢浓浓书香。在线上，学校公众号和家长教师协会公众号联手，将学生的阅读成果以数字化的形式呈现出来，让学生的阅读成果得以更广

泛地传播，不仅带给学生更多的成就感，也有效地带动了家长的参与，家长纷纷与孩子一起阅读、讨论，共同感受阅读的魅力，形成了家校共读的良好氛围。

在回龙观中心小学，阅读评价已经超越了单一的考核，转而成为一种全面、多维的评估体系，它伴随并推动了学生的阅读旅程。通过课前导读单和课堂阅读学习评价表，学校密切关注并记录学生阅读技能的提升；"问题台阶"的设置，激励学生深入阅读，探索文本的深层意义；"阅读之星"的评比活动则利用同伴的影响力，激发学生的阅读热情；阅读成果展则为学生提供了一个展示和分享阅读体验的舞台，进一步点燃了他们对阅读的热爱。逐步完善的评价机制，不仅为学生提供了持续的反馈和鼓励，也在评价的过程中有效地激发了学生的内在阅读动力。

可以说，回龙观中心小学的阅读推广工作，为学生的全面发展和持续成长奠定了坚实基础。学校通过开展阅读活动、完善评价机制等一系列措施，成功地将阅读教育融入学生的日常生活，使之成为学生个人成长的重要助推器，帮助学生认识到阅读不仅是学习的一部分，更是一种能够带来愉悦体验和深刻个人成长的活动，成功地将阅读培养成学生的一种习惯，一种能力，一种生活方式，为他们的终身学习奠定了坚实的基础。

后　记

　　在儿童的成长之路中，阅读如同指路的明灯，照亮前行的方向，滋养他们的心灵。阅读不仅关系着儿童的发展，也关系着整个国家和民族的未来。正如一本好书能开启一扇门，引领儿童走进更广阔的知识天地，阅读教育的改革与创新也犹如一股清新的春风，为北京市昌平区回龙观中心小学的教学注入了新的活力，提升了学校的办学格局。

　　阅读教育的改革与创新是一个长期而艰巨的过程，十多年漫漫探索路，每一步都充满了挑战与收获。经过十多年的不懈努力，回龙观中心小学在阅读教育改革方面取得了显著的成果。学校以阅读策略为基础，通过"全学科""全空间""全主体"的改革实践，打破阅读边界，走出了一条富有学校特色的阅读教育创新之路，不仅提升了学生的阅读素养，改变了教与学的方式，也促进了学校整体教育质量的提升。这些成果的取得，离不开各级领导部门的指导，离不开学校自我革新的勇气和信心，离不开全校师生的努力和家长的支持，更离不开社会各界友好单位的支持。

　　虽然取得了一定的成绩，但我们也清醒地认识到，阅读教育的改革实践距离培养自主学习的"全阅读生态"目标仍有距离，以阅读为支点的学校教育的改革之路仍然漫长，需要我们以更加开放的姿态、更加多元的方式，深化教育改革，为推动育人方式改革贡献智慧和力量。

在未来的日子里，我们将继续携手前行，不断深化阅读教育改革，坚持基于培养自主学习的"全阅读生态"理念，在阅读中重点关注学生自主阅读能力、独立思考能力、知识应用能力、问题解决能力的培养，引导学生在阅读中开展始于有趣、沉于乐趣的自主学习，开展发现问题、解决问题的自主学习，开展了解已知、探索未知的自主学习，开展走向生活、走向社会的自主学习。同时，重点加强基于培养自主学习的"阅读式课堂"构建，在现有实践的基础上重点打造贯穿阅读理念的"翻转课堂"和推进阅读实践的"哲思课堂"，让自主学习能力成为每个学生必备的能力，让每一个学生都能够在阅读中汲取营养、自由呼吸！

本书的出版，不仅是对回龙观中心小学阅读教育改革实践的一次阶段性总结，更是一次深刻的自我反思与展望。本书不仅清晰地展现了学校阅读教育改革的规划蓝图和预期目标，也详尽地记录了学校在阅读教育改革中的所思所想。虽然当前的阅读教育改革实践还不尽完美，距离我们最终的目标仍有距离，但本书是一个真实的经验集，记录了学校在阅读教育改革探索过程中的困惑与挑战、尝试与创新、成功与失败。这些真实的经验，可能存在不足，却是一笔宝贵的财富，相信它能够为其他学校开展阅读教育提供有价值的借鉴和参考。

阅读教育是一项长期而艰巨的任务，需要学校、家庭、社会各方面的共同努力。借本书出版之际，我们再次向所有关心和支持回龙观中心小学发展的领导、专家、同仁、家长，以及社会各界朋友表示衷心的感谢，是你们的支持与鼓励，让我们在阅读教育的道路上走得更远、更稳。愿本书的出版能够激发更多人对阅读教育的关注和思考，为更多教育同仁开展阅读教育实践提供启示与灵感。

我们也衷心地希望每一位教育工作者都能成为孩子阅读路上的引路人，让阅读的种子在他们心中生根发芽、开花结果，让阅读成为连接过去、现在与未来的桥梁。我们坚信，通过不懈探索和实践，阅读教育改革必将取得更加丰硕的成果，为孩子的全面发展提供更加坚实的支持，为国家和民族的未来贡献更多的力量。再次感谢所有支持和关心回龙观中心小学的朋友，让我们共同期待"全阅读生态"在未来绽放出更加耀眼的光芒，书写出更加辉煌的教育篇章！

高欣蕾

2024 年 8 月